厦门名老字号

李　峰　主编

厦门市政协文化文史和学习委员会　编
厦门市百年老字号研究院

图书在版编目（CIP）数据

厦门名老字号 / 李峰主编；厦门市政协文化文史和学习委员会，厦门市百年老字号研究院编. -- 厦门：厦门大学出版社，2024. 12. -- ISBN 978-7-5615-9407-0

Ⅰ. F279.275.73

中国国家版本馆 CIP 数据核字第 2024JT1521 号

责任编辑	薛鹏志　陈金亮
美术编辑	李嘉彬
技术编辑	朱　楷

出版发行　厦门大学出版社

社　　址	厦门市软件园二期望海路 39 号
邮政编码	361008
总　　机	0592-2181111　0592-2181406（传真）
营销中心	0592-2184458　0592-2181365
网　　址	http://www.xmupress.com
邮　　箱	xmup@xmupress.com
印　　刷	厦门市明亮彩印有限公司

开本　720 mm×1 020 mm　1/16
印张　22.25
插页　2
字数　380 千字
版次　2024 年 12 月第 1 版
印次　2024 年 12 月第 1 次印刷
定价　92.00 元

本书如有印装质量问题请直接寄承印厂调换

厦门大学出版社
微信二维码

厦门大学出版社
微博二维码

《厦门名老字号》编委会

主　　任：薛祺安
副 主 任：张善斌
编　　委：张昭春　董　慧　李　峰
主　　编：李　峰
副 主 编：黄静芬
编　　著：陈　凌
编　　务：林爱兰　伍昱丰　林坤灿

前　言

在实现"两个一百年"奋斗目标和中华民族伟大复兴中国梦的历史进程中，在世界范围思想文化和价值观念相互碰撞的新形势下，深入学习贯彻习近平总书记关于弘扬中华优秀传统文化的重要论述，对于追溯中华文化的源流、探究中华文化的传续、前瞻中华文化的走向，为中华民族精神家园立根铸魂、为中国特色社会主义事业发展凝心聚力，都有重大意义。

厦门，是一座美丽的海滨城市。自古以来厦门就是通商裕国的口岸，商业活跃，文化繁荣。在漫长的历史长河中，厦门老字号企业作为商业活动的重要载体，见证了城市的发展和变迁。这些老字号企业不仅在商贸领域有着深厚的历史底蕴，更融合了传统文化与现代经营理念，为厦门的经济繁荣做出了巨大贡献。随着时代的发展，许多厦门老字号逐渐淡出人们的视线，甚至一些老字号已经消失在历史的长河中。2017年5月厦门市实施了《厦门老字号保护发展办法》（以下简称《办法》），该《办法》是福建第一部老字号保护发展的地方立法，同时又是首次以人大代表联名的方式实现的一次立法实践，创下了两个第一。该《办法》的实施对于厦门老字号的传承与发展更是具有不同寻常的意义，其标志着厦门老字号发展进入了法治时代，为厦门市商务局依法核定、认定厦门老字号提供了法律依据，对全国老字号保护工作的开展具有借鉴意义。

本书希望通过梳理和挖掘这些老字号企业的历史、文化、经营理念等，为读者呈现一幅真实、生动的厦门老字号企业画卷。《厦门名老字号》的编写需要广泛搜集、获取相关资料，详细了解每一家老字号企业的历史沿革、文化底蕴和经营特点，整理分析大量的一手资料，因此绝非易事。有些老字号的历史资料残缺不全，需要反复核实和查证；有些老字号的传承和发展历程曲折坎坷，需要深入挖掘和梳理。如果说《厦门老字号保护发展办法》填补了厦门老字号保护法律上的空白，那么《厦门名老字号》一书的编写出版必将成为传承和弘扬厦门老字号优秀商业文化的重要里程碑。编写《厦门名老字号》的意义不仅在于挖掘和传承这些企业的历史文化价值，更在于弘扬诚信为本的厦门商业文化的精髓。了解和学习这些厦门老字号企业的成功经验和独特的文化传承，充分发挥优秀传统文化的"黏合剂"功能，使之成为实现"两个一百年"奋斗目标和中华民族伟大复兴中国梦的重要力量，更好地为现代企业发展提供借鉴和指导，为厦门市率先实现中国式现代化注入商业文化的动力。此外，本书的出版也为广大读者提供了一本了解厦门商业文化发展历程的优秀读物，有助于增强读者对厦门文化的认同感和归属感。

在未来的日子里，我们期待厦门老字号能够继续发扬光大，不断传承和创新。同时，我们也希望广大读者能够通过《厦门名老字号》一书，共同为厦门的商业文化传承和发展贡献力量。

编者

2024年5月

目 录

导　言 ·· 1

风　味　美　食

皮薄料足，"薄饼嫂"守护非遗美食
　　——厦门市吴招治传统美食有限公司 ·· 6

产业延伸，焕新发展
　　——厦门夏商黄金香食品有限公司 ·· 13

承袭祖业，肉松世家以品立市
　　——厦门市黄胜记食品有限公司 ·· 18

佐茶佳品，闽南滋味闻名遐迩
　　——厦门白鹭食品工业有限公司 ·· 24

流动手推车上的麻糍世家
　　——厦门市思明区叶氏麻糍经营部 ·· 31

"和生活·好味道"，厦门第一甜汤
　　——厦门市黄则和食品有限公司 ·· 36

涅槃重生，小馅饼见证大时代
　　——厦门市鼓浪屿食品厂有限公司 ·· 44

劈波斩浪，"好好"美味香飘万里
　　——厦门香满堂食品有限公司 ·· 53

三代坚守，只此一家
　　——厦门市思明区鼓浪屿龙头鱼丸店 ················· 59

原汁原味，几代秘传源远流长
　　——厦门市邵子牙食品有限公司 ··················· 63

入情入味，现卤现卖确保鲜美
　　——厦门市真真厦港卤味有限公司 ·················· 68

中药入膳，养生卤味传四代
　　——厦门市集美区灌口周宝珍卤味店 ················· 72

卤香四溢，彰显"灌口"鸭魅力
　　——厦门市集美区老和卤鸭店 ···················· 76

沪上美食，因缘盛放鹭岛
　　——厦门市思明区盛意小笼汤包店 ·················· 80

古法匠造，烧肉粽里有乾坤
　　——厦门朱氏合吉餐饮管理有限公司 ················· 85

酥脆香甜，赏味有佳时
　　——厦门市阿吉仔食品有限公司 ··················· 91

一脉相承，香名至味远传
　　——厦门宏旺味香食品有限公司 ··················· 96

名　优　餐　饮

千年素食禅味浓，觉知美好新生活
　　——厦门市南普陀寺实业社 ····················· 102

真味实料，厦门风味在此
　　——厦门夏商好清香餐饮管理有限公司 ················ 109

始于1983年，追寻厦门的味蕾感动
　　——厦门市佳丽海鲜大酒楼有限公司 ················· 115

麻辣鲜香，水煮活鱼的标杆
　　——厦门周正餐饮管理有限公司 ········· 122

家常菜式，人间至味
　　——厦门味友餐饮管理有限公司 ········· 127

还原本真，挖掘闽南地道传统美食
　　——佳味馆（厦门）餐饮管理有限公司 ······· 134

服务业航母，多元发展书写传奇
　　——厦门市舒友海鲜大酒楼有限公司 ······· 139

鹭岛明珠，千磨万搓出佳肴
　　——厦门市亚珠大酒楼有限公司 ········ 146

凭海临风，家常中见创意
　　——厦门市思明区中燃海鲜酒楼 ········ 152

领 先 匠 艺

如丝如缕，守护手工面线百年技艺
　　——厦门市同安区杨金灿面线制造厂 ······· 158

南洋沙嗲，成就中国沙茶
　　——厦门市陈有香调味品有限公司 ········ 163

浓油赤酱，老厦门人的"正港味道"
　　——厦门夏商淘化大同食品有限公司 ······· 167

日晒夜露，美好需要岁月沉淀
　　——厦门古龙食品有限公司 ·········· 173

三百载传承，酿就玉液琼浆
　　——亚洲酿酒（厦门）有限公司 ········ 180

风来云顶三分醉，雨过汀溪十里香
　　——同安区汀溪万利酒厂 ·········· 189

国饮中茶，传奇海堤
　　——厦门茶叶进出口有限公司 ················· 194

以茶为媒，予心灵一方休憩之地
　　——厦门市古道茶艺有限公司 ················· 203

"台根"茶源，颜氏制茶结良缘
　　——厦门旷野茗工贸有限公司 ················· 209

国 粹 产 业

护佑生命，做关爱人民健康的使者
　　——福建国大药房连锁有限公司 ··············· 218

消炎止痛，"鼎炉"精制济四方
　　——厦门中药厂有限公司 ···················· 224

齐力精治传家远，安心益民继世长
　　——厦门齐安大药房有限公司 ················· 235

为人类健康事业做贡献
　　——鹭燕医药股份有限公司 ··················· 242

镂金错彩，穿越时光的精美绝伦
　　——厦门惟艺漆线雕艺术有限公司 ············· 253

精雕细琢，重现同安锡雕活力
　　——厦门银敲文化艺术有限公司 ··············· 266

汇古融今，石头上雕出新世界
　　——厦门惠和股份有限公司 ··················· 274

温润如玉，续同安千载荣光
　　——厦门千境文化艺术有限公司 ··············· 283

名 老 实 业

穿梭两岸，船行海上串起一片情
——厦门轮渡有限公司 … 292

傲立潮头，见证百年沧桑巨变
——厦门和平码头有限公司 … 301

以信立业，承载几代厦门人的记忆
——厦门市同英百货有限公司 … 307

关注健康，舒适睡眠畅享好梦
——厦门玉鹭控股有限公司 … 311

全国首家，评估行业的领头羊
——厦门均和房地产土地评估咨询有限公司 … 315

立足创新　开启"芯"篇章
——厦门三圈电池有限公司 … 322

光耀千里，做绿色健康照明专家
——厦门通士达有限公司 … 329

"三度"承诺，守护心灵之窗
——厦门华视眼镜有限公司 … 334

中国优秀发型师的"黄埔军校"
——厦门市名姿企业管理有限公司 … 339

后　记 … 346

导 言

厦门老字号是厦门近现代商业文化发展的重要载体和宝贵财富,独具闽南特色,世代传承,不仅拥有精湛技艺和服务理念,而且还承载着深厚的优秀传统文化,凝聚着精益求精的民族工匠精神,具有广泛的群众基础和巨大的品牌、经济、文化价值。

振兴民族品牌,多措并举推动厦门老字号发展

自2006年起,我国商务部开始实施"振兴老字号工程",福建省也将老字号作为积极实施品牌战略,弘扬特色商业文化的重要抓手。2017年4月,福建省商务厅牵头16个部门出台《福建省促进老字号改革创新发展实施方案》,从传承保护、创新发展、宣传服务等三个方面,为老字号复兴创造了有利的政策条件。厦门市商务局响应国家、福建省的号召,积极行动起来,于2017年出台了《厦门老字号认定办法》,并依据政策于2019年认定首批112家厦门老字号企业。其后,厦门市商务局不断加大扶持、培育厦门老字号的力度,先后颁布了《厦门市促进老字号改革创新发展实施方案》《厦门老字号保护发展规划(2021—2025)》等政策,同时积极鼓励符合中华老字号、福建老字号申报条件的企业积极申报。截至2024年初,厦门市已有中华老字号企业17家,福建老字号企业20家。

2023年11月,厦门市商务局等5部门印发《厦门老字号认定管理办法》,对厦门老字号做出明确定义:厦门老字号是指在厦门行政区域内传承独特的产品、技艺或者服务,具有一定的历史底蕴、鲜明的地域文化特色,工艺技术独特、设计制造精良、产品服务优质、营销渠道高效、社会广泛认同、消费者满意的品牌(字号、商标等);明确厦门老字号管理工作由厦门市商务局负责,会同市文化和旅游局、市市场监督管理局、市文物局、市知识产权局和各区商务主管部门依照法定程序将符合条件的品牌认定为厦门老字号,将其所属企业认定为厦门老字号企业,并建立厦门老字号名录。与此同时，厦门市商务局等5部门联合开展新一批厦门老字号认定工作，首次将品牌始创于港澳台地区、在厦门发展的港澳台资企业纳入申报范围，同时按照"有进有出"的动态管理机制，对现有厦门老字号进行复核。

一系列政策措施传递了厦门市推动老字号守正创新发展的强烈信号，表达了厦门市培育壮大百年老字号的坚定决心。

以港兴市，厦门孕育了一批批优秀本土企业

作为中国近代最早的国际贸易港口、海外游子出入祖国大陆的重要口岸、福建近代工商业的发祥地之一，厦门因港立市，以港兴市，孕育了开放包容、合作共赢的海洋商业文化，涌现了一批批来自海内外在厦经商兴业的杰出人士和优秀企业。1842年，厦门开埠，商号云集，成为了老字号的重要发源地。在20世纪30年代，厦门工商志的资料显示当年厦门约有16000多家商铺。由于种种原因，不少老字号消失在历史长河之中。

在新的历史时期，老字号重新绽放出光芒。目前，厦门老字号群体既有传承百年，发端于20世纪初的黄则和、好清香、淘化大同、黄金香、陈有香、怀德居等与市民生活息息相关的商号企业，也包括厦门航空、厦门轮渡、厦门港务、厦门星鲨等创立于改革开放初期，为厦门经济发展做出贡献的新一代本地企业，形成中华老字号、福建老字号、厦门老字号等多层次共同繁荣发展的局面。通过保护引导，企业的品牌意识得到了提升，更加注重企业历史积淀传承、传统技艺的保护和发展。

2020年后，新冠疫情对人民的生产生活产生了严重影响，各行各业的发展都不同程度受阻，其中以餐饮住宿、食品加工为主的老字号企业尤甚。重创之下，老字号企业发挥主观能动性，灵活变通，积极自救。2023年，社会秩序回到正轨，厦门老字号企业也抓住时机，复工复产，积极摆脱困境。80%的老字号企业实现了不同程度的增收，展现了厦门老字号企业面对外部困境时坚韧不拔的生命力。总体来看，老字号销售逐渐回温，老字号营销和宣传的手段日益创新，厦门老字号企业发展态势良好，规模和品牌影响力不断扩大。

厦门老字号企业创立年代契合厦门市经济发展大势

厦门市认定的首批厦门老字号112家，按老字号企业创立年代划分，大致可分为三个历史时期。

第一个时期，20世纪20—30年代及更早以前。

第一次鸦片战争失败后厦门口岸开放，海外爱国华侨、实业家返乡创业办厂，海内外各界人士会聚厦门这个通商口岸，加之厦门港的兴起，诸多因素之下，厦门商号、商铺逐步萌芽成长起来。创立于20世纪20—30年代及可追溯到宋明时期的厦门老字号有14家，主要集中在酱油、茶叶、糕点、小吃、医药、工艺品等行业，其发源地集中在同安老城区三秀街，集美学村石鼓路，厦门岛中山路、大同路和厦门港等人口集中的商业街区。历经近百年风霜，南普陀素食、惟艺漆线雕、同安吴招治薄饼、叶氏麻糍等品牌名列中华老字号之中，为一代代厦门人所熟知。

第二个时期，新中国成立后的20世纪50—60年代。

新中国成立后，百废待兴，社会秩序、生产生活亟待恢复，此前被迫停产停业的食品、百货、药业等字号、商铺陆续复工复市。1949年至1966年，厦门老字号企业有21家。国药控股星鲨制药前身厦门鱼肝油厂于1952年成立，厦门通士达前身厦门灯泡厂于1963年成立，厦门中药厂于1965年成立，厦门三圈电池前身厦门电池厂公私合营重组后走上发展的道路。淘化大同、亚酿前身厦门酒厂等部分老字号得到较好发展，好清香、黄则和等部分老字号得以承续经营。这一时期的厦门老字号企业，从传统的小吃、医药、工艺品拓展到了电池、灯泡、营养品等工业产品领域，反映了改革开放以前厦门的社会经济发展形态和人民的生产生活需求。

第三个时期，厦门经济特区设立后的20世纪80—90年代。

1980年10月，国务院决定在厦门湖里建设厦门经济特区，面积2.5平方公里。1984年，国务院决定将厦门经济特区由原来的湖里扩大到厦门全岛。乘着改革开放的东风，厦门得到了飞速发展。创立于1980年至1990年前后的厦门老字号有52家，占比达46%。产业除了餐饮食品、医药、工艺品之外涉及人民生产生活的方方面面，如酒店住宿、交通出行、港口服务、服装服饰、茶馆服务、美容美发、宠物医药、地产评估、装修装饰、科技产品等，展现出了厦门老字号蓬勃发展、百花齐放的态势，也反映了改革开放以来，厦门繁荣多样、百业兴盛的经济面貌和人民安居乐业、多姿多彩的生活。

厦门老字号与非遗技艺融合发展

厦门老字号的传统技艺凝聚闽南先民朴素智慧，生发于土地，累积于生产，承载着深厚的优秀传统文化，是闽南文化重要的组成部分，也是值得传承保护的非物质文化遗产。截至 2019 年，在全市 112 家厦门老字号中，拥有非遗技艺的企业有 23 家（占比 20%），主要集中在传统技艺、传统医药、传统美术等项目上，共计 46 项，其中 2 项国家级非遗，12 项省级非遗，17 项市级非遗和 15 项区级非遗。先后培养了 1 位国家级非遗项目传承人，14 位省级非遗项目传承人，6 位市级非遗项目传承人。在政府的鼓励引导下，厦门老字号企业更加注重传统技艺的传承和保护，不断加大培育传承人的力度，厦门非遗与老字号共同迈入了融合发展的新阶段。

可以说，厦门老字号是厦门城市发展的商业文化记忆和厦门特区经济腾飞的见证者、参与者。今天的厦门已经成为一座高素质、高颜值的创新之城，厦门老字号群体正通过厦门这个窗口走向海内外，继续成为厦门经济特区在新时代勇立潮头、勇毅前进的先行军和优秀商业文化传播的推动者。

本书从经过市级以上认定的厦门老字号（截至 2023 年）中选取历史悠久、有行业示范作用、闽南技艺传承特色的 52 家老字号企业，从字号简介、主要产品、传统技艺、经营之道、文化传承等方面客观记录老字号企业的历史脉络、发展传承、社会贡献，通过对一个个具有代表性的单体微观式的呈现，以期反映我市老字号发展的总体概况，展现厦门老字号发展变化的基本经纬。

风味美食

皮薄料足，"薄饼嫂"守护非遗美食
——厦门市吴招治传统美食有限公司

同安吴招治薄饼店　　　　　　　吴招治供图（下同）

　　厦门市同安吴招治薄饼店，由蔡氏后裔、薄饼技艺第六代传承人吴招治于1999年注册成立，现有门店三家，位于同安闹市区及岛内市区，店内非遗美食"招治薄饼"声名远播。薄饼总店在同安银湖中路，自从2002年搬迁至此，这座三层小楼，不仅是食客们心中的传统美食胜地，更是吴招治传播薄饼非遗技艺的平台。吴招治薄饼以传统小吃为根基，以非遗技艺为核心，融文化传播与美食传承为一体，大力发扬薄饼文化。

　　吴招治不仅是厦门市薄饼嫂美食园的总经理，还是福建省级饮食类非遗项目"薄饼制作技艺"传承人，厦门市级饮食类非遗项目"同安封肉制作技艺"传承人。招治薄饼先后荣获中华人民共和国商务部认定的"中华老字号"，中国商业联合会、中国财贸、轻纺、烟草工会联合授予的"全国商业服务业先进企业"，中国烹饪协会授予的"中华餐饮名店""中国名菜"称号,荣获福建省烹饪协会授予"福建名小吃"等称号。

主要产品

招治薄饼

招治薄饼集中体现了厦门小吃用料考究、做工精细、配料巧妙的特点。薄饼的馅是由油饭、菜料合成。油饭是用糯米、虾仁、香菇炒香后加入骨头汤焖煮的;菜料则由包菜丝、胡萝卜、蒜苗等十几种料炒成,红绿相映,色鲜味美。食用薄饼这道美食时,往盘里放上一张薄饼皮,先在上面铺上一层炸海苔,接着铺上油饭、菜料,再加点花生酥、芝麻酱。将两头折起然后卷起来,一口咬下去,薄饼特有的鲜美感觉顿时从你的嘴里直入你的心扉,让你终生难以忘怀。

非遗美食——招治薄饼

同安封肉

同安封肉是厦门同安的一道传统名菜,主要是用农家饲养土猪的前腿肉,切成每块1000克的方块,搭配上香菇、八角、桂皮、干虾仁等辅料制作的,用白纱布包裹,形如大印,放进高压锅或蒸笼里蒸熟即成。四方形封肉恰似封王大印,故称封肉。封肉色泽深红,香酥软烂,鲜嫩多汁,肥而不腻。以味道芳香、鲜美、熟烂、

非遗美食——同安封肉

老少咸宜扬名。

传统技艺

薄饼制作技艺

薄饼的选材非常关键，海蛎必须是本港新鲜的，红萝卜必须是优良的品种，煮起来很甜很软很好吃；芥蓝球要买小的，比较嫩；蒜苗要本地的；肉必须买三层肉，还得是土猪肉，才会香。除了新鲜食材，薄饼制作方法也极其考究，不少食材要分开煮，红萝卜、芥蓝球可以一起煮，花菜和高丽菜可以一起煮，蒜、荷兰豆、豆干、海蛎、三层肉等则要分开炒，然后混在一起拌成菜烩，才能色香味俱全。

薄饼皮制作特别关键，面粉要好，配比要合理，做出的饼皮才能又薄又韧。标准的薄饼皮一千克有60至70张。薄饼的外皮由面粉制作，金门人称薄饼为七饼，这个"七"是闽南语"擦"的同音字——极其形象表达了薄饼皮的制作——柔韧的面团在炽热的平底锅上被迅速地按下、旋转和提起，粘在锅面上薄薄的一层就立即被烘烤成一张薄饼皮。这里讲究的是面粉质量和制作手法，要使薄饼皮在包裹油饭和菜料时柔韧而不易破裂。

与其他地区的春卷不同，同安的薄饼除了相似的菜料搭配外，还特别加入了用糯米、虾仁、香菇炒香后放进骨头汤焖煮而成的"油饭"。有了好的薄饼皮，有油饭，有10多样的薄饼菜，才能做出正宗的好薄饼。

同安封肉制作技艺

封肉准备：挑选农家饲养土猪的前腿肉，切成每块1000克的方块，后再把方块形猪肉以井字形划开，力道均匀不可伤及猪皮。

封肉清洗：把切好的井字形肉块，用水冲洗肉皮，并用刷子刷净表皮杂质，达到冲刷表皮无杂质残留。

沥干上盐：将洗净猪肉晾干，并于猪肉上抹上少许精盐。

锅油烧制：把精选非转基因优质花生油3000克倒入预热5分钟的铁锅中，再加热5分钟，把沥干的方块猪肉放入后油炸3分钟，呈金黄色时捞起待用。

熬煮大骨汤：

1. 把洗净沥干的大骨头用开水烫洗5分钟，再放入土锅中。

2. 加入酱油25克，香叶0.5克，八角2.5克，小茴香0.5克，桂皮。

3. 熬制大骨汤时，先大火烧开，再改文火熬煮一小时。

把猪肉放在纱布上（猪皮紧贴纱布），加上香菇40克，虾仁干40克，板栗40克，鱿鱼干30克，用纱布系紧打结。

封肉烧制：

1. 用大柴火把预置在灶台的瓷缸预热3～5分钟。

2. 把洗净的甘蔗（长约15厘米）劈为两半，将甘蔗外表朝下，依次铺匀。

3. 把扎好的封肉一包包放入瓷缸，将打结头部朝下，依次叠紧。

4. 倒入麦芽糖60克左右。

5. 倒入熬好的大骨汤，淋满铺上的肉包中。

6. 盖上瓷缸缸盖，再用煮烂的地瓜糊上缸盖与大缸的联结处。

7. 继续用大柴火猛烧7个小时，漫长烧制后，便可掀盖取出食用。

文化传承

2009年6月，"薄饼制作技艺"被列入厦门市非物质文化遗产代表性项目名录。2017年5月，被列入福建省非物质文化遗产代表性项目名录。这项起源于同安蔡氏，并活跃于闽南民间的薄饼制作技艺，其传承与发扬与"薄饼制作技艺"传承人吴招治的倾力投入息息相关。

从6岁到62岁，吴招治专注于做薄饼这一件事，让"老字号"的家乡味道延续至今。她被很多人亲切地唤作"薄饼嫂"。吴招治做了几十年的薄饼，在她心里最惦记着的

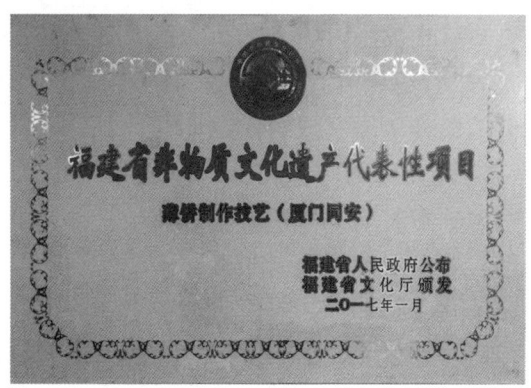

2017年"薄饼制作技艺"被列入福建省非物质文化遗产代表性项目名录

是如何将薄饼技艺传承下去，并把薄饼文化发扬光大。吴招治将门店变身为薄饼技艺传承的平台，融合了烹饪、文化、展示、传承教学。她在店里举办薄饼制作培训班，只要有人愿意学，无论来自哪里，她都免费倾囊相授。在她看来，作为非遗传承人，有义务更有责任把手艺教授给更多的人。

同安吃薄饼习俗迄今已有400多年历史。相传，薄饼系明朝五省巡按、同安人蔡复一的夫人李氏首创。蔡复一勤于政务，常废寝忘食，李氏担心丈夫饿坏身子，于是想出一个办法：把面粉做成一张薄薄的面皮，再包上各种菜烩，就餐时送到丈夫嘴边，既不耽误政事，也误不了吃饭。蔡夫人做薄饼助夫的故事传为美谈，而后同安薄饼传统习俗在民间广为流传，蔡氏家族薄饼技艺代代相传。

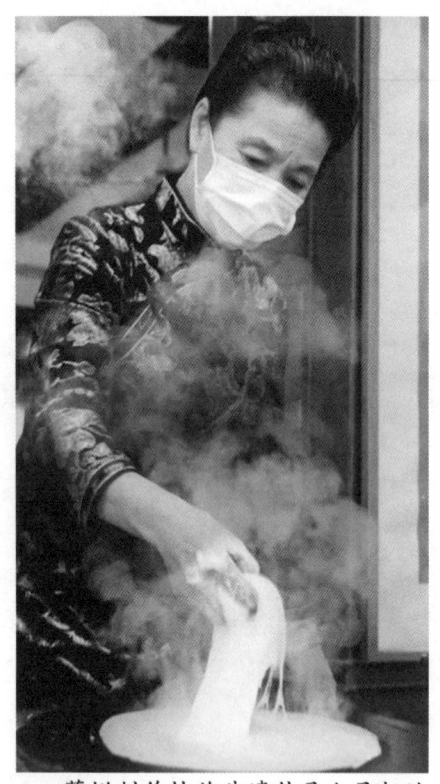
薄饼制作技艺非遗传承人吴招治在制作饼皮

1948年，蔡氏后裔第四代传承人蔡体在同安墟市上设摊，专售薄饼，弘扬祖传薄饼制作工艺，并于1954年开店。其后，蔡体的抱养孙女吴招治（1958年生）接手经营这家小店。

1995年由于城市改造搬迁，吴招治将小店移至同安汽车修理厂旁的一间陋室，门口的招牌就是一张写着"招治薄饼"的红纸。俗话说，酒香不怕巷子深，尽管环境如此简陋，却还是顾客盈门，周边人亲切称她为"薄饼嫂"。媒体记者搜街，发现了这种美味小吃，就在报纸上介绍了。没想到有游客手持报纸找到这里，特意品尝她的手艺。之后，许多海外华侨、外国友人也慕名而来。

1999年，吴招治以自己的名字申请商标注册，为自己的薄饼明确"身份"。2000年，吴招治薄饼店搬到同安银湖中路现址，经营面积扩大至1500平方米，还在薄饼制作方法、选料用料等方面进行了改良。

2002年，店面搬迁到厦门同安闹市区，经营面积也翻了三番，铺里热气腾腾,人来人往。在新店装修时,吴招治特意请来厦门知名画家许文厚,作了张讲述"薄饼"由来的"春卷"图,挂在二楼楼道。画上蔡氏夫人为夫送薄饼的情景栩栩如生,引来了食客们的驻足欣赏。招治薄饼蜚声中外:墙上那张合影中的美国人,吃完后摸着肚皮表示"真饱",临走前还不忘带几卷上飞机;书桌上那张"世界第一"的篆书,是一个吃遍世界各地的台湾人留下的;餐桌上的那些转盘,是一位新加坡籍同安人感谢她为外国朋友奉上如此美味小吃、为家乡增光,特意漂洋过海寄来的;楼梯口的那些书画是同安文化界知名人士赞扬她将地方特色小吃发扬光大,鼓励她传承薄饼文化而相赠的。

好吃的薄饼,制作方法极其考究。"要想味道正宗、好吃,该放的材料一点也不能少,不一定很贵,但一定要新鲜。"吴招治每天都要自己到菜市场买菜,挑选最新鲜的海蛎、豆干、胡萝卜、三层肉等食材。为了更好地传承薄饼制作技艺,吴招治积极参与世界闽南文化节、两岸美食文化座谈会等,热衷传播美食文化,让薄饼走得更远,名声更响。

薄饼嫂吴招治身为闽王王审知外甥庄森的后裔媳妇,近代的庄氏(王审知外甥后裔)庄国辉之妻,不断创新发扬薄饼的同时弘扬古法烧制的"同安封肉",在经营薄饼店的同时,继承并发扬同安封肉制作工艺,使封肉与薄饼相得益彰。2019年7月,吴招治所做同安封肉获得福建省商务厅"精选二十道闽菜",吴招治同安封肉传统制作技艺获得厦门市技术

海内外媒体慕名而来

监督局认定为同安封肉标准化制作工艺。

在朋友的帮助下，吴招治还制作了一部"文化味"十足的"同安历史名人与民间小吃菜谱"。龙裤菜、闽王菜、苏颂药膳、文公菜……由她的好友挖掘的同安历史名人与民间小吃菜谱，每天都吸引了不少食客的眼光，也让薄饼店的"文化味"越来越浓。

岛内的吴招治薄饼店

念念不忘，必有回响。吴招治对薄饼技艺传承的惦记，首先得到了女儿庄秋铭的响应。本在经营琴行的庄秋铭，不舍得母亲吴招治辛苦经营起来的品牌无人传承，2020年毅然调整人生规划，用弹钢琴的手烙起了薄饼皮，只为将祖传的薄饼制作技艺传承下去。2021年5月，庄秋铭以母亲的招牌"吴招治薄饼"，在岛内开了第一家店、第二家店。面团一甩，往平底板上一抹，转一圈后，一张圆如满月、色白薄韧的薄饼皮就烙成了……如今，庄秋铭已完全传承了母亲的技艺，弹钢琴的手擦起薄饼皮来一点也不输"薄饼嫂"。庄秋铭也成为省级非遗代表性项目——薄饼制作技艺（厦门同安）区级非遗代表性传承人。母女俩经营思路或有差异，但都坚守传统技艺，守护400年匠心，用一张薄饼卷起"家乡的味道"。

与此同时，吴招治尝试着将儿子庄友谊（同安珠光青瓷烧制技艺的非物质文化遗产传承人）烧制的同安珠光青瓷融合到地方美食中，以此打造独特的非遗"伴手礼"。"珠光青瓷"是同安重要的历史文化遗产，"同安薄饼"与"珠光青瓷"的完美结合，美食与美器相映成趣，体现了中国传统美学的审美意蕴，也体现了吴招治一家对地方非遗传承的执着与坚持。

产业延伸，焕新发展

——厦门夏商黄金香食品有限公司

大同路的黄金香　　　　　　黄金香供图（下同）

厦门夏商黄金香食品有限公司是一家集生猪屠宰、分割、精细化加工、冷链配送、品牌自营销售为一体的拥有老字号的国有肉类联合加工食品企业，通过升级转型实现白条类产品向精细化分割、小包装精品转化，实现热鲜肉向冷鲜肉或冷冻肉多样化转变，为厦门市民提供安全放心的猪肉产品，满足消费升级的需要，是厦门市"菜篮子工程"和"放心食品工程"的主要成员单位，现为国家、省、市三级农业产业化龙头企业。

公司所持有的"黄金香"品牌于1842年创立，系省、市著名商标，多次被评为"中国肉类产业影响力品牌""中华老字号""福建老字号""福建名牌产品"。在2021年发布的供厦食品安全标准——"鹭品"中，厦门夏商黄金香食品有限公司获颁首批供厦食品"鹭品"标识授权证书，表明"黄金香"的产品符合供厦食品"更高的标准、更严格的评价、更透明的过程、更优质的产品"的要求。

主要产品

黄金香肉松

色泽金黄,入口鲜香,有嚼劲,肉味十足。是下粥配饭佐餐烘焙的好伴侣。

黄金香肉脯肉干

色泽红亮,鲜香扑鼻,口感细腻,越嚼越香。

传统技艺

黄金香肉松制作工艺

选用新鲜的猪后腿肉,不沾生水,清除筋膜,经过煮制、撇油、调味、收汤、炒松、搓松等工序制作而成。采用明火炒制工艺，在不断地缠、碾、翻的过程中，让肉丝越来越细，滋味浓郁鲜美，甜咸适中。

黄金香肉脯肉干制作工艺

选用上等猪腿瘦肉，研制切片。将肉脯置于65℃的鼓风箱中慢烤数小时，再转入180℃的烤箱烤制3分钟。最后将烤好的肉脯在常温下自然冷却。这样烤制出来的肉脯将肉所有鲜香味美都牢牢锁在肉脯内，让人食欲大增，越嚼越香。

文化传承

"黄金香"系厦门最具知名度的中华老字号之一。清道光年间，年方十六的"黄金香"创始人黄知江，从祖籍漳州东山出发，提着竹篮，内装自家创制的肉松肉干，乘坐斗篷小船，来到龙海石码镇沿途叫卖，闻说厦门港口繁荣，即转船到厦门进行试探性售卖。当他踏入厦门，见到都市繁华，生意兴隆，即萌生留居厦门之念，决意在厦门开工设

早期沿街售卖的黄知江

店。清道光二十二年（1842年），黄知江在厦门关仔内（今大同路205号）开始生产肉松肉干，因选料精良，配料独特，加之精工细作，所产肉松色泽金黄，灿若黄金，其味香鲜，无与伦比，甫一上市，即广获好评，销路日广。恰店主姓黄，取名"黄金香"作为字号，由此"黄金香"品牌日渐发展，声名远播。

因注重产品质量，薄利多销，诚招天下客，"黄金香"的生意日渐兴隆，家族成员纷纷投入该店经营，广开门路，并创立了"黄金香送记""黄金香佑记""黄金香祖铺""黄金香胜记""黄金香兴记"等分号。抗战前后，"黄金香"在新加坡、菲律宾及台湾地区、香港地区等地

设有分店,产品远销泗水、爪哇、新加坡、马尼拉、槟榔屿等地,名扬闽粤台,声播东南亚。

1956年对私企改造后,"黄金香"所有的分号"黄金香送记""黄金香佑记""黄金香祖铺""黄金香胜记""黄金香兴记"并入厦门市食品公司,仍保留"黄金香"店名。2004年,厦门市食品公司改制为"厦门黄金香食品有限公司"。2005年,厦门夏商集团有限公司启动"夏商"品牌战略,为扩大"夏商"品牌家族影响力和号召力,厦门黄金香食品有限公司于2010年1月6日正式更名为厦门夏商黄金香食品有限公司(简称夏商黄金香),延续原主营业务活动。2011年1月26日,"黄金香"被商务部认定为第二批"中华老字号"。

2011年黄金香被认定为中华老字号

除了延续"黄金香"系列肉制品的制作,厦门夏商黄金香食品有限公司也是厦门市"菜篮子"工程主要单位,厦门市唯一一家全国食品安全信用体系建设单位,国家、省、市三级农业产业化龙头企业。产业链延伸至上游,涉及肉制品的生产加工和销售,禽蛋的生产加工和销售、进出口、批发市场、农贸市场经营等不同领域。经营的"黄

黄金香延伸产业链,涉足肉制品加工生产销售

金香"系列产品也从肉松、肉干延伸到冷却肉、热鲜肉、冻杂品以及禽蛋等。在国内首家推行"黄金香肉品信用（质量）公示查询系统"（质量追溯系统）。综合实力居福建省肉类行业第一位，并跻身全国肉类食品行业50强，排名29位。

夏商黄金香肉制品也在电商转型中顺应消费升级需求，研发无添加剂猪肉松、鸡肉松、牛肉松等系列产品，成功从老年人的稀饭佐餐发展到年轻人自制三明治、寿司的"标配"。为了在销售渠道上更主动吸引年轻消费群体的目光，"黄金香"品牌还走进了天猫平台的多位头部网红主播直播间，曾在短短三个半小时内就销售了55000罐肉松（货值130万元），使全国消费者认识了这一厦门本地老字号品牌。

历史与现代的碰撞、全产业链的覆盖，使得"黄金香"在发展的道路上不断发展壮大，迎来了品牌发展的最佳时期。为了让消费者吃上放心肉，为了保障食品安全、稳定市场价格，黄金香秉承着"焕新美味、放心选择"的服务宗旨致力于终端渠道发展，以焕然一新的形象和全新的产品投入到市场，以"源头可追溯，去向可追踪，过程有检测，全程有记录"的运作，共同为"菜篮子工程"和"放心食品工程"保驾护航。

承袭祖业，肉松世家以品立市
——厦门市黄胜记食品有限公司

厦门市集美区的黄胜记食品　　　　黄胜记供图（下同）

厦门市黄胜记食品有限公司源起于黄满鸿的曾祖父黄知江于1842年创办的"黄金香"肉松铺，1915年黄知江之子黄景（黄满鸿祖父）在厦门大同路设立"黄金香胜记"分号，传承黄金香肉制品制作工艺。在时代的大潮中，"黄金香胜记"从"鼓浪屿黄金香肉松店"再到"黄胜记"，走过了提篮子、挑担子、摆摊子、开店子、办厂子的艰辛创业路，经历了公私合营、联购分销、计划供应、企业改制的发展历程，经过四代人的辛苦劳作，使得肉松、肉脯制作技艺配方得以传承至今。

2012年，黄满鸿将"黄胜记"注册商标与"黄胜记"字号统一，改变以往被动局面，结合老店名"黄金香胜记"一起使用，逐步过渡转换，将顾客对字号的认知统一到"黄胜记"上来，为产品市场推广、营销扫除了障碍。与此同时，"黄胜记"在集美新建7516平方米的厂房，引进先进设备，保证生产流程的科学、健康、安全。

经过数年的发展，"黄胜记"日益壮大，走上了稳步发展的道路。产品因稳定的品质输出，屡获殊荣。2019年，被核定为厦门老字号。如今，"黄胜记"在全国各地已形成较好的市场网络和产品覆盖率，产品远销多个国家。

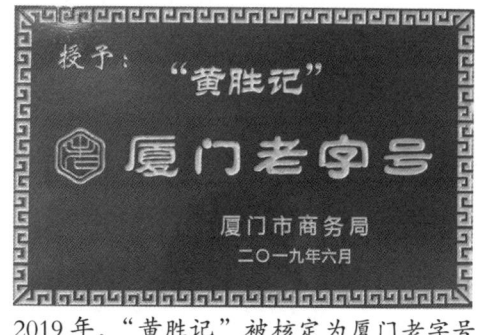

2019年，"黄胜记"被核定为厦门老字号

主要产品

猪肉脯

使用猪后腿肉，剔除其筋膜油脂，切成片状，经祖传配方工艺结合现代化生产、腌制滚揉后成柔软的肉片，手工摊筛于不锈钢盘内，低温烘干，高温烤熟，制成风味猪肉脯。

"黄胜记"猪肉脯

猪肉柳

使用猪后腿肉，剔除其筋膜油脂，取精瘦肉，并挑选纤维较长的肉块，把肉煮到熟而不烂的状态，手工把肉块撕成长条状，后经配料炒制、烘干，包装制成风味猪肉柳产品。

猪肉松

使用猪后腿肉，剔除其筋膜油脂，取精瘦肉经小火慢煮，遵循祖传技艺，人工炒制成肌纤维松散、色泽金黄、香气浓郁的风味猪肉松。

"黄胜记"猪肉柳

"黄胜记"猪肉松

传统技艺

"黄胜记"肉制品制作工艺

瘦肉油膘、筋膜分割工序：采用猪后腿肉。经流水解冻或无需解冻，手工修整，分割剔除附于瘦肉上的肥膘和筋膜，取精瘦肉作为肉制品的加工原料。

煮肉工序：精修后的瘦肉经清洗，放入煮锅中慢火煮制，根据不同肉制品品种，掌握不同火候完成煮制工序。

（1）手撕肉柳工序：挑选肉丝较长的肉块，把肉煮到熟而不烂的状态，用手工把肉块撕成长条状，后经加料炒制、烘干制成肉柳产品。

（2）炒肉松工序：瘦肉经煮肉锅慢火煮烂，遵循祖传配方炒成肌纤维松散、色泽金黄、香气浓郁的黄胜记肉松。

（3）肉脯工序：首先是铺肉工序。精修后的瘦肉切成片状，经配料、腌制滚揉后成柔软的肉片，手工一片片铺于不锈钢筛内，肉片因溶出的蛋白粘连成片而制成厚度均匀的肉脯制品。其次是烘干工序。将制品湿肉脯用热风循环烘箱长时间低温烘干，制成色泽红润的肉脯生片半成品。半成品经隧道烤炉熟制，成型切片，摊凉，装筐待包装。

产品包装工序：包装车间每天班后清洗消毒，班前自动臭氧消毒30~50分钟，恒温恒湿控制。

各种肉制品经制作、冷却后包装，产品经金属探测仪检测后装箱、检验、合格品入库待售。

文化传承

清道光二十二年（1842年），黄知江在厦门关仔内（今大同路205号）开始生产肉松肉干，取名"黄金香"作为字号。1915年，黄知江之子黄景在厦门大同路设立"黄金香胜记"分号，办成前店后厂，传承了黄金香肉制品工艺。1938年，"黄金香胜记"搬迁至鼓浪屿龙头路95号。

1956年公私合营，"黄金香胜记"并入厦门市食品公司，黄景也成为食品厂的员工，继续从事肉松制作工作。1978年，改革开放的春风吹遍全国，黄满鸿的父母黄宇

龙头路95号是黄胜记的发源地，也是鼓浪屿上的热门店铺

平、张佩珊承袭祖业，在鼓浪屿龙头路95号重新经营黄金香胜记肉松店，曾经飘香鼓浪屿的黄金香胜记肉松又回到了鼓浪屿人的视野里。随着厦门经济特区的成立，鼓浪屿成为了海内外游客慕名而来的旅游胜地，味美香鲜的"黄金香胜记肉松"成为游客回程馈赠亲友的佳品，鼓浪屿"黄金香胜记肉松"的美名因此远播。

1999年，黄满鸿正式接手经营"鼓浪屿黄金香胜记肉松店"。他从商标品牌经营角度进行前瞻性规划，对老字号"黄金香胜记"店招进行简化，注册"黄胜记"商标，同时运用于预制食品包装上，以及结合店堂名称"黄金香胜记"一起使用，并在中山路、鼓浪屿等地设立连锁店，由此改变龙头路唯一的店堂经营模式。

1999年，厦门被评为中国优秀旅游城市，带动了各行各业飞速发展，呈现出欣欣向荣的态势。在鼓浪屿、中山路经营的黄胜记更是受惠其中，产品供不应求。趁着旺盛的发展势头，黄满鸿扩大生产规模，2006年，在龙海市东园工业开发区购地建厂，成立龙海市东园黄金香食品厂，打造生产基地，黄胜记从鼓浪屿龙头路不到10平方米的小店走上了规模化生产的发展道路。

2000年，黄胜记推出的"旅行袋"装

2014—2023年，黄胜记广开门店十间

2012年为运营便利，黄满鸿将工厂搬迁到集美，实现了生产、运营、销售一体化，为企业的进一步发展奠定基础。同时，成立"厦门市黄胜记食品有限公司"，将字号与商标统一，全面推动"黄胜记"市场推广，形成了线上和线下全国营销模式，年产值从几十万元到几百万元不等，逐年上涨，产品也从肉制品拓展到厦门地方特色产品，品类更加多元丰富。

回望来路，"黄胜记"从最初的"黄金香胜记"，历经180多年的风雨，一脉相承，绵延至今，体现了老字号旺盛的生命力，也昭示了诚信经营、以品立市的质朴真理，展现出了老字号品牌的历史温情与文化内涵。"黄胜记"以其独特的美食载体，将鼓浪屿旅游文化、历史文化与美食文化紧密相连，已经超越了本身功能性的意义，成为一个时代最温情的记忆，也成为一代代人的情感维系。

佐茶佳品，闽南滋味闻名遐迩
——厦门白鹭食品工业有限公司

白鹭食品生产基地　　　　　　　　白鹭供图（下同）

厦门白鹭食品工业有限公司既是中华老字号也是福建老字号，更是一家具有 60 多年悠久历史的食品生产厂家，2002 年 6 月，原厦门食品厂进行国企改制，由以叶仁和为代表的原食品厂部分人员组建而成。公司以生产销售白鹭牌系列休闲食品为主，主要品种有花生酥、蛋花酥、鱼皮花生、苏打饼干、小馒头、花生糖、蛋卷等。

厦门白鹭食品工业有限公司生产的"白鹭牌"鱼皮花生、蛋花酥、花生酥等产品富有特色，屡次荣获国家轻工业部优质产品奖、首届中国食品博览会金奖、全国食品行业名牌产品奖等一系列奖项。产

2011 年白鹭被认定为中华老字号

品畅销欧美、大洋洲、西亚及东南亚等几十个国家和地区。国内营销网络遍及各省、市、自治区。公司年产值3000万～6000万元。现有员工120人左右，年利润约200万～300万元。

主要产品

花生酥（贡糖）

贡糖，起源于明朝闽南一带，相传当地老百姓为了缴税，用本地盛产的落花生炒熟后加入熬制的饴糖（麦芽糖）等原辅料，用手工反复折叠捶制而成，皮层酥香可口、内馅细腻圆润、花生香味浓郁，是名副其实的花生酥。每年定时由地方官员将这种花生酥进贡给朝廷，后来竟成为皇室喜爱的御用点心之珍品，故称为"贡糖"。花生酥采用上等花生仁、白砂糖、麦芽糖用手工精制而成，香酥脆甜。

白鹭的特色产品

蛋花酥

由厦门食品厂的技术人员于 1970 年研制成功，选用精面粉、鲜鸡蛋、白砂糖、上等花生仁等配制，用传统工艺与新科技设备精心制造，入口香、酥、脆、甜融为一体。风味特佳，营养丰富，老幼皆宜。

鱼皮花生

鱼皮花生传说是从日本传到台湾地区，再从台湾地区传到闽南地区，在闽南人手里得到了发扬和光大。闽南人大多数来自古代的中原，中原人在食品制作上的讲究也被代代传承下来。鱼皮花生采用花生仁、米粉、白砂糖、食用盐等原料精制而成，选料讲究，制作工艺严格，花生仁颗粒大小要均匀；米粉则选用大米精制而成，对米粉的筋度有严格的要求；裹衣花生烤制完成后的调味上色也都有精细的要求。

传统技艺

花生酥（贡糖）的古法制作工艺

将白砂糖、麦芽糖浆、水熬煮成一定稠度的混合糖块—加入花生炒仁搅拌均匀—糖块拌匀后分割、切块——半制芯，一半制皮—制糖芯的糖块要反复碾压、折叠、捶打至制成细腻香甜的粉末状颗粒，制皮的糖块则反复碾压、折叠和捶打成一张薄薄的糖皮—把混合糖粉颗粒倒在糖皮上—包裹拉伸—压模成型—分割切块—酥糖包装。制作好的花生糖香甜不腻，炒果仁香、焦糖香融合一起，在口腔里形成独特的味觉体验，让人深深折服于中华"食"文化的博大精深。

鱼皮花生的古法制作工艺

精选花生仁—涂层（浇淋上熬制好的米浆）—裹粉（精选的米粉）—反复涂层和裹粉至裹衣达到一定厚度—过筛（筛除其他粉块）—裹粉花生烘烤—摊凉（至 100℃）—调味上色—摊凉（至常温）—包装。烤制好的鱼皮花生脆香可口，是上好的休闲食品。

文化传承

厦门白鹭食品工业有限公司的创立可以追溯到 1956 年成立的厦门中式糖果合作社、厦门糖果合作社。

旧时，厦门市大同路、开元路一带是厦门的商业街，这里聚集了一批龙岩、东山、龙海一带迁徙来的手工业者，他们以做中式糖果、糕点，如贡糖、寸枣、贡饼等小食品为生。1956 年，国家开始对私营手工业者进行公私合营，成立了厦门中式糖果合作社和厦门糖果合作社。经过几年的苦心经营，略有发展，两个合作社合并成立厦门食品厂，并于 1962 年搬迁至后江埭 29 号新厂房。

当时，后江埭尚处于开发的野地，工厂不多。当时食品厂规模也不大，仅一栋四层楼生产车间及一栋三层办公楼及几间仓库。工厂的主要产品为水果糖、蛋白糖、彩珠糖等西式糖果及花生酥（贡糖）、鱼皮花生、寸枣、花生糖、饴糖、糯米纸等。尚有小部分糖果及贡糖、饴糖、花生糖供外贸出口。1970 年，开发出新产品蛋花酥。厦门大中华饼干厂合并到厦门食品厂，大中华饼干厂（在厦港，现思明区政府办公大楼）改为饼干车间。厦门食品厂下有四个生产车

20 世纪 70 年代的厦门食品厂

间及一个后勤支部（西糖车间、中糖车间、饼干车间、机修车间、后勤部门），生产软糖、硬糖、花生酥、鱼皮花生、饼干、糕点。厂内职工有500~600人，生产值1000多万元人民币。产品主要由厦门市糖酒公司（即厦门市食杂公司）负责国内销售，生产出口的"双灯"牌产品由外贸公司负责出口。

　　1980年开始，企业开始启动自行营销，但规模小且双轨，即企业自行营销与食杂公司营销同时并行。随着市场经济的日益发展，企业的自行营销不断扩大，食杂公司的营销日益萎缩，企业成立营销部门自行销售。公司"白鹭"牌食品，包括果汁软糖、橙汁软糖、蛋白糖、水果糖、花生酥、蛋花酥、鱼皮花生、花生糖、巧克力糖畅销神州大地。企业也达到鼎盛时期，年产值近亿元，年产量也达千万吨左右；职工（含临时工）也达2000~3000人。1980年厦门大中华食品厂成立后，饼干车间又划分到大中华食品厂。

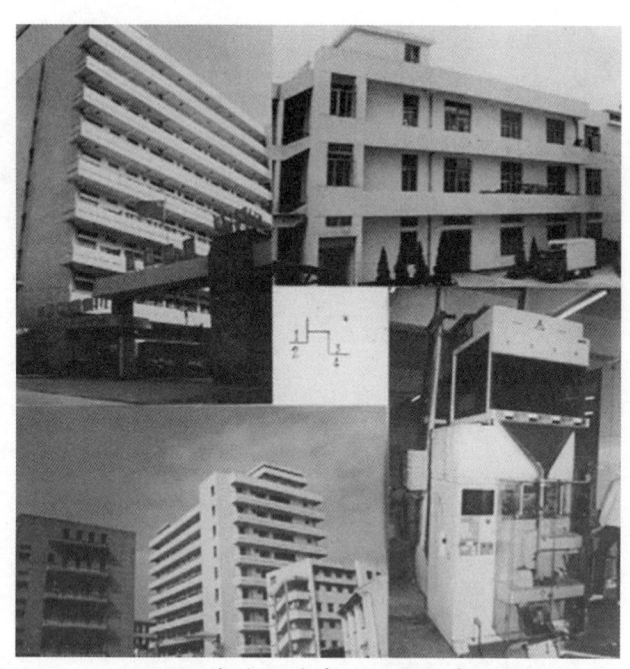

20世纪80年代白鹭食品厂的厂房和车间

　　早期的花生糖制品没有一套可供依照执行的国家相关标准，所以当时的国家轻工业部牵头主持，召集一大批专家学者在广泛征集意见后，制定了花生糖制品QB1733.1—QB1733.6行业系列标准。该标准于1993年颁布，当年厦门食品厂的技术副总董焰生总工程师（教授、高级工程师）、检验科科长工程师李彩霞参与了标准技术参数的验证和制定，使厦门食品厂成为国家在该行业的技术带头人和领军者，这是作为厦门食品人的一份光荣。

　　1994年，厦门食品厂、大中华食品厂、鼓浪屿食品厂合并为厦门为天实业总公司,下属五家控股合资公司(南盛、源盛、达盛、金山、万事达)和两家全资小公司(劳务公司、益利达公司)。1998年,国有企业改制,被厦门象屿集团兼并,成立新为天食品工业有限公司。2002年,国有企业深化改制,国有资产部分出售。以叶仁和为代表的原食品厂部分人员买下新为天的主要设备和国有资产及厦门食品厂的厂名"白鹭"商标,成立厦门钰鹭食品工业有限公司。一开始在厦门为天公司的原址,厦门后

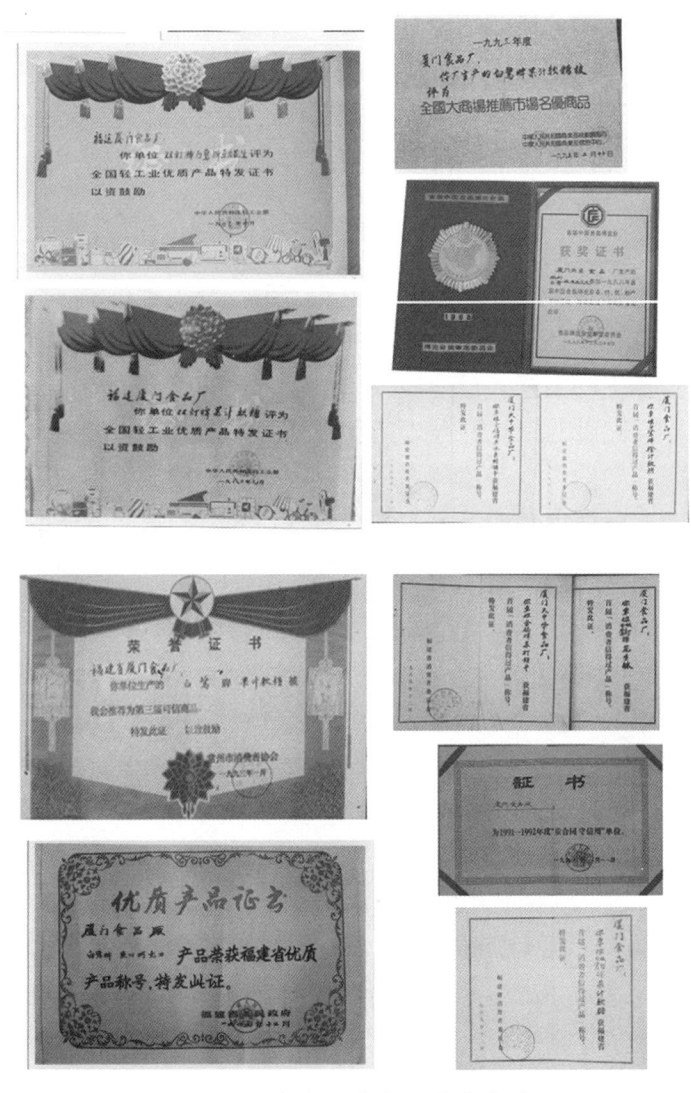

20世纪90年代白鹭食品屡获殊荣

江垵 29 号生产了半年，后搬迁至殿前六路，更改为厦门白鹭食品工业有限公司。2007 年，公司在厦门海沧区新光东路 5 号盖起白鹭工业大楼，公司主要负责人叶仁和、谢豪等采取了大刀阔斧的技术改进、设备引进和产品改良等一系列新举措，从产品生产工艺到产品质量控制、从原辅料选择到成品销售流通等全部采用质量体系管理模式运行。

在对外产品出口中，厦门白鹭食品工业有限公司延用了厦门食品厂的出口资质《出口食品生产企业备案证明》。于 2012 年与中国质量认证中心（厦门分公司）合作，建立食品安全质量管理体系，实施食品安全控制体系的所有过程，制定体系文件和规范要求。全体员工通过学习 HACCP 手册及所包含的良好操作规范、程序文件、卫生操作程序等系列文件，融会贯通严格执行，在体系运行过程中，对存在的问题及时采取纠正和预防措施，使产品质量持续符合国家相关食品安全标准的要求，满足顾客对食品安全的殷切期望。2013 年公司获得《HACCP 体系认证证书》，涵盖膨化食品（小馒头）、炒货食品（花生酥、蛋花酥、生仁糕）、饼干（蛋酥卷）等产品。

依托整套生产工艺、管理模式和技术力量的整合，借助长年累积的高超工艺水平、优良的职业道德规范和创新思维方式，厦门白鹭食品工业有限公司生产的"白鹭"品牌等系列产品在工艺和质量上得以稳定发展，充分体现闽南人民在食品工艺上的创造智慧，为弘扬闽南的传统食品不断谱写新的篇章。

| 风味美食 |

流动手推车上的麻糍世家
——厦门市思明区叶氏麻糍经营部

鼓浪屿龙头路街角的叶氏麻糍　　叶氏麻糍供图（下同）

　　鼓浪屿龙头路，不到两平方米的街角，一辆手推车，一位手作者，一粒小小却蕴藏无穷魅力的麻糍。

　　这就是大名鼎鼎的叶氏麻糍，鼓浪屿上"政府唯一批准的占道经营"，大概是全国最小的中华老字号了。"到鼓浪屿必吃叶氏麻糍"，已经是许多远道而来的游客耳熟能详，并亲自实践的话语了。十几年来，叶氏麻糍成了鼓浪屿的一张名片，来自各地的游客在品尝麻糍香糯滋味的同时，也感动于叶氏对这一份手工技艺的坚守。

　　麻糍是闽南地区一款深受喜爱的茶配小点，并不鲜见。但独独叶氏麻糍最受欢迎，需要排队耐心等候才能买到。其中的秘诀大约就是从创始人叶成屋到二代叶建佳和叶建胜兄弟俩，再到三代叶伟荣，三代人数十年如一日对麻糍品质、口感的认真执着，以及叶家人淳朴厚道、踏实安稳的家

【31】

风传承。

主要产品

叶氏麻糍

入口口感极佳,吃起来让人感到韧、冰、香酥可口,糯米坯细腻柔韧,滑亮不粘手。馅由芝麻、花生、白糖按祖传工艺比例调和而成。芝麻、花生需舂轧成粉状,白糖碾成粉末,一般是现包现卖,拌上黑芝麻末即可食用。

叶氏麻糍因其韧、冰、香酥可口深受大众喜爱

传统技艺

麻糍制作工艺

叶氏麻糍的特色是韧、香、冰。糍粑坯的做法早年是用糯米饭在大石臼里反复舂出来,质地柔韧。后来改用石磨或电磨磨出生糯米浆,压干后蒸熟,再反复揉搓做成的糍粑坯,细腻柔韧。馅料用黑芝麻末、花生末、白砂糖粉,按一定比例调和而成,炒熟的黑芝麻和花生仁香气四溢,舂扁轧碎后更出味,也更易于混合,味道比单独食用更胜一筹。白砂糖经过熬化再碾细,入口即化,口感甘甜冰凉。

文化传承

食不厌精,脍不厌细。麻糍这项闽南传统小吃在叶成屋的手上达到了一个新高度。这项技艺如今已经传承到第三代,叶家一直延续传统的家族经营方式,家庭成员中有各自不同的分工,每个人都专注于自己承担的领域，和谐而有序。

出生于 1920 年的叶成屋是叶氏麻糍创始人。少年时，他由伯父从安溪带到厦门开始生活。因为有手艺在，叶成屋做起麻糍生意。20 世纪 30 年代初，叶成屋开始行走鼓浪屿，挑扁担，穿过大街小巷，叫卖麻糍。那时物资匮乏条件艰苦，每天只能做出一定的量，但因其软糯香甜，这纯手工制作的麻糍是很多人的心头爱。

年轻的叶成屋挑着担子，一头是麻糍，一头是井水，边喊"麻糍"边走街串巷。就着清凉的井水吃甜糯麻糍，成了一代又一代鼓浪屿人美好的童年记忆。多年以后，很多华侨回鼓浪屿，一定不忘买麻糍吃麻糍。

和那个时代的很多手工艺人一样，叶成屋淳朴厚道，凡事首先为他人着想。当年，叶成屋的麻糍担还有一样特殊的物品——粗糠壳，这是为搬运工准备的。搬运工劳动量大，呼吸急促，如果一口气喝下冰凉的井水，会伤到内脏，所以叶成屋在水碗内加些米糠，搬运工喝时得先把米糠吹开，这样就能舒气。

1958 年公私合营，叶氏麻糍并入鼓浪屿食品厂，叶成屋被安排做年糕、发糕或豆浆腐竹。此后 20 年间，鼓浪屿没人再做麻糍卖。

直到 1978 年，叶成屋才重操旧业，挑起麻糍担子，鼓浪屿岛上又响起了叶成屋悠长的叫卖声。叶成屋的三子叶建佳、四子叶建胜，在父亲的指导下也做起了麻糍生意。叶建佳学做麻糍颇有点偷师的意味。十几岁的他目睹父亲叶成屋的辛勤劳作，起了好奇心，偷偷地模仿父亲做麻糍。一开始，叶成屋只当他小孩心性，随便玩玩，并未多加理会，后来看他真心想学，最终还是指导了这个好学的儿子做麻糍。叶氏麻糍有了它的传人。

兄弟二人，一人负责最重要

创始人叶成屋挑担售卖麻糍

的麻糍准备工作，一人负责守着摊位，销售麻糍，打理外部事务。独特的口味，过硬的质量，实惠的价格，成就了叶氏麻糍的口碑。小摊生意日渐红火，每日销售量数百粒，旅游旺季可达上千粒。1981年叶成屋退休后，也上街卖麻糍，在龙头路三优街边摆摊销售。

叶氏麻糍二代叶建佳在鼓浪屿街角售卖麻糍

俗语说："麻糍手里捏"，叶氏麻糍的操作过程可用"耐磨、细揉、搅拌、包制"八个字来概括。用叶成屋的话说：说起来容易，实际做起来难，不管是糯米磨制加工或麻糍里的馅均要"耐心磨、细心揉、用心轧、小心包"。糯米制成软果状的坯后要按顺序排列在一起，拿在手中不粘物，馅即由芝麻、花生、白糖按祖传工艺比例调和而成。芝麻、花生需舂轧成粉状，白糖碾成粉末，一般是顾客要买，现包现卖，拌上黑芝麻末即可食用。为了保证干净卫生，叶成屋父子还练就了长筷夹钱的本事，一度成为岛上小孩仰慕的"大侠"。

20世纪90年代初，叶氏麻糍在中山路附近的定安路第九市场门口设了一个分销点。叶家第三代中唯一的男孩子叶伟荣加入到叶氏麻糍的传承之中。1986年出生的叶伟荣是叶成屋四子叶建胜的儿子，主要负责中山路叶氏麻糍摊点的买卖。

手工工艺的传承，最需要的是传承人能耐得下性子，将那些看似简单枯燥的事情反复练习，以达到炉火纯青的境地。在叶伟荣眼里，叶氏麻糍是爷爷辛苦创立出来，长辈们

叶氏麻糍在中山路的摊点引来顾客排队购买

为之坚持守护下来的心血。于他而言，把"叶氏麻糍"发扬光大，是他承袭家族事业的使命。

2000年3月15日，成立厦门市思明区叶氏麻糍经营部。

2011年，叶氏麻糍被中华人民共和国商务部认定为"中华老字号"。就在这一年，92岁高龄的叶成屋老人去世，老人生前最大的心愿就是麻糍摊能代代相传。叶家后人没有辜负老人的心愿，团结一心，继续坚守麻糍摊。他们的坚守也得到了广大媒体的关注，纷纷赞扬和推介叶氏麻糍。《厦门日报》《厦门晚报》《消费者报》《特区工人报》《海峡导报》等

2011年叶氏麻糍获得中华老字号认证

都刊载过叶氏麻糍的文章，新加坡、马来西亚以及香港地区、台湾地区等地报纸也有过报道。《福建画报》、豪华游轮"狮子星号"旅游画册都有图文推介。中央电视台、香港亚洲电视台的旅游栏目还做过专题报道。在鼓浪屿轮渡码头滚动播出的鼓浪屿风光、旅游购物指南录像片中，叶氏麻糍更成为"鼓浪屿的一道风景线"。

随着鼓浪屿旅游事业的兴旺，叶氏麻糍亦成了外地游客喜爱的风味小吃，宾馆、酒楼也定做茶点。先后获得了"中国名点""福建名点"等殊荣。叶氏麻糍参加过首届海峡两岸美食节暨第9届厦门美食节，也参加过福州市举行的全国中华老字号食品专场展览，并成为鼓浪屿（国际）钢琴艺术节的指定产品。

叶氏麻糍参与老字号嘉年华活动

"和生活·好味道"，厦门第一甜汤
——厦门市黄则和食品有限公司

厦门市同安区轻工业食品园的黄则和生产基地

黄则和供图（下同）

"黄则和"品牌始创于20世纪40年代，创业初期即1945年抗日战争胜利后，黄则和师傅挑担沿街叫卖由其独家熬制的招牌甜点——花生汤，因其制作的花生汤烂而不糊、甜而不腻、质量可靠，黄则和花生汤名扬鹭岛。1950年8月，黄则和典买了中山路22号店面，以"黄则和花生汤"为招牌开店营业，除经营花生汤外，还兼营韭菜盒、麻枣、炸枣等地方风味。1956年该店公私合营，后转为国营。20世纪70年代期间，黄则和招牌先后被改为"红阳""津园"等，但人们仍习惯称之为"黄则和"。1981年，"黄则和花生汤"老字号招牌重现。1985年初，恢复原有品牌名的"黄则和花生汤店"展现出了属于这个时代的活力，更加注重产品质量，并且不断增加花色品种，扩大经营范围，除经营拳头产品花生汤外，还经营具有厦门特色的炸枣、豆包粿、蛋糕、面包、月饼、馅饼、年糕等上百种产品，营业额年年递增。

秉承"和"的思想，在品牌理念"和生活、好味道"的倡导下，厦门市黄则和食品有限公司充分发挥创新意识，不断推出新产品，现已发展出200多种各式糕点、面包、营养早餐等产品。厦门市黄则和食品有限公司不仅"黄则和花生汤"被中国烹饪协会认定为"中华名小吃"，还以此为龙头，成为经营品类丰富的知名餐饮连锁企业，相继被原国家国内贸易局授予"中华老字号"，被中国烹饪协会授予"中华餐饮名店"称号，荣获商务部首批中华老字号、福建老字号、厦门老字号等多项认证。

"黄则和"从无到有，由小到大，由肩挑担卖到中华餐饮名店，由单一品种经营到多品种经营，由主店经营到连锁加盟经营，每一步由量变到质变的飞跃，无不诠释着"黄则和"两代经营者生生不息地继承创新、开拓发展的磨砺追求轨迹。

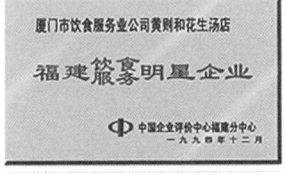

黄则和获得多项殊荣

主要产品

花生汤

黄则和花生汤美名远扬,独具一格,是全国首批中华名小吃。原料精选,古法煮制,汤色乳白,清鲜甘甜,花生一分为二,酥而不烂,入口即化,是一道风味独特的美味甜汤。

全国首批中华名小吃——黄则和花生汤

肉粽

黄则和烧肉粽传承经典肉粽配方,以香菇、板栗、虾米、精选五花肉和糯米为原料。选料讲究,其肉选择优质的五花肉而非普通猪腿肉,以此保证肉的肥瘦适宜。制作时糯米先入卤汤里卤制,再与红烧五花肉、板栗、香菇、虾仁等用粽叶包好煮熟。肉粽味道香甜,油润不腻,色泽红黄闪亮。趁热食用,口味更佳。传统食用方法会配上沙茶酱、蒜蓉酱、红辣酱等调料,也是不同的味蕾体验。

月饼

1995年中秋黄则和传统月饼隆重上市。精装双黄白莲蓉月饼选择湖南的湘莲,精细加工,呈象牙色,保留莲子的特色香味,油润光滑,软细绵绵。月饼中镶入特别腌制的金色蛋黄,经烘焙大师的细心烘烤,使白莲与蛋黄珠联璧合,增添了绝色美味。

海蛎煎

闽南地区的特色小吃,分量多且又新鲜的本港海蛎与青蒜、蛋液、地瓜粉一起煎制,外层酥香,内里软嫩,再加上本地的甜辣酱,入口鲜香诱人,深受食客喜欢。

沙茶面

早期由东南亚带入,流行于闽南地区,其中以厦门的沙茶面为佳,这碗面的灵魂就是沙茶酱。熬制主料由虾干、花生、葱头、蒜头等十几种食材构成，经油炸香酥再研磨细，制成沙茶酱。碱水面用开水烫熟，根据个人口味加入猪肉、猪肝、鲍鱼、海虾、鱿鱼、各类丸子、豆腐干等食材，最后淋上一直在大锅里滚开的汤料即成。面条劲道，面汤鲜爽，浓香四溢。

沙茶面

传统技艺

黄则和花生汤制作技艺

黄则和花生汤是风味独特的名汤佳点。它以闽南特产花生为主料，挑选品质上好的沙地花生，泡水后将花生仁一分为二，然后脱膜、挑选、摊平吹干后，大锅熬煮五个小时，再调入白糖等配料而成。花生汤清甜爽口，滋阴润肺，与药膳相似，有食疗之效。

熬煮最是考验功力，从黄则和老先生起，就对花生汤的熬煮过程进行数十年如一日的严格把控。从用料选材到熬煮火候，再到分量比例的斟酌，处处都力求保持原汁原味，成品中能感受到熬制的火候恰到好处，汤汁清甜不涩。花生软烂适中，口感十分微妙，一碗下去满满都是生活的幸福感。

文化传承

在厦门，说起风味小吃店，耳熟能详的概莫几家老字号餐饮名店，黄则和花生汤店就是厦门家喻户晓的"中华老字号"餐饮名店之一。

黄则和老先生是这家名店的创始人，他的名字来自王阳明《传习录》中的"心正则中，为修则和"，寄托了长辈对他"宽厚仁和"的殷殷期盼。创始人黄则和更是以"和"作为人生的座右铭，在经营上以和为贵，为人处世上谦恭仁和，获得广泛口碑。黄则和的儿子黄荣华及其后人秉承老先生"和"的精神，齐心协力，和睦团结，诚信经营，如今的"黄则和"已成为老字号的名牌企业和厦门城市的一张名片，享有极好声誉。

1985年，黄则和的儿子黄荣华担任花生汤店经理。此后，在黄荣华的经营之下，"黄则和"因势利导，既保持传统底蕴又引入新元素，在新时代的赛道上，越走越稳，越来越好。

21世纪初，坐落于厦门黄金地段的黄则和花生汤店面临着前所未有的严峻挑战。一边是国际知名洋快餐和新兴同业的夹击，市场份额遭受冲击；一边是新兴商圈的形成，繁华闹市的转移，消费受到严重分流。诸多因素导致店铺销售徘徊不前，如何应对市场变化，冲破瓶颈制约，达到扩销增效的目的，成为"黄则和"面对的第一大问题。这是考验经营者定力和眼界的时刻，黄荣华通过对市场的分析预测，认识到几十年固守中山路的原有店堂经营，虽说生意尚可，但难有大作为，已不能跟上市场发展的步伐，如果不创新经营将被市场淘汰，唯有依托品牌优势，开拓更加广阔的经营领域与空间，才能在严酷的市场竞争中求得生存，谋取发展。面对新的形势、新的挑战，"黄则和"以新的思维、新的举措，确立运用品牌引路，拓展规模经济，走连锁经营新路的经营方向，力争以连锁经营求发展，以规模经营促效益，并以此进行了一系列的市场营销策划与实施。

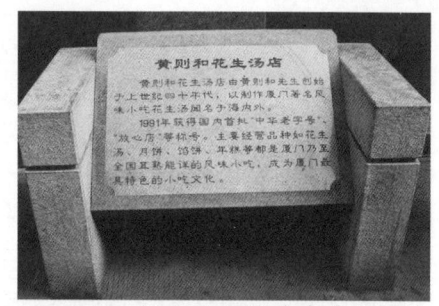

2002年市政府修建在中山路步行街上的展示牌

1990年传承人黄荣华制作花生汤

厦门特区作为对外开放的海湾型风景旅游城市，观光、贸易、投资产业不断发展，四方宾客云集，饮食口味呈现多层次、多样化的新特点。"黄则和"在传统厦门地方特色风味小吃、小点的制作上引进新工艺、新方法，结合本地口味不断改良创新，适时研发推出各种新颖味美价廉的小吃小点，新品种、新口味不断面市，常年应市供应的各色小吃、小点达上百种。丰富的品种提供了更多选择，销售面立马打开，营业额随之逐渐上升。

厦门市黄则和食品有限公司原为传统的前店后厂手工作坊经营，生产销售都局限于200多平方米的空间，随着经营品种的增加和销售的扩大，原有场所已不敷使用。"黄则和"主动跨出店门找寻场所建立生产基地，先后分期分批投入100多万元，按照严格的食品生产卫生标准建立起3500平方米的生产加工厂，引入先进的搅拌机、切割机、包馅机、成型机、烘烤机、包装机等设备，改变了小吃、小点的生产加工模式，并相应建立起原料采购、生产加工、物流配送一条龙的生产销售流程。公司从传统手工作坊式的低投入、低产出、小规模、简单化再生产的粗放型经营，向现代集约型食品加工厂的高投入、高产出、规模化、多元化方向发展。与此同时，融入现代新型理念，借鉴洋快餐的店堂装潢布局格调，对总店店堂进行了全面的装修改造，扩大和改善了就餐环境，并强化卫生环保概念，引用一次性卫生餐具器皿。焕然一新的经营环境，有效地树立了"黄则和"老字号在市场中的崭新形象。

2001年12月，"黄则和"在先期开设2家分店试点的基础上，不断总结经验，不断规范与完善，而后由点及面地铺开，陆续开设116家社区连锁店，分布于岛内外主要地段和社区。黄则和加盟店严格意义上讲是专卖店，统一的店面风格，统一的经营品种，统一的销售价格，统一的品质管制，统一的营销模式，有效

遍布城市生活圈的黄则和社区连锁店

地扩大了在消费群体中的知名度和向心力。这也有效扩展了"黄则和"系列名牌食品的销售渠道，不仅在产品的销售中充分发挥了分销扩销的作用，而且方便了生活在不同社区的消费者能够就近品尝到正宗的"黄则和"名牌特色小吃、小点，也为社会提供了广泛的就业机会，可谓是社会

效益和经济效益双赢。

　　2003年11月，黄则和花生汤店所属的厦门商业集团饮食服务业有限公司对其进行产权制度改革，隔年成立了厦门市黄则和食品有限公司，从而赋予"黄则和"老字号金字招牌更加旺盛的生机与活力。

　　2004年3月，厦门市黄则和食品有限公司加入厦门市早餐工程，融入早餐市场，不仅为厦门人民提供最优质的服务，更提供了一个干净、整洁的早餐用餐环境，让顾客吃得舒心、放心、健康。为了进一步提高"黄则和"商标的知名度与信誉度，厦门市黄则和食品有限公司于2005年通过了ISO 9001质量管理体系认证，进一步保证了优质优量，并且调整内部管理，提高服务质量。

　　2004年5月，没有大张旗鼓的宣扬，"黄则和"悄然登陆漳州市场，花生汤、米老鼠、馅饼、椰子饼、韭菜盒……几十种原汁原味的厦门特色小吃，让"黄则和"迅速在漳州市场站稳脚跟。漳州"试水"成功，泉州顺理成章成为"黄则和"扩张的第二站，接着福州、浙江宁波也成为"黄则和"瞄准的目标，最终把品牌推向全国。2005年春节在新加坡举办的旅游产品展销会上，黄则和花生汤和特别推出的元宵饼也进行了展示宣传。

2016年的黄则和花生汤店

2006年,"黄则和"再次投入1500万元在同安食品工业园区建设黄则和工业园,占地面积20多亩,2007年7月投入使用。新的厂房采用国际标准ISO 22000:2005生产管理体系,公司引进全自动烘焙加工流水线,生产200多种中式糕点和西式面包,其中研发多种糕点应市,不仅要投放国内市场,还要着手开辟国际市场。

黄则和工业园导入新的潮流生产机制和产品设计营销理念,但也固执地保留着自己的一本"生意经":食材新鲜,工艺传统。也正因如此,"黄则和"能把朴实无华的椰子饼做得深入人心:香软酥细,表皮油润酥软,内馅甜而不腻;蛋黄酥工艺烦琐,口感酥脆的表皮搭配真材的蛋黄馅儿。这都是来自老字号的诚意。

基于这种敢闯敢试,不惧挫折,敢为人先的精神,"黄则和"成功地由风味小吃店逐渐转型为餐饮连锁企业,并日益发展壮大。老字号在传统上的坚持和不断的创新努力,让其影响力经久不衰,而"黄则和"更是让我们看到了他们在产品上的较真,也让这张厦门城市名片愈发显得有分量。

涅槃重生，小馅饼见证大时代
——厦门市鼓浪屿食品厂有限公司

厦门市鼓浪屿食品厂有限公司　鼓浪屿食品厂供图（下同）

厦门市鼓浪屿食品厂有限公司现址在厦门市思明区前埔中二路838-840号，闻名的中华老字号"鼓浪屿牌馅饼"便出自鼓浪屿食品厂。这家由鼓浪屿上17家糕饼店公私合营组建的公司，在第五代厂长曾华山的领导下，迎来了品牌复兴、经典回归的盛况。

2017年，金砖峰会在厦门召开，鼓浪屿牌馅饼成为会议指定产品，是厦门饼业的唯一一家。鼓浪屿食品厂提供给金砖会议的产品采用了和平时同样的原材料和常规生产线，与其他所有批次的产品在品质上保持了一致，充分展现了"中国制造"严苛的标准和精致的工艺，也擦亮了"鼓浪屿牌馅饼"这张名片。

主要产品

鼓浪屿牌馅饼

鼓浪屿食品厂主营鼓浪屿品牌,众所周知的老字号"鼓浪屿牌馅饼"仅是其旗下的一类产品。该厂食品部主营14款产品,其中绿豆糕、绿豆馅饼等7种产品获得国家轻工业部颁发的部优产品荣誉,椰子饼等2个产品获得省优产品荣誉。

一块小小的鼓浪屿馅饼,以及和一座小岛绑定在一起的"鼓浪屿"商标,凝结了中国几十年来企业发展的印记:公私合营、集体所有制、资产重组、兼并、拍卖、国有资产退出、私营企业、股权纠纷。这些各个时代特有的经济名词,在鼓浪屿馅饼的发展史上都能找到,可谓"小馅饼,大时代"。

鼓浪屿牌馅饼精心挑选上乘原料,采用净化水细致清洗,历经四十几道手工制作工艺,层层严格把控产品质量,每一块馅饼都经过精心烹饪,力求呈现地道、古早、健康的品质。饼皮入口滑润即化,细嚼酥松清甜。饱满的馅料颗粒感十足,有嚼劲,口味清甜,慢咽有沁人心脾的独特口感。

寄托了满满乡愁的鼓浪屿绿豆馅饼

传统技艺

鼓浪屿馅饼传统手工制作技艺起源于1805年,因其口感香甜酥细、湿润冰凉以及口味繁多而蜚声国内外。它独特的口感应归功于其传承百年的配方及纯手工工艺。制作工序包括原料选材、清洗、浸泡、蒸煮、分馅、制皮、包馅、成型、烘烤、翻饼等,用料精良,制法考究,成品掰开清晰可见六到八层的饼皮,彰显了传统制饼工艺的巧夺天工。如今制作配方不断改进,技艺精益求精。

文化传承

鼓浪屿馅饼在很长一段时间里，是厦门地方风味的代表。厦门人习惯了在走访亲友、茶聚时，带上鼓浪屿馅饼作为伴手礼，而家乡在鼓浪屿的华侨离开小岛时，总是不忘带上鼓浪屿馅饼，回到侨居地后用舌尖的味道来慰藉思乡的情绪。

当今天的人们徜徉在天风海涛的小岛鼓浪屿，惊叹着小岛的万国建筑和别样风情，想要把这一座岛屿的美好带走或者赠送给亲友时，手上时常拎着的是和岛屿同名的馅饼——鼓浪屿馅饼。一饼飘香小岛，鼓浪屿馅饼的故事和鼓浪屿的故事互相印证着历史，正是世界文化遗产鼓浪屿所不可或缺的在地之味。

厦门被定为五口通商口岸后，商业繁荣，华侨资本大量涌入，厦门的商业市场更加兴旺，在20世纪二三十年代发展到鼎盛时期。《厦门饮食文化》记载："厦门的糕饼与糖果业有一百多年的历史，根据福建省统计时报《1935年各业商号调查表》，当时厦门的糕饼业有商号133户，资本总额38505元。"另据《厦门工商业大观》和《厦门指南》统计，20世纪30年代初，厦门专营糕饼业的商号（有自制能力的）有70余家，分为西饼、糕饼、饼干等类。其中创立比较早的店铺"义华"，是1928年创立于厦门中山路。到了1947年，据统计，厦门的糕饼糖果业商家包括在鼓浪屿的，有100多家，主要集中在厦门岛内的中山路、大同路、开元路和鼓浪屿的龙头路、泉州路和内厝澳等。其中的"添成面包店""肖瑞姜饼店""金兰斋饼店"因各自特色产品备受喜爱，声名最盛，也是日后公私合营的中坚力量。

添成面包店是鼓浪屿最早的面包店。老板林和祥原在厦门定安路开西餐厅，面包店地址在鼓浪屿龙头路中段。据说其面粉和糖等原料采购自新

早期添成饼家的传承物，1904年传承至今，是鼓浪屿馅饼博物馆镇馆之宝

加坡，其面包质量是鼓浪屿最好的，可以和涉外宾馆的洋面包媲美，名噪一时。1945年，21岁的林朱达成为添成面包店的一员，林朱达凭着过硬的本领，将面案上的功夫发挥到极致，成为厦门有名的"饼中圣手"。当然，此时的他并没有预想到，他的命运从此会与添成面包店紧密相关，并且成为添成面包店的最后见证人。

肖瑞姜饼店，地址原在现在大同路第七市场附近，抗战后迁至鼓浪屿泉州路，除日常售卖糕饼外，还为婚宴寿庆人家专制礼饼礼糖等，与庆兰饼家同是鼓浪屿数一数二的饼家。肖瑞姜饼店有一个叫刘静杰的大师傅，他的绝活是制作绿豆糕。凭着这手绝活，刘静杰在1956年跟随肖瑞姜到鼓浪屿食品厂后，与添成面包店的林朱达共同成为鼓浪屿食品厂的两大顶梁柱。

相对而言，金兰斋饼店比较低调。鼓浪屿被日本人占领期间，世居鼓浪屿的内厝澳人黄妈发就地创办了金兰斋饼店，这就是现在内厝澳413号的金兰饼家的前身。

鼓浪屿市场路67号，鼓浪屿老市场的后部，延平戏院楼下那556平方米的狭小厂房车间，鼓浪屿食品厂一开就是30余年。

1956年，鼓浪屿上的添成面包、肖瑞姜饼店、金兰斋饼店，还有双兰斋、和兴饼店等17家鼓浪屿糕饼店，实现公私合营，成为"鼓浪屿食品生产合作社"，开启了由小作坊向大企业转型升级的新时代。1958年10月，"鼓浪屿食品生产合作社"更名为"地方国营厦门鼓浪屿食品厂"。曾经身份是添成面包店大师傅的林朱达，以及肖瑞姜饼店大师傅刘静杰，还有各家饼店的高手师傅，自然成了鼓浪屿食品厂的骨干力量。

林朱达是鼓浪屿食品厂的第一任厂长，是鼓浪屿食品厂经营的见证者、亲历者和推动者。1940年2月，14岁的林朱达正式成为义华行的一名学徒，拜林先群为师学手艺，开始了他一生长达几十年的饼业生涯。在他的人生中，有将近70年的岁月与鼓浪屿馅饼捆绑在一起，可谓传奇。

1980年，一度与饼绝缘的林朱达重回鼓浪屿食品厂，回到他熟悉的做饼行业，开始了他人生中的黄金岁月，也开启了鼓浪屿食品厂的黄金时期。鼓浪屿食品厂以不可阻挡之势，在20世纪80年代中后期发展迅猛。特别是1985年，日光岩牌绿豆糕、馅饼、四新面包、椰子饼4个产品先后获国家轻工业部优质产品奖。一家50人的集体所有制小食品厂，居然一年内有4种产品荣获部优产品称号，这不仅在厦门，就是在整个福建省也是绝无仅有的。

自 1983 年起，鼓浪屿食品厂就在其生产的馅饼熟食的包装上使用"鼓浪屿"商标。1987 年 5 月，"鼓浪屿"商标正式注册。

随后，鼓浪屿食品厂产量与产值大幅增长，但却无法满足市场需求，供不应求的矛盾非常突出，解决的办法只有扩大再生产。厂子要从鼓浪屿搬迁出来，移地新建厂房提上了日程，但好事多磨，直到 1991 年，鼓浪屿食品厂才真正迁出鼓浪屿，搬到厦门莲花龙山工业区。

1996 年 9 月，林朱达制作了 674 千克的"两岸和平团圆大月饼"，与海峡两岸同胞共度中秋佳节

在此后的 20 年间，鼓浪屿食品厂经历了合并、拆分、股权之争、拍卖、转让、重生，一个品牌和一家食品厂在时代的洪流中能够生存下来，其中的曲折令人唏嘘。

1994 年 1 月，鼓浪屿食品厂与主打产品为鱼皮花生的厦门食品厂、以生产苏打饼干为主的大中华食品厂三家合并，重组集团，成立"为天实业有限公司"。

1999 年，国有企业厦门象屿集团介入，兼并了为天公司，并将其改名为"新为天"。鼓浪屿食品厂则从莲花的厂房搬迁到后江埭的为天厂区。

2002 年 6 月，鼓浪屿食品厂改制，实行企业内部招标，由职工通过竞争收购企业。2002 年 12 月，获得收购股权的职工将股权以 230 万元人民币的价格将食品厂转让给陈来强和曾永忠。此时的鼓浪屿食品厂有职工 80 名，其旗下的"鼓浪屿馅饼"早已是厦门食品行业的著名品牌。从此，"鼓浪屿食品厂"更名为"厦门鼓浪屿食品厂工业有限公司"，成为民营企业。

2003 年 4 月 15 日，由于管理者之间的经营意见不合，鼓浪屿食品厂陷入停产，职工也只好暂时下岗。7 月，鼓浪屿食品厂恢复生产，继续生产经营"鼓浪屿馅饼"，职工重新上岗。

2005年至2007年,鼓浪屿食品厂一度停止运转。"鼓浪屿馅饼"商标也丧失了参评"中华老字号""福建省著名商标"的机会。

唯一值得庆幸的是,因为通过商标使用的方式,厦门鼓浪屿食品厂工业有限公司把"鼓浪屿"商标继续保留在市场上,才没有让"鼓浪屿"商标消失在历史烟尘中。

继"鼓浪屿"商标四度流拍后,2010年6月,在"鼓浪屿"商标已经解封、具备商标转让的合法性之后,对鼓浪屿有特殊感情的曾华山,用个人的名义在拍卖行以90万元的价格买下了"鼓浪屿"商标。自此,"鼓浪屿"商标迎来了新生。

接收鼓浪屿食品厂10年来,作为鼓浪屿食品厂的第五任厂长,曾华山拜林朱达为师,成为林老的关门弟子,掌握了鼓浪屿食品厂系列产品的传统制作工艺。

在学习的同时,曾华山也在不断改良工艺。他曾花了3个月时间对馅饼皮进行深入研究,最终做到馅饼掰开有6到8层皮。

林朱达欣慰鼓浪屿馅饼后继有人,曾这样评价曾华山:"你这一辈子不仅做了一件事,还做了五代人的事。"

"我是想新人新做法,想要标准化,给鼓浪屿馅饼一个身份证,不做倚老卖老的老字号。""创新是在原来的故事、现代人的生活方式、在与时俱进中去调整,饼从前是奢侈品,现在则是日常所食,而且现在的人要吃得雅致,也需要改良原有的产品。"在积极创新的同时,曾华山也没有抛弃传统的精髓,比如他还是坚持每一年都制作传统的大月饼,积极参与各项社会活动,与喜爱传统口味的厦鼓人民同乐。

10年来,鼓浪屿馅饼厂不断扩大规模,从20多名员工到六七十号员工,生产线也一直扩大,在致力于鼓浪屿食品厂系列产品技艺的传承、

曾华山制作月饼

创新与发展的同时，鼓浪屿食品厂也取得了各项荣誉。

"故事、仪式、质量，是品牌存在的决定因素"，虽然在品牌打造上投入太多，付出和所得极不成比例，但曾华山也没有后悔。有百年历史的制饼技艺沉淀了丰厚的故事，曾华山希望在提升消费者的品牌认知度和认可度的同时，也提升品牌的文化内涵和附加值。

曾华山推动企业转型升级的步伐从未停止。从原本分散的小生产变为集中的大生产，让工艺和生产流程也更加规范化、标准化；从过去没有强制要求每名师傅每天做几个饼，到如今明确规定每名师傅每天必须完成一定量；从作坊发展而来，鼓浪屿食品厂转型为工业化生产后，也开始回归作坊的最初匠人精神。

2014年市场路的鼓浪屿馅饼食品厂

从鼓浪屿食品厂多年来不直接销售产品给消费者，到开出几十家连锁店，降低成本，减少中间代理环节，为展示自身形象搭建起了平台，还引进了ERP管理系统，提高了生产效率和品质。

2016年，"鼓浪屿"被福建省商务厅认定为"福建老字号"。2019年，"鼓浪屿食品"被认定为"厦门老字号"。看着"鼓浪屿馅饼"的金字招牌重新焕发光彩，曾华山感慨任重道远。"能够得到'鼓浪屿馅饼'

"鼓浪屿""鼓浪屿食品"分别被认定为福建老字号和厦门老字号

这个老字号商标，我很幸运，但如何将这块金字招牌真正传承下去，再现它以前的辉煌，做出名副其实的'鼓浪屿馅饼'，我觉得肩上的担子很重。"

2019年，鼓浪屿馅饼传统手工制作技艺被列入厦门市级非物质文化遗产代表性项目名录。2022年，被列入福建省级非物质文化遗产代表性项目名录。作为2015年就被认定为非物质文化遗产传承人的曾华山倍感欣慰。他希望继续在文化遗产传承的道路上耕耘，为保护闽南传统手工奉献自己的一份力量。

2014年9月8日，厦门前埔中二路838～840号，曾华山花费了8个月时间打造的"鼓浪屿馅饼食品文化博物馆"开馆，这是福建省第一家民办馅饼博物馆。

博物馆不仅展现了鼓浪屿牌馅饼几十年来历经五代人的发展史，更重现了鼓浪屿老龙头路的风貌。那是世界文化遗产鼓浪屿不可或缺的文化细节之一。

博物馆内依照当年鼓浪屿龙头路的店面布局。19世纪中叶，鼓浪屿成为国际社区，岛上的龙头路和泉州路热闹非凡。博物馆里，1958年的鼓浪屿食品厂以及与老食品厂毗邻的鼓浪屿市场和延平戏院，再会咖啡店、添成饼家等老商铺，供人泡茶休闲漫谈的茶店，刚出炉的馅饼糕点，熟悉的长条凳，旧日的繁华街景一一被真实地还原、重现，恍如时光倒

鼓浪屿馅饼食品文化博物馆

流,将参观者带回那个远去的年代,怀想起当年这里的盛景。"每日上市时,有购买粮油的,有选购布料做衣服的,或采购百货及食杂的。有修理钟表或加工小五金的,或选购首饰品的,或找中医看病买药的,消费者从岛上各角落赶来,各买所需,十分热闹。"

博物馆还展示了鼓浪屿老字号的老物件,如制饼模具、购饼批条、旧粮票、米票、菜票、蛋票、肉票等。特别是一块中秋月饼牌匾,这块传统牌匾造型优美、用材考究、雕工精致,传说中的瑞兽龙、象征福的蝙蝠、寓意平安的花瓶和喜庆的喜鹊环绕四周,各式花卉穿插其中。这块颇具历史感的牌匾来自添成饼家,于1956年公司合营时归于鼓浪屿食品厂。

在展示墙上,还有鼓浪屿食品厂历任厂长的介绍,以及1958年至今所获得的种种荣誉及产品包装。从1956年林朱达设计的第一款纯朴的纸质包装到如今的各式时尚包装,光从包装上看就是一部馅饼史。

博物馆里还设有馅饼DIY体验区,参观者可以自行体验做馅饼的过程,重温在老鼓浪屿上喝茶吃饼的感觉。博物馆时常对孩童开放的体验课程,则让老手艺的传习更有温度。

占地面积2438平方米的馅饼食品文化博物馆,展示了鼓浪屿食品厂的前世今生,也诠释了鼓浪屿的食品文化历史,成为大家认识、了解鼓浪屿食品文化的一个窗口。这座"色香味俱全"的博物馆,虽然深藏于幽静的居民区中,但仍有许多人会慕名而来。

劈波斩浪，"好好"美味香飘万里
——厦门香满堂食品有限公司

厦门香满堂位于中山路的旗舰店　　　　香满堂供图（下同）

厦门香满堂食品有限公司是一家具有现代化管理模式的民营企业，其发展历史可上溯至李仰仪创办于1956年的"李记"店铺。1985年，二代传承人李燕江从霞溪路卤鸭店起步，创立厦门市思明区好好美食食品厂。1985—1998年，"好好美食"经历了发展、兴盛、危机、破产，蛰伏四年，李燕江重振旗鼓，成立了厦门香满堂食品有限公司。

近年来，香满堂不断开拓市场与创新营销模式，在不断变化的市场格局中追求卓越品质，实现了产业升级。创新不只是香满堂创业的基石，同时也是推动香满堂未来发展的坚实力量。从创办之初的小规模肉松作坊，到如今具有现代化管理模式的食品企业，香满堂以实际行动践行着用一颗"匠心"去传承飘香六十余载的好品质。

主要产品

肉松系列

传统台湾工艺，手工炒制，使肉松入味醇厚，纤维饱满，最大限度保留猪肉原有的营养成分。肉松冷却回酥后在十万级净化车间装罐，自动封罐机封口、压盖，自动贴标打印，实现后期工序的全面自动化，并保证产品质量安全。

香满堂产品——肉松

精致肉片

采用猪后腿肉、鸡肉为原料，去油去筋，辅以精酿米酒、天然桂皮等特制独家酱料真空滚揉，配制讲究，沿用中华传统配方和现代工艺，经过烘干、烤制等多道工序加工而成。后期全自动真空机包装，工厂车间均采用红外线、臭氧消毒处理，确保质量安全。

传统技艺

肉松制作工艺

肉松炒制的火候控制、入料和炒制时间都是非常关键的技术要领，香满堂传承了台式炒肉松工艺并结合了现代的加工技术，使得制作的肉松鲜香酥脆。

肉脯类制作工艺

香满堂肉脯制作使用全自动控温设备，采用低温烘烤及高温烘烤工艺，辅以果木烟熏工艺，成品具有外形美观、色泽悦目，口味鲜香，五味俱全，口感细腻、脆嫩，切面组织紧密等特点。

文化传承

闽台两地源出同宗，一衣带水。在物产、风俗、饮食风味上多有相通之处，20世纪二三十年代，两岸民间交流频繁，人员往来密切，手工业发展相互影响。

肉松、肉脯是我国著名的特产，起源于11世纪，是古代远征行军打仗携带的干粮之一。全国各地均有制作肉松、肉脯的传统，因各地饮食习惯，口味不同，在制作技艺上有所差别，形成了各具特色的地方风味。香满堂的前身"李记"是福建漳平人李仰仪于1956年在厦门市营平路28号创办的，主营台湾风味的肉松、肉条、肉脯等酱卤肉制品和蛋业等产品。其肉制品制作工艺承袭自台湾，李仰仪经研究，创制出独特的台湾风味肉制品秘制配方，生产出的肉松、肉条、肉脯口感甚佳，风靡一时。"李记"在厦门渐成一家，李仰仪也被众人冠以"肉松王"之称。

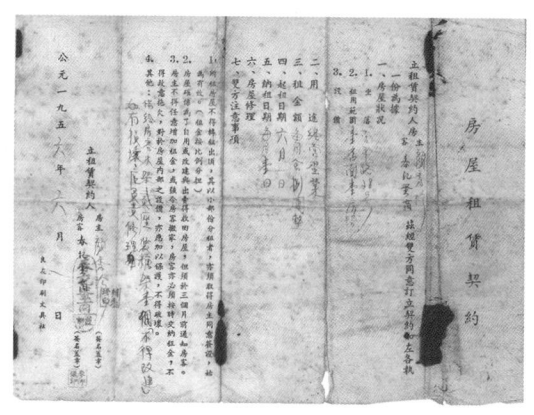

1956年，李仰仪租赁厦门营平路28号创办李记的房屋租赁契约

公私合营后，"李记"店铺被并入厦门市食品厂，李仰仪则进入厦门市食品厂工作。其三子李燕江，于1981年进入食品厂工作。于1985年在霞溪路开了一家卤鸭店，生意做得风生水起。同年，李燕江成立"厦门市思明区好好美食食品厂"。1993年注册品牌商标

人称"肉松王"的创始人李仰仪

"好好",该商标是厦门企业中较早注册的商标之一。"好好"两字,来源于卤鸭店对面的一家小学,校园里"好好学习,天天向上"的大字标语每天都映入李燕江眼帘,刻进他的心里。"好身体当然吃好食品""好好吃,吃好好"的经营理念,由此产生。

1994年,厦门市思明区好好美食食品厂更名为厦门市好好食品工业有限公司,注册地址为厦门市沙坡尾60号。随着经营规模扩大,工厂搬迁至厦门市桦山路华夏工业中心,并于1995年更名为"厦门市好享食品工业有限公司"。然而创业难,守业更难,1998年,由于市场变化、金融危机等因素,公司损失惨重,无奈破产。

1994年李仰仪三子李燕江(左一)创办好享食品工业有限公司

公司破产后,李燕江想着必须把父辈留下的好技艺传承下去,不甘心就此放弃曾经一手打拼的事业,因此用了四年的时间沉淀、反思。2002年,李燕江再度创业,创办了厦门香满堂食品有限公司。香满堂延续了李仰仪创制的秘制工艺配方,拥有注册商标"好好",旗下品牌有"香满堂""好好香满堂""香苏苏""牛大侠""牛欧巴"等,所生产的产品,均已通过SC食品质量认证。

厦门香满堂在苏州市姑苏区碧凤坊的门店

产品种类丰富,有即食肉制品系列、地方特产系列、即食午餐肉系列、自热米饭系列等。获得"厦门老字号"、"中华好品牌"、"优秀老字号品牌奖"和"百家诚信示范单位"等称号和荣誉。与此同时,香满堂积极拓展市场,多次组织团队参与全国大型专业展会,将品牌产品传播至全国各地,并在苏州等地开办门店销售产品。随着互联网的快速发展,电商的崛起，香满堂将销售重点拓展至电商领域，先后在阿里巴巴 1688 超级工厂、天猫、京东、拼多多、抖音、小红书等知名电商平台开办旗舰店，以积极主动的姿态拥抱互联网时代，并取得了很好的成效，品牌知名度、产品销量都呈量级增长。

截至 2022 年，坐落于厦门市同安区美禾九路 150 号（轻工业食品园）的香满堂厂房面积约 2 万平方米，厂房内部设立了 3000 平方米的速冻库、解冻库，厂区外设有万吨储存量的大型冷库。香满堂现在已拥有肉制品工厂和菜肴包工厂两大分厂、原料处理车间、热加工车间、检验室、研发室等配套场所，配备了国内先进的肉松、肉条、肉脯、菜肴包等半自动、全自动加工设备及配套设施。菜肴包工厂于 2019 年修建，设立了每小时 50 吨的污水处理设备，安装了排烟净化处理装置，按照环保要求处理各生产环节的污染源。工厂的生产环境得到质量安全部门的认可，于 2016 年通过 ISO 22000 体系认证。现年产值近亿元，有员工 160 名（其中专业技术人员 20 名）。

厦门香满堂食品有限公司参加 2017 年上海中国国际食品和饮料展会

2021 年，香满堂和集美大学深度合作，成立了"福建省海洋功能食品工程技术研究中心联合实验室"。校企合作的意义不仅仅在于进行产品创新研发，更在于将创新的设想与实际工艺相结合并加以应用，开发出适合市场、具有实际产销意义的产品。2022 年 9 月 29 日，厦门市同安

厦门香满堂食品有限公司参加 2021 年上海中国国际食品和饮料展会

区预制菜产业链联合会的正式成立,首批60多家会员企业携手在同安打造东南预制菜产业发展,香满堂成为其中一员。预制菜省时省力又省心,既是餐饮界的加速器又是消费者的懒人福音,香满堂希望借此不断拓宽渠道,把本地特色的产品更快更好地传递到全国各地。

厦门香满堂食品有限公司厂房

三代坚守，只此一家
——厦门市思明区鼓浪屿龙头鱼丸店

鼓浪屿龙头路口的老字号龙头鱼丸店　龙头鱼丸店供图（下同）

鼓浪屿龙头鱼丸店，位于鼓浪屿龙头路口，是庄奕銮于1946年创始的。2019年，被厦门市商务局认定为厦门老字号。从1946年的走街串巷，到2022年的门庭若市，庄家三代人始终坚持现煮现卖鲨鱼丸汤、鲨鱼羹等。许多食客不远千里而来，就为着一尝这一份独一无二的美味。

时至今日，在产品工业化、店铺连锁化的铺天浪潮下，鼓浪屿龙头鱼丸对"手工技艺"的执着显得尤为珍贵。一粒手工鲨鱼丸的背后，不只在继承祖传技艺的基础上，保持古朴的原汁原味，也凝聚了匠人代代相传的手作精神。

主要产品

鲨鱼丸

有馅鲨鱼丸,分大小规格,口感不同,外皮为新鲜鲨鱼浆制作,口感筋道有嚼劲,馅料为鲜猪肉,调味鲜香。入口轻轻一咬,鲜美的汁水在口腔中爆开,顿时齿颊留香。

无馅鲨鱼丸,是纯鲨鱼丸,使用新鲜鲨鱼浆制作,采用古法工艺,味道鲜美,口感筋道,嚼得动又不至太软。嚼过三两口后,鲨鱼肉的味道就显现出来,带着深海的甘鲜。

传统技艺

鲨鱼丸制作工艺

选取新鲜可食用的小白鲨,现杀现做,去皮剔骨。将新鲜鲨鱼肉反复捶打成鱼浆,精选新鲜猪肉剁馅,肥瘦搭配,原汁原味,延续传承祖传秘方配合福州鱼丸制作手法,制作出厦门口味的鲨鱼丸。手工捏制,现场包馅,现场烹煮售卖,确保新鲜。煮出的鲨鱼丸,味道香甜柔韧、外皮筋道,风味别具一格。

文化传承

作为鼓浪屿上名声远扬的"龙头鱼丸店"的当家人,第三代庄振锋承袭父辈们的坚持:坚持每一粒鲨鱼丸都延续传承祖传秘方,每天选用新鲜食材,从原材料采购到制作成品,用料考究,技艺独特;坚持手工捏制,以独特风味保存浓郁的地方文化气息。在许多游子心中,"龙头鱼丸"代表着家乡,代表着鼓浪屿,成为他们寄托乡愁的慰藉。

龙头鱼丸店创始人庄奕銮生于1925年,祖籍闽侯(今福州),于

龙头鱼丸店创始人庄奕銮　　　传承人庄建华、庄振峰等

1943年来到厦门，居住在鼓浪屿虎巷。因身处异乡怀念家乡福州鱼丸独特的味道，庄奕銮经多次尝试后研制出以鲨鱼肉为主材料，配合福州鱼丸制作手法，具有福州风味的厦门特色手工鲨鱼丸。其味道香甜柔韧，风味别具一格。一开始，庄奕銮每天清晨挑着担子，在鼓浪屿走街串巷叫卖手工鱼丸汤。一碗热气腾腾的鲨鱼丸汤就这样唤醒了鼓浪屿的早晨，温暖了鼓浪屿岛上居民。

1951年，庄奕銮举家从鼓浪屿虎巷搬至鼓浪屿龙头路183号定居，就在门口大石头上现宰鲨鱼，用木槌打浆捏制鲨鱼丸，现煮卖鲨鱼丸汤、鲨鱼羹等，在门口摆桌供客人就餐。

1981年，创始人庄奕銮及李面挞（妻子）在当时政府相关部门耐心建议指导下，将实体店取名为"厦门市思明区鼓浪屿龙头鱼丸店"，并办理营业执照。

1996年，第二代传承人庄建华及陈亚兰（妻子）接手经营鼓浪屿龙头鱼丸店。庄建华自幼跟随父亲学习鱼丸制作手艺，与陈亚兰开

1999年的龙头鱼丸店

庄晚霞现场捏制鱼丸

影视剧《小敏家》的外景地

海内外媒体慕名前来采访

"夫妻小店",把父辈传下来的独特制作工艺传承延续,坚持现做现煮。店面一角的操作台,专注包鱼丸的陈亚兰、庄晚霞(庄奕銮的女儿)成为龙头鱼丸的招牌。

随着国内旅游业兴起,鼓浪屿成为旅游胜地,游客络绎不绝,龙头鱼丸以独特的美味,受到众多游客的喜爱,渐渐成为鼓浪屿的美食名片之一。海内外媒体纷纷慕名前来采访,近年来更成为热门影视剧的外景地之一。

2018年,第三代传承人庄振锋,从父亲手中接过了龙头鱼丸店,这家老店的重担传承到他的肩上了。一家人齐心协力经营这家店铺,将产品做到极致,只此一家,别无分店。近年来,应外地游客需求,龙头鱼丸店入驻淘宝,推出真空包装,让鼓浪屿的美味走向更广阔的天地。

原汁原味，几代秘传源远流长

——厦门市邵子牙食品有限公司

邵子牙贡丸定安路旗舰店　　　邵子牙贡丸店供图（下同）

　　位于定安路中山路商圈的厦门邵子牙贡丸店不仅是周边居民经常光顾的场所，更是远道而来的游客们的热门打卡点。邵子牙贡丸的历史可以追溯到清光绪丙午年（1906年）。邵子牙祖父邵维坤创制的贡丸，由邵子牙和父亲将贡丸制作的独家技艺从晋江祖地带到厦门，并发扬光大。

　　邵子牙贡丸店已传承至第五代，2015年成立了厦门市邵子牙食品有限公司，并在海沧区鳌冠村建造了面积2000余平方米的独立工厂，走上了科学化、标准化、规范化的发展道路。2019年，"邵子牙"被厦门市商务局认定为厦门老字号。2020年，随着企业规模的扩大，在漳州市龙海成立了分公司福建邵子牙食品有限公司，企业员工达到100人以上。

　　截至2020年底，邵子牙贡丸远销全国各地，已经在四川、吉林、陕西等地设立了十多家连锁店及加盟店，线上线下年销售额突破4000万元。

主要产品

邵子牙贡丸店的系列产品主要包括贡丸、香菇丸、马鲛鱼丸、鲨鱼丸、鱼豆腐、虾滑等三十几个品种。

邵子牙贡丸

精选新鲜的黑猪后腿肉，剔除多余筋膜与油脂，经过反复捶打形成肉泥，加入些许调配好的盐与地瓜粉进行揉搓，最后加入冰水降温，揉捏成丸。口感脆弹，肉质丰厚，口味纯正。

邵子牙鲨鱼丸

"邵子牙"爽脆的丸子让人垂涎三尺

选用可食用的小白鲨，去皮去骨，搅打上劲，使得鲨鱼丸肉质滑润清脆，富有弹性。色泽洁白玲珑晶亮，锁鲜锁味，鲜而不腥。独特的风味使其成为不少老厦门人餐桌上必不可少的美食。

邵子牙牛筋丸

细选新鲜牛肉，筋肉适中，经过上万次捶打，精准把握捶打的节奏和力度的大小，赋予牛筋丸弹牙爽口的口感。牛肉（含牛筋）含量大于80%，使得牛筋丸肉质结实，纤维细腻，吃起来弹牙有嚼劲，饱满多汁，回味无穷。

传统技艺

邵子牙贡丸制作技艺

历经百余年传承，邵子牙贡丸店始终坚持手工制作。食材选用纤维丰富的新鲜猪后腿精肉，以木棍捶打成泥状，严格按照切肉、捶打、绞揉、挤成小丸、煮丸、放竹筛六道工序操作，勾芡制成肉丸，再佐以独特配料煮熟。贡丸以汤鲜、肉嫩为老百姓所喜爱。

文化传承

邵氏贡丸是闽台地区老百姓特别喜欢的一种食品，有着非常悠久的历史。据《邵氏族谱》记载，邵氏贡丸创始人邵维坤，出生于清光绪乙亥年（1875年）四月二十九日，泉州府晋江人氏，由于平时对饮食菜品的要求比较高，所以喜欢研究闽南菜的烹饪。当时邵母因为牙齿脱落，吃东西很不方便，孝顺的邵维坤就尝试着做一些容易咀嚼的食物，让母亲食用。他发现用新鲜的猪后腿精肉打成泥，加地瓜粉勾芡制成肉丸，再配以佐料煮成肉丸汤，母亲就非常喜欢。为了方便照顾母亲的饮食，邵维坤就在自家门口支起了小摊，卖起了肉丸汤。周边村民或者路过的人吃了后都觉得好吃，越来越多的人都慕名前来品尝，一时间维坤的肉丸汤有了名气。机缘巧合之下，邵氏肉丸为皇家所喜，遂进贡至宫廷，民间便称其为"贡丸"，更是名噪一时。

邵维坤逝世后，其三子邵世镖于民国二十年（1931年）携弟世琚来到厦门，以挑担沿街叫卖贡丸谋生。1938年厦门沦陷后，邵氏兄弟返回泉州老家，继续经营贡丸作坊。邵世镖因长子次子相继早殇，心中极度悲伤，1949年幼子邵子牙诞生，由于不惑之年得子，故对子牙格外倾注心血，并把贡丸作坊命名为"邵子牙贡丸店"。

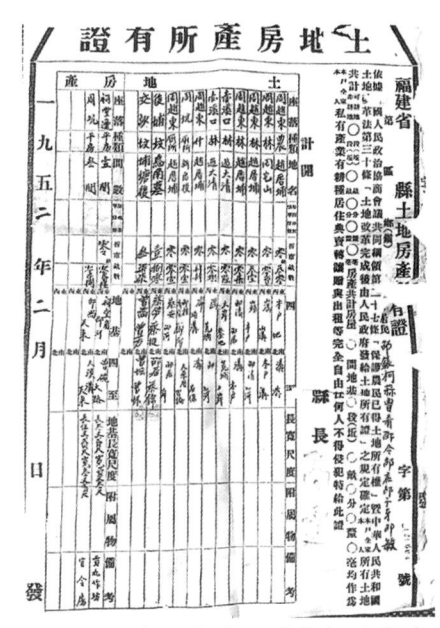

1952年，土地证明上标注邵氏开办贡丸作坊

1979年，邵子牙来到厦门，在美仁宫市场租了小店面，开始经营邵子牙贡丸店，很受厦门人欢迎。后来店铺不断扩大品种，改良技艺，增加了鲨鱼丸、香菇贡丸等品类，生意也越来越红火。

厦门各媒体先后对"邵子牙贡丸"进行报道

  到了 1983 年，邵子牙贡丸店名气越来越大，店铺已不能满足当时所需，邵子牙就在安定路开启了自己的第一家品牌店。邵子牙幼时学做丸，抡槌摆卖，挑过担、摆过摊，从菜市场起步，辗转太平路、定安路，一步步将贡丸变成厦门一绝。邵子牙的一生与"丸"相伴，并激励后人不忘祖业，将制丸技艺代代传承下去。

  20 世纪 90 年代，邵子牙贡丸店进入蓬勃发展期，陆续开了多家分店，在厦门地区具有较高的知名度，生意颇为兴隆。《厦门日报》、厦门电视台曾多次专题报道邵子牙贡丸店，还以纪录片形式拍摄了邵子牙创业致富的事迹。

  邵子牙贡丸店历经百余年传承，始终坚持手工制作，选材精细，所用

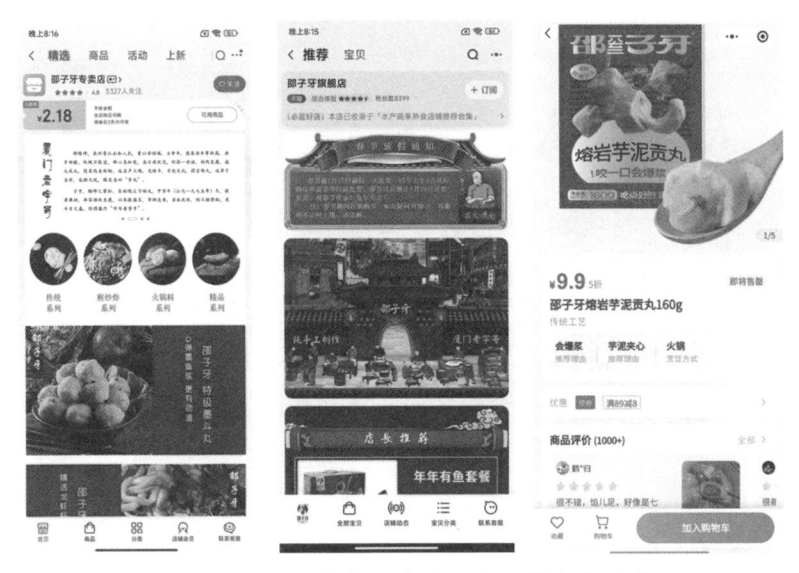

"邵子牙"入驻京东、淘宝、朴朴等电商平台

食材原料务必新鲜,产品已从过去单一的贡丸发展到包括马鲛鱼丸、松茸牛肝菌丸、虾滑、鱼面在内的三十几个品种。"邵子牙"也从当初的小店面发展为拥有现代先进生产设备的生产经营型企业,门店、销售网络遍布全国各地,覆盖线上线下通路。

从邵维坤到二代邵世镖,再到三代邵子牙,邵氏一族的贡丸制售一脉相传,绵绵瓜瓞。作为核心力量的第四代成为厦门市邵子牙食品有限公司的顶梁柱,他们分工明确,各司其职:邵子牙长子邵建源负责原材料的采购、物流配送,次子邵渊源负责销售网络的开拓和质量的把控,幼子邵僚源负责人员日常管理以及品牌对外宣传等。在第五代中,邵凯旋、林孝精也积极投入公司的运作之中,传承这份家族事业。

入情入味，现卤现卖确保鲜美

——厦门市真真厦港卤味有限公司

真真厦港卤味八市店　　　　真真厦港卤味供图（下同）

　　厦门市真真厦港卤味有限公司发展至今已走过 40 年的历程，其前身"厦门市思明区厦港真香卤味店"由张福顺、余丽云夫妻于 1983 年创立，在厦门市思明区蜂巢山路原 18 号楼边的铁皮屋经营。1995 年卤味店从个体户改为集体所有制，属街道办企业。2002 年，注册为"厦门市真真厦港卤味有限公司"。

　　创业伊始，该店即以用料地道、口味独特而闻名，所制卤鸭更是一面市即深受广大消费者青睐，多有慕名前来购买者。由于此地为厦门市民通称的厦港，人们口碑相传，"厦港卤鸭"因而得名。

　　随着改革开放的深入发展，厦门市真真厦港卤味有限公司亦获得了长足的进展。连锁加盟店铺不断发展壮大，"真真厦港卤味"门店规模已达 100 多家，遍布厦门岛内外街市，卤味产品达到数十种。

2004年7月,"厦港卤鸭"被福建省烹饪协会评为"福建名菜",同年10月被中国烹饪协会评为"中国名菜"。真真厦港卤味连续三年被评为中国食品安全示范企业,并于2019年被厦门市商务局认定为厦门老字号。

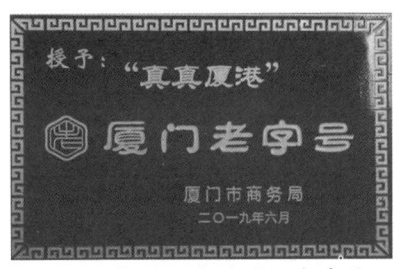

2019年被认定为厦门老字号

主要产品

真真厦港卤味

采用独家秘制料包进行卤制,以咸甜鲜香著称。厦港卤鸭是其中最出名的招牌菜,咸中带着点甜甜的味道,刚出锅的时候就是满街飘香。卤鸭色泽红润光亮,卤汁稠浓醇口,肉质鲜嫩香甜,令人垂涎。

卤鸡翅、卤鸡爪、卤猪蹄、卤大肠、卤蛋、卤豆腐、卤猪耳朵等产品也是真真招牌的下酒菜。

香气四溢的真真厦港卤味

传统技艺

真真厦港卤味制作工艺

卤味的精髓在于料包。真真厦港卤味以天然香料、中药材为原材料,经过多年实践配比出秘方制成"卤料包"。真真厦港卤味虽采用了中药材作为原料,但口感上并没有中药味,而是富有多重口感的咸、香、甜。其中的一点点甜味,起到了中和的效果,给味蕾带来了多重享受。值得一提的是,厦港卤鸭选用新鲜宰杀的闽南地区番鸭进行卤制。

文化传承

起源于1983年的真真厦港卤味,可以说是厦门卤味界的老前辈了。提到厦门卤味,人们第一想到的就是真真厦港卤味。在那个年代,"厦港卤鸭"经常是一鸭难求,张福顺、余丽云夫妻经常忙不过来,其大儿子张洪奎眼见父母劳累,便加入进来,和父母一起经营卤味店。他三十几年的时光伴随着卤鸭香,一直到现在。随着城市建设,位处厦港的蜂巢路18号楼边的铁皮屋早已拆除,不复存在了,但真真厦港卤味厦港店始终未曾搬离。如今在蜂巢路20号104室的门店已经开了30多年了,每天傍晚排队购买卤味的长龙已经成为厦港一带的风景。

40年一晃而过,风味独特的真真厦港卤味,魅力不减,依然吸引着不少市民。产品能有如此之久的生命力,是经营者对生产过程投入的心力所致。对于自己的产品,真

陪伴了消费者30多年的真真厦港卤味蜂巢路店

| 风味美食 |

真厦港卤味张福顺总经理是非常有信心的，真真厦港卤味制作选用的都是天然的香料，不含任何化学添加剂，肉香柔和不刺激，肉质弹牙多汁，味道鲜美。2000年左右，真真厦港卤味曾考虑过做包装食品，最终放弃了。因为任何的包装食品或多或少都要添加防腐剂，这样会将使卤制品的新鲜度大打折扣。为了确保卤味产品风味鲜美，真真厦港卤味一直坚持经营鲜食，采用前店后厂、现卤现卖的经营模式，至今未曾改变。

真真厦港卤味的盛名远播，也引来了追随者。随着市场经济的发展，新兴的经营模式层出不穷，加盟模式便是其中之一。2000年，真真厦港卤味迎来了第一家加盟店——湖明路店，但从第一家加盟店到第二家加盟店之间却相隔好几年。面对加盟，张福顺是审慎的，他深知真真厦港卤味树立起的好口碑是源于好味道，是经年累月，经由一只只美味的卤鸭累积起来的，如果盲目扩张，开放加盟，很有可能砸了自己的招牌，得不偿失。因此，在这几年间，他不断地调整和加盟店之间的合作，输出技术，进行经营辅导，共同面对各种难关，直到理顺了各个环节，摸索出一套适合真真厦港卤味的加盟方式后，才开放加盟。第二家加盟店开张了，第三家、第四家……陆续开张。对加盟者的深度考察，要求加盟者到直营店接受一个月培训，手把手地教，这加深了彼此之间的信任，建立了情感链接，为日后的加盟店开办奠定了坚实的基础。因此，真真厦港卤味的加盟店得以长续经营，大部分的加盟店自开张以来，生意就红红火火，成为该片区域的老牌子，深得周边居民的喜爱，也复刻了厦港蜂巢店排队的情景，真真厦港卤味的知名度由此得到了提高。这样的双赢局面是张福顺乐意看到的。

虽然年逾古稀，张福顺还是实时关注时代口味的变化，因应消费者的口味喜好调整配方，使得卤鸭的口感更加符合消费者的需求。经过几次升级，现在真真厦港卤味供应各个加盟店的"卤料包"是采用一锅一包的形式进行烹饪加工的。对于卤料包与食材量的配比也有严格的要求，必须按照要求进行卤制，以确保卤制品的色泽、口感、入味程度都在最佳状态。

同时，他也对设备进行更新。从最早的柴火到蜂窝煤，再到煤气，再到现在采用电力，使用电磁炉来烹饪，他都会根据加热方式的不同进行调整，以确保卤制品的口感。这也许就是真真厦港卤味这个厦门老字号盛名不衰的秘诀吧。

中药入膳，养生卤味传四代
——厦门市集美区灌口周宝珍卤味店

灌口周宝珍卤味店　　　　　　　周宝珍卤味店供图（下同）

　　厦门市集美区灌口周宝珍卤味店是一家有着悠久历史的老店，卤味创制的历史源远流长，已有近百年的传承了。1999年被国内贸易部认定为"中华老字号"，2004年被中国烹饪协会认定为"中国名菜"、被福建烹饪协会认定为"福建名菜"、被中国西部国际精品菜肴认定为"最佳制作奖"，2004年度至2010年度连续7年被中国食品安全年会授予"全国食品安全示范单位"，2015年被认定为区级非物质文化遗产。"灌口周宝珍卤味"在发展过程中，注重商标品牌保护。2003—2006年也先后注册了"周宝珍""灌口周宝珍"等6类商标。

　　近年来，经过加盟发展，在全国拥有将近60家门店，为广大市民奉上经过多种药材浸润、慢火熬制的周氏卤味，为百姓的餐桌增添一份色彩。

| 风味美食 |

"灌口周氏传统秘制卤味"被认定为集美区非物质文化遗产

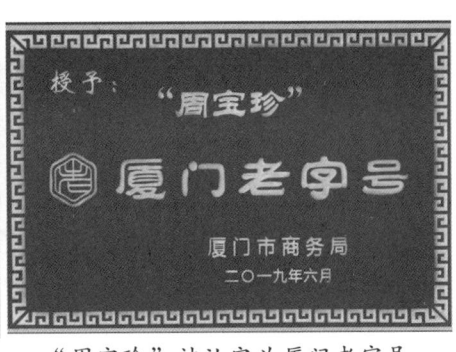

"周宝珍"被认定为厦门老字号

主要产品

周氏卤味

精选农家土鸡、土鸭、猪肉等食材,配以三十余种中药材调制而成的周氏秘制卤味配方制作。天然健康,甘辛香醇,润滑鲜嫩,口感细腻,色泽金黄,可谓色、香、味俱全。

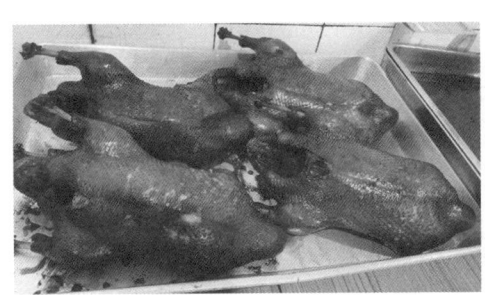

香气四溢的周宝珍卤味

传统技艺

周氏卤味制作工艺

周氏卤味以传统的周氏卤味秘方为底料,底料中配有八角、党参、枸

【73】

杞、甘草、肉桂、橘皮、蜂蜜、青果、沉香等三十余种中草药，经过慢火熬制而成。其工序复杂，精选上等食材制成，香气四溢，食之润滑鲜嫩，口感细腻，可谓卤味中的上品。

文化传承

医药入馔古来有之，周宝珍卤味店的秘方创始于周宝珍的爷爷周金匏（曾用名周金朴），发展于周宝珍的父亲周马瑶（曾用名周马遥），发扬于周宝珍、周宝在两兄妹，传承于周宝珍的侄子周安定和儿子肖振辉。

灌口周宝珍卤味创始人周金匏，清光绪四十二年（1898年）出生在厦门灌口一个中医世家，祖上于光绪年间就在灌口一带行医，悬壶济世，广有口碑，周金匏年纪轻轻就精通中药的药理药性。周金匏日常除了在铺子里诊治抓药外，还喜欢研究美食，尤其对卤制品情有独钟。周金匏长期与草木药石打交道，自然具备"察其寒、温、平、热之性，辨其君、臣、佐、使之义"的本事，而一位医者除了问诊抓药还喜好研究美食，无疑能创造出与众不同的惊喜。

他结合自己掌握的中药知识和中医保健原理不断摸索，八角、党参、枸杞、甘草、肉桂……这些看似平常的药材，在周金匏的调配之下，成了独具特色的周氏传统秘制卤味配方。

1946年，周金匏之子周马瑶在其父亲的周氏卤味秘方基础上进一步创新改良，以几十种名贵中药材调制底料，并选用家养土鸡、土鸭烹制。因制作出的卤味口味香醇不油腻，色泽油亮，尤其出锅后满街飘香，其中尤以卤鸭备受喜爱，食之满口生香，提神振气，乡人送雅号"卤鸭周"。

后因历史原因，周氏卤味一度中断经营，直到改革开放后才慢慢恢复。

"卤味"原本只是周氏餐桌上的一道独家美食，在周马瑶的创新改良之下，带着药膳功用的周氏卤味，经过两代人的努力，发展成了周氏家族的产业。这也算是无心插柳柳成荫了。

1986年，"卤鸭周"周马瑶把儿子周宝在留在灌口继续发展，带上女儿周宝珍到厦门岛内发展，选址湖滨中路，并以爱女闺名周宝珍创办了"灌口周宝珍卤味"。16岁的周宝珍（1970年生）就这样随父亲从灌口到岛内发展，一步步成长起来，从此"灌口周宝珍卤味"成为湖滨中路一带居民口中称颂的美味。之后店址更换到长青路，扩大经营规模，伴随着缕缕扑鼻而来的香气，"灌口周宝珍卤味"的字号在市井传播，名声越来越大，宾朋纷纷慕名来品尝。在一家人的共同努力下，"灌口周宝珍卤味"根植鹭岛，不断发展壮大，屡获殊荣，成为家喻户晓的"老字号"品牌。

1998年，"灌口周宝珍卤味"开放加盟，进入连锁化经营时代，"灌口周宝珍卤味"也从厦门的单一门店走出福建省，走向全国，迎来了快速发展时期。

2010年左右，全国加盟连锁店就有100多家。由于市场变化影响、各加盟店经营管理水平不一、经营成本增加等原因，在市场的汰换下，截至2022年，只有60多家加盟连锁店在经营。

中国传统的饮食和中医食疗文化相辅相成，许多珍馐佳肴都可以窥见中药材的影子。"药食同源，寓医于食"，既将药物作为食物，又将食物赋以药用，药借食力，食助药威，二者相得益彰。周氏卤味将中华医学的博大精深与日常膳食深度结合，具有深远的社会价值。

卤香四溢，彰显"灌口"鸭魅力

——厦门市集美区老和卤鸭店

老和灌口卤鸭总店　　　　　　　老和卤鸭店供图（下同）

厦门市集美区老和卤鸭店在集美灌口大道 1008 号夏商菜市场内，这家声名远播的灌口卤鸭店，在此已经经营 20 年了，手艺已经传至三代周超杰、周超强兄弟俩。他们的父亲周吉和便是"老和"，他的卤鸭手艺是传自其父周文鲁。老和卤鸭店可以追溯到 1984 年，周文鲁在灌口老街大榕树下开的 30 平方米小店铺。

如今老和灌口卤鸭不但是灌口美食产业中的重要名片，更是厦门人，乃至外地人寻味而来的由头。老和灌口卤鸭品牌经过几十年来的不断发展，曾先后荣获"中国名菜""全国食品安全示范单

2019 年"老和"获得厦门老字号称号

位""厦门名菜排行榜"等荣誉。2019年被厦门市商务局核定为"厦门老字号"。

主要产品

卤鸭

精选上等好鸭，经过传统秘制工艺，调制出美味卤鸭，十里飘香，肉多厚实，卤香四溢，吃完让人口齿留香，回味无穷。鸭肉咸香有韧劲，鸭头和鸭爪更是下饭、下酒的不二之选。卤鸭可谓全身上下都是宝。

刚出炉的卤鸭香气四溢

传统技艺

老和卤鸭制作技艺

选用新鲜的水库番鸭，约2.5千克。宰杀清洗干净待用，加入大茴、小茴、丁香、甘草、当归等20余种名贵中药材，经过近90分钟的时间精心卤制而成。制作出来的卤鸭色香味俱全，鲜香中带一点甜味，享用后回味无穷。

文化传承

1984年，在集美灌口镇大榕树下，一家专做灌口卤鸭的店铺开张了。创始人周文鲁曾经承包过村里的餐饮企业，是个掌勺大厨，村里许多人都吃过他烹制的菜肴，对他的手艺赞不绝口。周文鲁开卤鸭店自然是人气爆棚，小店开没多久，他的"卤鸭大师"美名就传开来了，当地人取"鲁"与"卤"谐音，便称其为"鲁鸭周"。他的两个儿子周吉和、周吉来也跟随父亲学起了卤鸭手艺。

　　1989 年，周吉和接过父亲周文鲁的衣钵，成为卤鸭店的负责人。随着卤鸭四溢的香气，飘散更远的是灌口卤鸭的名气。民以食为天，大部分人是抵挡不住美食诱惑的，更何况是将食材本身的"鲜味"最大化，将"卤"和"原汁原味"完美结合的灌口卤鸭。有的人慕名而来，专门从厦门岛内开车前来，吃上一只卤鸭，喝上几瓶啤酒，欣慰而归。小小的门店，渐渐满足不了经营的需求了。2003 年，灌口老街改造，新的夏商菜市场启用，老和灌口卤鸭店便搬迁到新址，之后再也没有变动过了。沿街的店面约有 100 平方米，售卖区和卤制区分离，更加安全卫生。

　　灌口卤鸭的名气和它背后所隐藏的无限商机，被从事灌口卤制品的经营者所认同。因此，2001 年便有经营者向商标局提出注册"灌口"商标的申请。当时仅灌口镇就有 40 多家个体经营者从事灌口特色小吃的经营活动，其中大多数店家在招牌中都使用了"灌口"字样。如果"灌口"商标为一家持有，对整个灌口的小吃行业是不小的打击，而周吉和的"灌口卤鸭"首当其冲。此事对埋头技艺、专注卤制的周吉和触动很大，他意识到没有注册商标，再好吃的卤鸭无异于一般的卤鸭，所以他向国家工商行政管理总局商标局提交了"商标异议书"。当时的灌口镇政府也关注到此事，相关负责人认为"灌口"品牌的无形资产应该是全镇人共有的，不应由一家独享，应由镇政府的下辖机构注册一个集体商标，于是通过灌口镇个体协会也提交了"商标异议书"。为此灌口镇政府开始了长达 10 年的维

老和卤鸭干净亮堂的柜台

制作间采用先进设备

权之路。2011年,"灌口"小吃商标之争尘埃落定,灌口镇政府以灌口社会服务中心的名义,将全部45个大类商标使用注册下来。辖区内的小吃经营者都可共同使用"灌口"商标,共同将灌口小吃品牌推广到全国。

在"灌口"商标悬而未决之时,2003年,周吉和先后注册了"老和""正老"商标。有了商标之后,老和灌口卤鸭的销售区域就不局限在厦门本岛、灌口了,产品远销广东、广西、浙江等地,卤鸭生意红红火火起来。"老和"按照工商局要求,对进货渠道严格把关,认真执行商品准入的规定,定点进货,对来路不明的鸭子坚决抵制;积极参加各种食品展销活动,改变传统的"酒香不怕巷子深"旧观念。"老和"卤鸭经营店被中国食品工业协会评为"全国食品安全示范单位"的称号。

第三代周超杰的加入,为老和卤鸭店的发展带来了新面貌。在他的主导下,老和卤鸭店的店面进行了重新规划、装修重整等工作,将清洗区域、卤制厨房与售卖场所、真空包装区分开,各自是独立的空间。在卤制配方上遵循传统,对生产方式进行改进,采用先进的现代化专业商用电热锅进行制作,以更科学的方式提高效率。从中可以看见第三代传承人周超杰因应时代变化,在保留传统特色的前提下推动技术升级。设备的升级,减少了人工的投入,带来了产量的增加、品质的可控、效率的提高,成本得到有效控制。

借助真空包装、快递邮寄、微信推送等便利方式,老和灌口卤鸭的消费者实现外拓,许多外地顾客在品尝后,加店主微信远程购买。据周超杰介绍,2023年春节期间,外地订单剧增,每晚加班制作远程订单,第二天封装寄送,销量翻了好几番。因应外地节庆礼品市场,老和卤鸭开发了礼盒装。时代在变,技艺在传承,思路在创新,发生在老和卤鸭店的故事,

老和灌口卤鸭礼盒

让我们看见了地方对产业的扶持和保护,也看到了传统技艺的代际传承,因应时代发展而做出的努力。

沪上美食，因缘盛放鹭岛

——厦门市思明区盛意小笼汤包店

盛意小笼汤包店　　　　　　盛意小笼汤包店供图（下同）

　　厦门市思明区盛意小笼汤包店是一家经营了近40年的老店，是厦门老字号，曾获得2012年厦门人喜爱的"十佳特色餐饮"。目前在厦门有2家门店，总店设在华侨博物馆附近的蜂巢路18号，2022年新开的分店在大同路50号，经营着各种风味小吃。其经典产品"小笼汤包"在江浙地区汤包皮薄馅足、鲜香美味的特点上，根据闽南地区的口味需求，对食材和制作方法进行改良，形成了独树一帜的鲜香、清爽的厦门风味小笼汤包，成为"镇店之宝"。许多顾客慕名而来，只为享受那齿颊留香的味道。

　　盛意小笼汤包店最早开在毗邻第一医院与双十中学（初中部）的镇海路上，当时正是改革开放初期，厦门作为特区释放出巨大的经济活力，各行各业蓬勃发展。周氏经营的小吃店以"小笼包"为人所知，因此，招

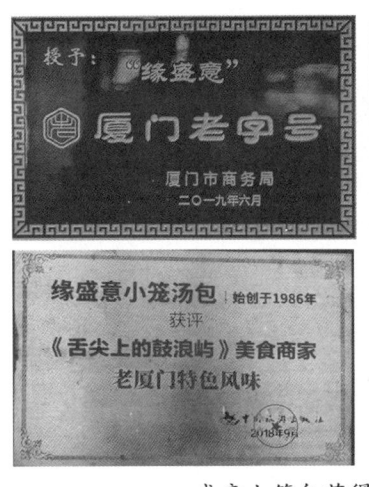

盛意小笼包获得各项荣誉

牌就直书"小笼包店"。随着商业的发展，人们更加重视字号、商号、品牌，1986年，周伟文取生意兴隆之意，为小店起名"盛意"，"盛意小笼包店"正式挂牌，此后"盛意"伴随小笼包走过了24个春秋。2011年，周伟文在申请注册商标时，发现"盛意"已被外地同品类商家注册，于是在"盛意"之前加"缘"字，寓意来品尝盛意小笼包的顾客是有缘之人。

虽历经更名，数次搬迁，从镇海路到蜂巢山路，从思明区到湖里区再回到思明区，总有忠实的老顾客一路循着缘盛意小笼汤包的美味而来。

主要产品

小笼汤包

小笼汤包皮薄馅多，汤汁香醇，制作精细，现包现蒸，从包制到蒸，到食用，最佳赏味时间为10分钟。蒸熟后的汤包皮呈透明状，用筷子一夹，薄薄的皮里包裹着沉甸甸的馅料，隐约可见汤汁轻缓晃动。汤包分原味、芙蓉和海鲜三种口味，芙蓉馅料的汤

小笼汤包

包,比原味的多加了豆腐和芹菜,更加清爽利口。

汤包在吃法上有着一套讲究:"轻轻提,慢慢移,先开窗,后喝汤。"轻轻咬破一小口,慢慢吮吸鲜甜的汤汁,再细细品尝美味。

传统技艺

小笼汤包制作技艺

盛意小笼包的精华在于汤汁的熬制和调配。采用新鲜猪皮、鸡架、大骨等食材熬煮七八个小时,将汤汁滤出,静置冷却,凝固成汤冻,分割成小块,待用。

小笼包皮采用高精面粉擀制而成。单个皮的重量在7克左右,皮擀成圆形,中间略厚,两边略薄,微透光。

馅料主要由新鲜猪后腿肉剁成泥,调入姜末、葱花,再根据不同口味加入芹菜、豆腐或者鲜虾、鱿鱼调制而成。将备好的汤冻压碎加入馅料,为了不让高汤冻融化,搅拌好的馅料必须在0℃的环境下冷藏保鲜,需要使用时再取出。

小笼包在包制的过程中手法讲究,成品褶皱为18个,重量约25克,个个小巧整齐。包好后,就可以放入蒸屉,进行蒸制,约5分钟就可食用了。

铁板小笼汤包制作技艺

小笼汤包蒸至半熟,改用铁板倒猪油煎。这对火候的控制要求高,全凭经验把控,煎1~2分钟,即可出锅食用。经过铁板煎制的小笼汤包,延长了汤包的赏味时间,保留汤汁温度、鲜度,增加了皮的脆感。

文化传承

源出江浙的小笼包能在厦门鹭岛生根发芽,且在传统蒸制的基础上,别出心裁地研制出铁板做法,得益于周家两代人对"小笼汤包"技艺的钻

| 风味美食 |

20世纪80年代的盛意小笼包店

研与创新。在地方风味云集的闽南美食中，缘盛意"小笼汤包"作为特别的存在，始终在消费者的心中占据一席之地。

20世纪80年代初期，周伟文的父亲在金属制品厂从事供销工作，经常到北京、上海等大城市出差，在上海邂逅小笼包后，对这美味念念不忘，想把这美味引进厦门。1983年，小笼包店在周氏的老宅开张了，制作小笼汤包的是来自上海南翔的大师傅。来自沪上的美食"小笼包"就这样在厦门镇海路落户了，成为远近闻名的名点。周氏小笼包店就在厦门市第一医院、双十中学附近，每周一至周五的中午，店里总是人头攒动，身着校服的学生挤在小小的桌子前，埋头就着扁食汤、瓦罐汤，或是清汤面、沙茶面，吃着新鲜出炉的热气腾腾的小笼包。年少的周伟文兄弟也经常到店里帮忙。

1989年，周伟文还在信达上班，从事着内贸工作，经常到西安、开封、上海等地出差，每到一处，他都喜欢到美食街转转，看看各地的经营模式。在对消费市场的考察了解过程中，周伟文受到启发，对盛意小笼包的经营发展慢慢有了新的想法。1992年，周伟文、王剑夫妇从父辈手中接下自家汤包生意。周伟文对老店重新规划、装修，装修后店堂一新，舒适的用餐环境，周到的服务，吸引了更多的消费者，午间、晚间的用餐高峰时段，常常是一位难求。

为了制作出更加符合闽南人口味的汤包，周伟文曾多次前往全国各地考察学习，结合江南一带汤包特色，融入闽南人清淡的口味，形成闽南风味、做法独具一格的综合性老厦门小笼汤包。盛意以小笼汤包为拳头产品，同时售卖传统闽南风味的扁食、五香、沙茶面、清汤面等产品，更加满足消费者不同的需求。

2000 年，由于城市建设规划，修建地铁的需要，镇海路 25 号的周家老店被列入拆迁范围。周伟文在附近找不到合适的店面，于是将盛意小笼包店搬迁至自己住家附近的湖里区南山路上，尽管搬离了熟悉的地段，但多年经营积攒下的好口碑还在，许多到镇海路寻不到盛意的食客，不辞辛劳地来到湖里区的新店，一饱口福。

当湖里的新店经营慢慢走上正轨之时，周伟文仍不放弃在镇海路附近寻找合适的店面，毕竟老店的根在这里。2003 年，在华侨博物馆附近的蜂巢山路 18 号，盛意小笼汤包店开业了，招牌上那行"原镇海路 25 号双十中学旁"倏忽之间将大家带回到过去。对于双十中学的学子而言，盛意小笼包店承载着不少"80 后"学生的回忆，已经成为中流砥柱的他们，也常常会携家带口来盛意小笼汤包店，再品一品，尝一尝，也算是对青春岁月的怀念。2011 年，名汇广场分店开业，经过 3 年经营之后，由于商场改制，又搬迁至思明东路。分店经营至 2020 年，因受疫情影响关闭。

2022 年初，周伟文邀请专业公司对盛意的品牌进行梳理，从品牌形象、发展规划到门店规划装修、产品定位都做出了改变。2 月，全新形象的盛意小笼汤包店大同路分店开业，以更加符合这个时代的姿态展现新中式餐饮的魅力，作为老字号的盛意在与时俱进中成长。在周伟文眼里，风味小吃是城市中市井生活里最活色生香的存在，盛意小笼包作为其中一分子，坚守技艺的传承创造出属于自己的特色是一个手艺人的本分。

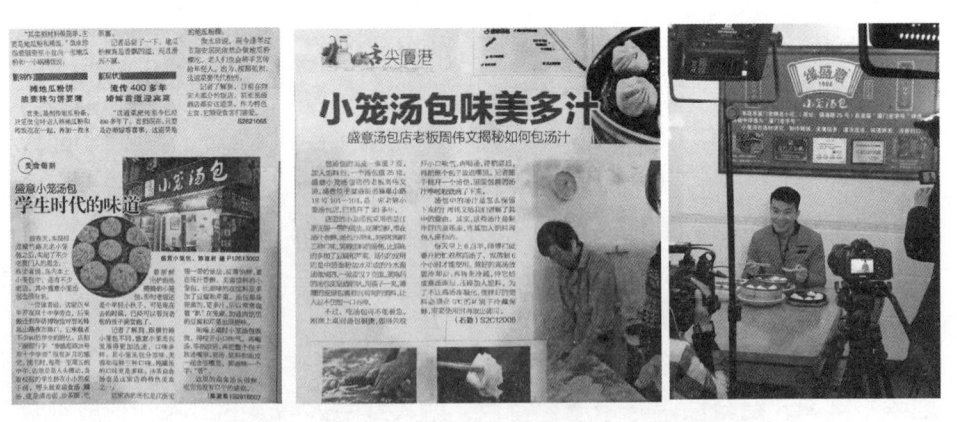

盛意小笼汤包的美味引得各大媒体纷纷来探店

古法匠造，烧肉粽里有乾坤
——厦门朱氏合吉餐饮管理有限公司

金榜路的朱氏合吉 1980 烧肉粽店　　　　朱氏合吉供图（下同）

中山路 353 号的"1980 烧肉粽"大名鼎鼎，从 1979 年开业至今已经四十多年了，周边的居民百吃不厌，常常把这里当作自己的食堂，也有不少人是吃着"1980 烧肉粽"长大的。2016 年，"1980 烧肉粽"成立了厦门朱氏合吉餐饮管理有限公司，走上了升级转型之路。2019 年，被厦门市商务局认定为厦门老字号。

如今朱氏合吉"1980 烧肉粽"在厦门已有七家门店，福州有一家门店，还有一家以食品加工生产为主的标准化工厂，逐步成长为以"1980 烧肉粽"为龙头产品，衍生出姜母鸭、沙茶面、鱼丸等更多具有闽南风味的产品，依托传统门店、商超合作、订单代工、线上商城等多种经营模式，集研发、生产、加工、销售为一体的现代化企业。

主要产品

烧肉粽

传承古法手艺,匠制古早好味道。糯米浸着各种食材的香气,尤其是用高粱酒特制卤料包卤制的五花肉,肥而不腻。一粒看似普通的烧肉粽,却包裹着足以震撼味蕾的丰富口味。

闽南传统风味烧肉粽

沙茶面

把花生酱、芝麻酱、辣椒油等多种原料,加上糖、盐熬制而成的一种调味品,称为沙茶酱。沙茶酱可以直接蘸食,也可用于烹制各种佳肴,其中最为著名的便是沙茶面。

由沙茶酱制以汤头,烹煮闽南的油面,再加入青菜、瘦肉、海鲜、豆干等辅料做成的沙茶面,口味咸鲜香辣,风味独特,深受食客的欢迎。

沙茶面

燕皮扁食汤

将猪瘦肉用木棒捶成肉蓉,放入上等甘薯粉搅拌,压匀成硬坯,便制成了色白质香、薄而不烂的肉燕皮,配以其他原料,可做成燕皮扁食,入口脆弹,新鲜脆嫩,百吃不腻。扁食汤底由大骨熬制而成,汤鲜味美,营养丰富。

传统技艺

烧肉粽制作技艺

"烧肉粽",顾名思义,特点就在于一个"烧"字,也就是说非得趁热吃才行。肉粽的米选用糯米,里面包有板栗、红烧肉、虾仁、香菇、花生、莲子、蛋黄、鲍鱼等等,总而言之,"一切皆可包"。

闽南传统风味烧肉粽对食材的新鲜度要求很高。

首先是将粽叶洗净,浸泡2小时。其次是精选优质糯米,洗净后浸泡数小时待用。接着精选五花猪肉、鸡蛋,用高粱酒、特质卤料包卤制好,并切成小份。将香菇、莲子等干货泡发,板栗去壳剥好,新鲜活虾去壳剥好,分别放入炒锅,用红葱头油炒制好,待用。将浸泡好的糯米加入调味品炒至半熟。此时,食材准备就绪后,取两片浸泡好的粽叶,折成漏斗状,依次放入糯米、五花肉、鸡蛋、香菇等食材,包制好,用棉线扎紧。

每30个扎成一串,放入蒸锅中蒸制,大火烧开后转小火焖烧三四个小时,煮熟即可。食用时可选择蘸甜辣酱、番茄酱或蒜蓉酱等酱料,更添风味。

文化传承

从1979年底开业的9平方米小店到现在100多平方米的总店,"1980烧肉粽"在中山路已经度过了40多个春秋。在40多年的光阴里,小小的柜台记录下朱氏合吉创始人朱秀丽忙碌的身影,也记录下"1980烧肉粽"的成长足迹。

烧肉粽是端午节的时令美食,也是闽南地区的传统小吃。"1980烧肉粽"源起于朱秀丽的父亲朱兆南,一开始,朱兆南在大同路骑楼下摆摊,出售自家包制的肉粽。因味醇浓香,价格实惠料又足,他家肉粽深受这一带居民的喜爱,购买的人络绎不绝,名声渐渐传开来。

朱秀丽自小心灵手巧,学起

中山路"1980烧肉粽",不但是老居民熟悉的美味,更是外地游客的打卡地

裹粽、缠条来，很是得心应手。她对于烧肉粽有着独特的痴迷和坚持。在1979年底，成绩优异的她毅然选择了随父亲朱兆南包粽子，同时父亲也拿出多年积蓄，租了中山路353号9平方米的小店面，以"中山路加料烧肉粽"为店名，从此开启了朱氏家族的创业之路。开店之初，主要以古早味烧肉粽、沙茶面、扁食为招牌。

烧肉粽最早的配方以五花肉、糯米为主。一次偶然的机会，朱兆南经营酒家的朋友多进了些新鲜小虾，却消耗不了，求助于他，为人爽快、乐于帮朋友解困的他就把这批虾米承接过来。他试着将虾仁加到肉粽中去，没想到加了虾仁的肉粽口感因此更加鲜香，大受欢迎，好多回头客指定要加了虾仁的肉粽。无意间的配方改良，带来了口味的升级，大有所获，引起了朱家父女的思考，从此对肉粽产品的研发列入了他们的日常工作。

中山路的门店虽小，但因产品品质有保证，价格又合适，上至80岁老阿嬷，下至5岁小孩都熟知"文化宫下来那个南音堂对面的那家烧肉粽"。店门口也常常排起长龙，店内位置不够，许多人就端着碗站着吃。

1992年，朱兆南把中山路店交给女儿朱秀丽经营。朱秀丽承袭父亲踏踏实实、本本分分做事的风格，虽然地处繁华的中山路，是旅游的热门地段，但朱秀丽坚持以服务本地居民为主，走薄利多销的路子，一直以来"中山路加料烧肉粽"的销量都很不错。2005年，恰逢门店后门的店面业态转型，寻找新的租客，朱秀丽就果断地接手过来，将门店扩大到现有的100多平方米的经营面积，同时对品牌进行升级改造，正式更名为"1980烧肉粽"。装饰一新的店堂为消费者提供了更为舒适的用餐环境，服务也更加周到，自然吸引了更多的消费者来用餐。

标准化生产线

随着城市的外拓，新的商业中心不断出现，朱秀丽也有了走出中山路的想法。2012年，"1980烧肉粽"的首家分店在金榜路开张了。在分店的选址上，朱秀丽是谨慎的，她对多个备选地段的商业氛围、周边消费客群、人流量等做了详细的调查和分析，才把首家分店落定在金榜路上。金榜店自开业以来，业绩表现良好，顺利地融入金榜商圈。十年来，金榜店也成了附近居民的心头爱，是口碑好店。

2016年，可以说是"1980烧肉粽"的跃升期。这一年，中山路总店重装开业，厦门四里店、鼓浪屿店相继开业。厦门朱氏合吉餐饮管理有限公司成立，朱氏合吉取谐音"诸事合吉"顺顺利利之意。与此同时，拥有1800平方米标准厂房的厦门金浩源食品有限公司在同安食品工业园正式成立。这标志着"1980烧肉粽"从门店现场加工的小作坊向标准化、规模化食品加工生产商转变。这是许多老字号企业发展到一定阶段的必经之路，也是因应时代发展的需求。朱秀丽也有了得力助手，她的儿子吴冠廷和儿媳叶慧娟，大学毕业就加入团队，并带来了新思维、新观念。生产模式的改变带来了经营思路、管理模式的改变，朱氏合吉的销售也从单一的门店销售向多模式转变，逐渐打通了商超入驻、食品代工、电商销售等渠道。

2017年，朱氏合吉"1980烧肉粽"走出厦门，把门店开到了福州，选址在福建师范大学附近。这里曾是吴冠廷和叶慧娟求学的地方，他们对这条街熟悉了解，对消费客群了然于胸，也充满了感情。后来因为福建师大这片区拆迁改造，门店不得不另行选址，也令他们感到遗憾。2018年，福州仓山万达旗舰店、厦门开禾店先后开业。同年，金浩源食品通过中央厨房审批，为"1980烧肉粽"所有门店提供一站式配送服务。中央厨房的组建，简化了复杂的初加工操作，通过集中规模采购、集约生产降低成本，保证原料的新鲜优质，为生产制作统一优质的菜品提供前期保证，大大提高了企业生产运作能力。

2020年，朱氏合吉的"1980烧肉粽"线上自营商城开业。此前，"1980烧肉粽"在淘宝、京东等大型购物平台也有布局开店，叶慧娟主理电商板块业务以来，为企业发展制定了明晰的发展目标，先是2020年丰富产品线，2021年又根据各种产品的销售数据、市场情况进行调整，更加聚焦精品。目前，"1980烧肉粽"的电商产品沙茶面、姜母鸭、烧肉粽都是备受热捧的单品，特别是烧肉粽，在端午节前的销量达到淘宝粽子排行榜的前三。多渠道的发力、引流使得"1980烧肉粽"供不应求，为了保证品质，常常不得不在端午节前一两天销量暴增的时候下架。虽然有些可惜，但朱秀丽认为品质才是发展的生命力，不能为了冲销量而降低要求。

恰如"1980烧肉粽"的品牌理念"存乎一心，古法匠造"，其四十余年的稳步发展是对品质的坚守，对自身的不断优化，对时代的主动拥抱。成就一个老字号品牌不是一朝一夕之事，而是需要时间积累，甚至要用一辈子去慢慢实现。

酥脆香甜，赏味有佳时
——厦门市阿吉仔食品有限公司

阿吉仔中山路的门店　　　　　　　　阿吉仔饼铺供图（下同）

  阿吉仔饼铺，前身为1930年创立的"金饴益"品牌。1989年，黄聪明三兄弟在同安开设了第一家阿吉仔门店。阿吉仔成为厦门知名品牌，2002年开张在厦门老城区的大元路店，门口常常大排长龙，成了老厦门一道亮丽的风景线。从经典的马蹄酥、丰富口味的馅饼，到承载南洋情怀的椰子饼，再到创新研制的凤梨酥和肉松饼，阿吉仔打造的厦门味觉，体现出黄氏家族对食品的用心。做让厦门人放心和温暖的饼，是黄氏家族创办阿吉仔的初衷。2019年，阿吉仔被厦门市商务局核定为"厦门老字号"。

  阿吉仔拥有3000多平方米的厂房和多家直营门店，并始终恪守诚信、优选原材、坚持无添加。零库存的经营理念，保证每一位消费者拿到手的产品都是最新鲜、最安全、最放心的。阿吉仔始终聆听来自客户的声音，不断改进产品，在健康、安全的前提下，生产出更加符合大多数人口味的产品。

主要产品

馅饼

选用天然的绿豆、红豆和海苔为原料，从蒸煮到烘烤，阿吉仔真正做到了"无添加"。酥脆的饼皮是美味的关键，没有添加任何香精与色素的馅饼香味、甜味，以及色泽，都显现了自然和纯朴。同时采用古早的蔗糖保存法，延长了馅饼的赏味期。

馅饼

马蹄酥

马蹄酥是"阿吉仔"的经典产品，全过程采用手工制作，传承祖辈老手艺，日复一日地起酥、添酥、包馅、压饼，这些是机械永远代替不了的细腻。麦芽糖遇热变软的特殊性质和无添加任何防腐剂的独特考验，使得工序更加烦琐，也更加考验师傅的手艺。十几道步骤，每一次手和饼的接触，才造就了一张活脱脱的饼。纯手工的团队远远比不上机器制作来得洒脱和快速，所以每每马蹄酥一出炉，总是一抢而空。

马蹄酥

椰子饼

皮，精选新鲜鸡蛋制作，酥香。馅，融入菲律宾进口椰丝，入口顺滑。色，呈色金黄，自然均匀。味，香甜可口，微甜不腻。型，手工制作，略有不一。

椰子饼

凤梨酥

优选凤梨和其他配料。进口的酥油和奶粉是饼皮香酥的关键，酥油能够保证饼皮的酥口程度和金黄色泽；奶粉提供了饼皮淡淡的奶香味，增强口感。采购新鲜鸡蛋，保证凤梨酥整体的新鲜度。凤梨酥制作烦琐，从饼皮到内馅都是纯手工制作，保证产品零添加。凤梨需要先人工去皮，之后将凤梨切碎成小块，慢火熬制出凤梨自然的酸味和甜味，食用时能咀嚼到凤梨的颗粒口感。它不加一滴水，不加任何防腐剂，高温熬制后剩下的只是一味酸和甜，这正是一枚"金砖"的本质。

传统技艺

马蹄酥制作工艺

1. 饼皮制作：将配制好的水、白砂糖搅拌融化，加入植物油、小麦粉搅拌均匀，所有配料充分融合后放置待用。
2. 酥心制作：将配制好的植物油、小麦粉搅拌均匀待用。
3. 馅料制作：将配制好的小麦粉、麦芽糖、白砂糖、芝麻、水搅拌均匀待用。
4. 饼皮按标准重量分块，加入酥心擀压成型。包入馅料，表面粘上芝麻，擀圆后摆放进烤盘，放入烤箱烘烤。烘烤至预设时间，烤至饼呈金黄色出炉。烘烤后的马蹄酥放置冷却间冷却，产品充分冷却后转入内包间封口包装，再转入外包间装盒。

文化传承

厦门八市，一处自带人间烟火气的菜市场，这里是老厦门的藏宝地，一家近百年岁月的老字号饼铺——阿吉仔，坐落于此。

"阿吉仔"馅饼作为厦门老字号，有着悠久的历史，承载着浓厚的闽南历史文化底蕴。1930年初，黄氏家族的黄大水开创了"金饴益"品牌。

到 1956 年，他经营的金饴益食品作坊已是同安远近闻名的老字号，其中皮薄、酥脆，不油腻、不黏牙的马蹄酥最为出名。后来因公私合营的缘故，饼铺并入了同安食品厂。经由隔代传承，做饼的技术就传到黄聪明三兄弟的手上。

1989 年，饼铺用朗朗上口的"阿吉仔"，由黄聪明设立阿吉仔食品有限公司在同安开张。阿吉仔始终坚守着老字号赋予的产品承诺，逐渐成为厦门有名的特色老字号之一。

2002 年，厦门市思明区大元路阿吉仔分店正式开业。当时只有一层楼的阿吉仔，生产、包装和零售都在同一层，一共有 5 个师傅，2 个员工加上老板，忙得人仰马翻，不可开交。

2003 年，阿吉仔便将饼铺扩大成两层，把制作与烘焙分开。阿吉仔所有的馅饼均为当天制作，阿吉仔馅饼的口味很多，绿豆馅饼、海苔馅饼、太阳饼、凤梨酥、椰子饼、香芋酥……应有尽有，在阿吉仔店面的橱窗上挂着馅饼的木牌菜单，一目了然。其中以马蹄酥最受欢迎，如果你今天想尝上一口马蹄酥，最好趁早，去晚了就没了。马蹄酥有咸甜两种口味，黑芝麻的是咸味，白芝麻的是甜味，它的饼皮很酥脆，皮薄馅多，轻轻一咬，外皮酥散了一嘴。内馅极为扎实，麦芽的甜味带着面粉的饱腹感，质朴又单纯。

2015 年，阿吉仔在厦门老城区中心开元路发起创办了吉治百货，以馅饼为主，集合呈现了厦门的古早味道。吉治百货分为 5 个楼层，除了贩卖伴手礼之外，还涵盖综合文化空间与乌龙茶室，"吉"代表欢喜，"治"代表行动，同时"吉治"与"极致"谐音。阿吉仔希望能够在这个空间集成最能代表厦门

厦门文化旅游的地标——吉治百货

的老字号品牌，传达充满喜悦的老时光记忆，并提供一站式伴手礼采购体验，传承和分享最质朴的坚持与最接地气的文化，打造出厦门最大规模的伴手礼实体集成体验中心，以及厦门文化旅游的地标性经营空间。作为老字号，阿吉仔的传承创新翻开了新的篇章。

2016年，阿吉仔在同安筹建了3000多平方米的现代厂房，在一些流程上引进了机械化工艺，代替一部分的手工工序，但在馅饼的关键性工艺上，还是保留了手工生产。制饼过程一般都是先用机械搅拌，再人工打皮25分钟，起酥、添酥、包馅、压饼，定型后的产品就会被人工抽检一次，精挑细选再将次品淘汰，剩下的成批进行烘烤。经过一次烘烤的产品，在冷却时再次经过人工质检，淘汰掉饼底形态有瑕疵的，最终保证成品是无瑕疵的。这些经过老师傅的手艺烘焙出炉的产品，保留了手作最核心环节，使得产品的口感富有层次感。

阿吉仔同安生产线

随着大家消费理念提高，阿吉仔也在传统的糕点上做出了改良——从源头开始把控食材，开起了自己的馅料厂。他们希望顾客能体验到传统糕点生产过程中零添加的健康食品。这样反复的工艺体现在这一袋几元钱的马蹄酥上，利润很低，但阿吉仔却不想放弃老客户。没有经销商，也没有加盟商，虽然感慨手工利润太低，但阿吉仔也依旧没能"忍心"涨价。

阿吉仔能够延续这么多年，仍然深受消费者的喜爱，取决于其对品质的追求，将食品安全排在第一位，每一个步骤、每一个生产环节都有严格的品控。随着消费者对食品安全的要求越来越高，阿吉仔的馅饼研发团队也一直在不断改进工艺，希望能够呈献给消费者更加健康安全的食品。传统的馅饼多用蔗糖，糖分高，阿吉仔经过改良，用海藻糖来代替蔗糖，吃起来就不会太甜，在健康上更有保障。

在传承上一代留下来的宝贵经验的基础上，阿吉仔不断地适应市场的需求或者是根据消费者口味的改变而做出一系列的创新，其所做的一切都是为了留住最初、最美的味道，将阿吉仔这个老字号延续下去。

一脉相承，香名至味远传
——厦门宏旺味香食品有限公司

厦门宏旺味香食品有限公司在西柯工业园的生产基地
宏旺味香供图（下同）

　　厦门宏旺味香食品有限公司是一家以畜禽肉、风味鱼制品深加工生产为主的福建省知名企业，现在厦门同安区西柯工业园。旗下品牌"香贡贡"是有着百年传承历史的老字号，其连锁专卖店经过几十年的历练，已在百姓心目中成长为闽南食品的典范。香贡贡肉制品尤以"肉松和肉干的传统制作技艺"著称，2015年该技艺被列为"厦门市同安区第一批非物质文化遗产项目"。公司及产品曾获得诸多荣誉，2019年被厦门市商务局核定为厦门老字号，产品更是独得"第五届国际食品博览会金奖"的行业桂冠，远近闻名。

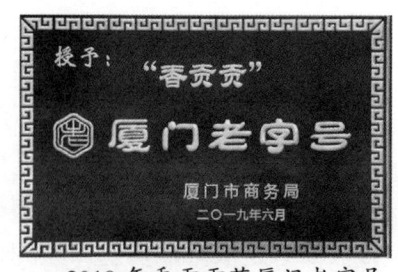

2019年香贡贡获厦门老字号称号

企业发展至今，规划并已运作成熟的营销网络，以及百来家直营店和加盟店遍布全国二十多个省区市，配套有现代化的物流中心，通过完善的供应链将鲜美的产品配送到全国各地。

香贡贡人坚持以产品质量和企业信誉为核心，不断创新，公司会聚了一批由老、中、青食品专家、技术人员组成的专业人才队伍，通过了HACCP食品安全管理体系认证，在省内同行业中处于领先水平。

主要产品

肉松

香贡贡肉松经过五大工艺——挑、煮、捶、撕、炒而成。精选新鲜猪后腿肉，除去筋膜，按纹理切块下锅慢煮。煮熟捞出，反复捶打成松，再旺火炒酥，才成就鲜、香、酥的香贡贡肉松。色泽金黄，纤维蓬松酥脆，<u>丝丝细腻</u>，入口即化。

肉片

香贡贡肉片严选肉质紧实、细腻少筋的上等猪后腿臀尖肉，仅有这块肉才能做好肉片。分切

色香味俱全的"香贡贡"肉制品

后形成纤维分明、有质感的自然片状，加入秘制酱料恒温腌制后进行烘烤。顺着猪肉片纹理撕扯，<u>丝丝纤维可见</u>，肉质紧实，厚实耐嚼。

肉丝

精选上等新鲜的猪后腿精肉，肌肉纹理清晰自然，剔去皮、膘、筋骨，取其整块纯瘦肉为基本原料。加入秘制酱料恒温腌制后细火烹煮，人工手撕条状，再烘烤而成，肉感十足，丝丝入味。

肉脯

精选上等新鲜的猪后腿纯瘦肉，全肉整切成片。采用真空滚揉技术代替传统腌制，再高温烘烤逼出油脂，让口感更清新不油腻。每一片猪肉纤维都清晰可见，肉质紧实，充满嚼劲，回味无穷。

腊肠

选用最适合做香肠的猪后腿肉，肥少瘦多，剁成肉泥状，再使用天然香辛料调配酱料进行腌制。72小时不间断烘烤，才成就这"三分酒七分腊"的香气，风味十足，回味悠长，正港"古早味"好下饭。

传统技艺

肉松传统制作技艺

1. 精选原材料。
2. 分割剔除筋膜、脂肪，杂质清洗干净。
3. 煮肉控制火候，煮透。
4. 收汤保证营养不流失。

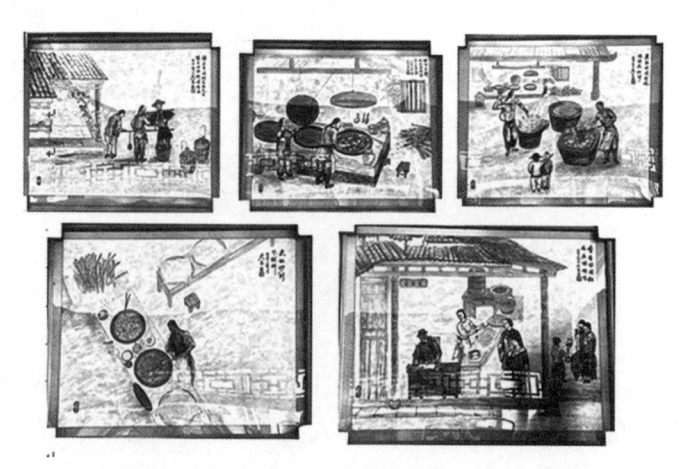

肉松传统制作技艺

5. 捶松，使炒制蓬松。
6. 拌料。
7. 炒制观察肉松逐渐变成金黄色，铺开冷却，肉松才会酥。

文化传承

厦门香贡贡肉制品（肉松、肉干）传统制作技艺创始于清朝末期，其产品具有香、酥、鲜、滑、润、纯等特点。清末年间，厦门同安柯姓人家立冬后宴请宾客。主人柯厅宰了一头七八十公斤出栏的牲猪，割下腰方肉切片，入锅爆炒。但火势过猛，红烧肉被烧得汤水尽干，肥瘦分离。沮丧间他随意用锅铲翻动数下，发现那些尚未被烧焦的瘦肉变成了丝儿。聪明的柯厅灵机一动，旺火快炒几下，炒成丝条絮状，再加入调料，这又成了一道菜肴。于是就将这一大盘"肉丝"端上餐桌。"肉丝"细而不硬，酥而不黏，油而不腻，香飘四座。宾客品尝后大呼好吃，当晚轰动全场。这引起了柯厅的好奇心，经过反复试验烧炒，他终于摸清了制作肉松的基本方法，即"精选、分割、煮肉、收汤、捶松、拌料、烘炒"。用七道工序，烹制了一道美食，香酥鲜滑润，入口易溶，口感极佳，既可登大雅之堂，也可入凡尘小屋，实乃人间美食。

香贡贡门店不断迭代更新

香贡贡肉脯生产线

积极参加全国各地展会

此后，这道精美可口的肉制品流传至社会几十年，深受厦门本岛、同安一带人民的欢迎。经过民国到新中国成立后的柯昌江、柯国珍等相传，到20世纪90年代初，第四代掌门人柯成昆自筹资金，在1994年成立了厦门思明区味香食品加工厂。经过不断努力，再整合改制，于1996年改制为厦门宏旺味香食品有限公司，于1998年12月正式注册"香贡贡"商标。凭借着柯氏独门技艺的不断改进完善与柯成昆独到的经营管理理念，开创了百年品牌新篇章。

"香贡贡"在闽南语方言里意为"喷喷香"，而对生长在厦门的闽南人而言，"香贡贡"除了是一个形容词以外，还是美味的代名词。一提起"香贡贡"，人们自然就联想到色泽金黄、蓬松酥脆的肉松，肉质紧实、片片美味的肉干，这些产品不但是厦门人餐桌上的常品，更随着"香贡贡"加盟模式、电商营销的拓展，走向全国各地，成为各地食客的心头好。

由于销售的模式再升级，生产的工艺也在改进，宏旺味香的管理团队重视生产工艺技术革新，坚持"高品质、增产能、更放心、降能耗"的原则，逐年加大技术革新的投入力度。近年来，结合肉松和肉干的传统制作技艺，企业通过自主创新、引进技术，开发出许多新技术、新工艺，生产工艺技术处于领先地位，尤其是肉松系列产品，以其独特的口味、精湛的工艺以及对品质至高无上的追求，成功地俘获了一批又一批消费者的味蕾，使其成为香贡贡的忠实粉丝。

名优餐饮

千年素食禅味浓，觉知美好新生活

——厦门市南普陀寺实业社

南普陀素菜馆普照楼　　　　　南普陀寺实业社供图（下同）

  南普陀寺实业社坐落于临海听涛、梵音缭绕的五老峰下南普陀寺内，以"团结、和谐、诚信、创新"为企业精神，以"为佛教服务，为大众服务"为使命，以"为社会大众提供觉知美好生活的解决方案"为愿景，打造有力量的行业标杆。

  在中国，素食文化由来已久，南普陀寺作为千年古刹，始建于唐代，有文字可考的素食历史已逾百年。20世纪二三十年代是南普陀素菜的辉煌岁月，鲁迅先生在厦门大学执教期间，曾五次应邀赴宴或饯行聚餐。虽然历经艰辛年代的洗礼，但南普陀素菜仍以纯正的口味、菜式维系香客、食客的茹素之情。

  改革开放后，南普陀素菜迎来历史新起点。1978年，南普陀寺实业社的前身"南普陀寺管理处"成立，至1984年相继建成"海会楼"和

"普照楼",共同经营餐饮接待服务。

如今,集中华老字号、福建老字号、厦门老字号于一身的南普陀寺实业社不断深化改革与创新,以佛教文化为契机,建立一套比较成熟的企业制度体系,已发展成为集餐饮、食品加工、旅游、接待等多项服务为一体的综合性企业,提高内部管理,扩大对外交流,不断丰富、完善实业社的多项职能,适应社会大众需要,提高管理水平、保证服务质量和促进人文关怀,彰显南普陀寺实业社的初心和特色。

主要产品

南普陀寺实业社的经营项目包括素菜、素点、文创等,其中尤以南普陀素菜、素饼为两大主力品牌产品。南普陀素菜严选食材,质料鲜美,营养均衡。南普陀素饼秉承传统手工工艺,质量第一,选料讲究,皮酥馅软,入口冰爽,甜而不腻等特点,品种从最初单一的绿豆馅素饼发展到现有的南瓜馅、绿茶馅等十多种口味。实业社还生产绿豆糕、桃山饼、素粽、月饼、年糕等,深受广大消费者和游客的喜爱。

口味多样的南普陀素饼是具有厦门特色的旅游礼品、礼佛供品

半月沉江

因香菇、面筋色泽分明，宛如半轮月影沉在江底而得名，醇香滑软，清鲜味美。是2003年第四届中国美食节"中国名宴"菜式之一。2004年3月，在满汉全席全国烹饪电视擂台赛中获"金牌菜"称号；2010年，成为厦门旅游餐饮系列品牌评定活动中的"品牌菜肴"之一。

天厨素饼

味香皮酥，馅甜适口。在2004年第四届中国美食节上荣获"中国名点"称号，并获中国美食节最高荣誉奖"金鼎奖"。

踏雪寻参

用素食皮包素馅及鲜金菇，用芹菜条扎紧成人参形，外脆内润，造型美观，形意相合，参味香浓，富有诗意。2008年9月获第六届全国烹饪

半月沉江 　　　　　　　　　　天厨素饼

踏雪寻参 　　　　　　　　　　金笼蕴香

技能竞赛个人赛热菜项目银奖。

金笼蕴香

此道菜口味醇厚，形状逼真，荣获 2016 年"亚明杯"福建省创新菜金奖和创新菜品奖。

传统技艺

南普陀素饼手工制作技艺

选料讲究，均采用优质原料，馅料自己生产，有独门的配方和工艺，并严格按佛家素食要求采购与使用。制作精细，纯手工制作，主要有制馅、泡皮、搭酥、包馅、定型、烘烤等环节。外观均匀有质感，产品呈扁圆形，色泽均匀，呈金黄色，表皮有层次感，皮薄馅多，厚薄适度，口味香醇，甜而不腻，有"厦门素饼之首"的美称。成品主要有绿豆馅、南瓜馅、绿茶馅、香芋馅、玉米馅、红豆馅、椰子馅素饼，以及吉祥饼、旺来酥、如意饼、菩提酥、香积饼，还有绿豆糕、月饼、年糕等。

南普陀素菜制作技艺

南普陀素菜遵循佛教饮食传统，以素料、素作、素名为根本，融合宫廷素菜之精细，民间素菜之天然，寺院素菜之纯正，既讲究色、香、味、形、神、器，又注重质、养、声、境，色彩悦目，清鲜超逸，配合清静优雅的饮食环境，形成了独具诗情、景意、禅味、时尚的具有闽南特色的素食特色，让人在美食中陶冶向善心境，追求澄澈境界。

文化传承

南普陀素菜具有深厚的素食文化内涵，以遵循佛教饮食传统为宗旨，以回归素食的素为特点，素菜素料、素菜素作，完全选用佛教饮食文化中的全素原料，不使用五辛、五荤、蛋类和动物油，一素到

媒体报道"半月沉江"　　　　　　　郭沫若先生题字

底,坚守纯正的寺院素食传统。同时,讲究素菜素名,以"诗情、景意、禅味、时尚"为核心价值,吸引众多名人雅士前来品尝,让人流连忘返。1962年,著名文学家、诗人郭沫若先生与夫人于立群到访南普陀寺并品尝素菜,三杯过后,郭老有感而发,吟诗道:"半月沉江底,千峰入眼窝。三杯通大道,五老意如何。"从此,"半月沉江"这道当归面筋汤声名远扬,成就一段传奇佳话。如今,南普陀素菜已有200多道:香泥藏珍、丝雨菰云、双珍献瑞、竹影情长、福慧圆成、福禄人生、素味盈满等。

南普陀素菜、素饼是代表厦门美食文化的一张"烫金名片",在全国各地乃至海外享有盛誉,已获得多项国家、省市级大奖,曾荣获"中华老字号"、"福建省非物质文化遗产"、"全国绿色餐饮企业"和"全国巾帼文明岗"等多项荣誉称号。在2003年10月的第四届中国美食节上一举囊括"中国名菜"、"中国名点"、"中国名宴"、中华美食最高奖"金鼎奖"等殊荣。2017年,南普陀素饼被指定为"金砖国家领导人厦门会晤指定供会产品"。2018年,南普陀素饼荣获"改革开放40周年主力品牌"的荣誉称号。2019年,"天厨素饼"入选首批"中华老味道"名录。

"中华老字号"

"福建省非物质文化遗产"

| 名优餐饮 |

自助餐厅　　　　　　　　　　　素面合照

  南普陀素菜馆背依名山，面朝大海，优质的环境成为南普陀素菜文化底蕴的温润沃土。海会楼和普照楼内各厅室命名皆与寺院历史、佛教典故、闽南文化等紧紧相扣，2019年至2022年，南普陀素菜馆进入全面提高阶段，改造优化包厢环境，打造自助餐、即位餐、面馆、茶坊、文创店等全新环境，采用新中式风格，碧池清风，曲径通幽，推窗见景，在此氛围中品斋食素，怡然自得，禅味自能体会。

  近年来，素食成为一种养生时尚的生活方式。南普陀寺实业社紧随时代潮流，提倡"依五行，食五色，养五脏，食五蕴"的养生理念，重新树立"觉醒"文化的品牌建设方向。2022年，在实业社品牌觉知大会上，廖家琳主任表示："只要大家秉持一颗自利利他之心，学习'觉醒'的内涵，精进不辍，实业社便可走向科学、规范、系统高效运作的道路，让品牌走上一个新台阶，成为人们喜爱、信赖的品牌。我们的人生也将逐步从自我走向自发、自觉，迈向人生的正道和走向光明的未来。"

  面对中国素餐饮行业的发展现状，实业社以"觉在内心，净在当下"为价值观，以"觉知美好，分享美好，为大众服务"的方式，解放思想，守正创新，以服务城市为起点，以提高品牌品质为导向，打造"素餐饮＋

2022年"觉知"品牌宣贯大会现场

南普陀素食坊

素食品"的双主业，拓展更丰富的市场渠道，延伸饿了么、美团外卖、朴朴等线上平台多元化经营，并于2016年投入运行的厦门市南普陀素食坊，实现半自动化生产流水线与手工制作相结合的工艺生产标准，助力品牌行动落地。

　　同时，实业社立足实际，与时俱进，自我革新，坚持"走出去，引进来"，注重创新发展，建设特色鲜明的宣传阵地，借产品传递文化、传递美好，增强品牌核心价值，并以觉知引领大众行道，践行善心、菩提心，弘扬佛教文化，为构建和谐社会助力。

（南普陀实业社供稿）

| 名优餐饮 |

真味实料，厦门风味在此
——厦门夏商好清香餐饮管理有限公司

好清香中山路的门店　　　　　　好清香供图（下同）

"好清香"字号最早使用于厦门好清香大酒楼（以下简称"好清香酒楼"），该酒楼于1940年由王朝基先生创办，以经营烧肉粽、芋包、土笋冻、韭菜盒、薄饼、肉粽等数十种闽南风味小吃而闻名闽、台，甚至东南亚一带，是厦门市饮食公司下属的全民所有制企业。2000年，好清香大酒楼为厦门商业集团组建成立厦门夏商旅游发展有限公司（后变更为厦门夏商旅游集团有限公司），全面经营管理包括好清香酒楼在内的原集团下属各餐馆、酒店等旅游服务性公司。现"好清香"品牌由厦门夏商营养餐有限公司运作管理，并同时许可给其分支机构厦门好清香餐饮管理有限公司美食坊和厦门好清香餐饮管理有限公司滨南美食店使用。

厦门"好清香"在闽南地区及东南亚一带的华侨中享有盛名，相继于2001年被中国烹饪协会授予"中华餐饮名店"称号，2006年被国家商务部认定为"中华老字号",2019年度被厦门市商务局认定为"厦门老字号"。

中华老字号证书

主要产品

好清香韭菜盒

韭菜盒层次细致而分明,用面粉拌上新鲜猪油做皮,选用黄金香优质猪腿肉、虾仁、韭菜、笋干等馅料,纯手工捏制成型,被包成一个个圆饼形,边用手做成波浪状,后放入油锅热炸,皮酥香脆、盒馅鲜美,搭配韭菜的清香细嫩,吃起来别有滋味。

好清香烧肉粽

烧肉粽依托夏商集团农产品流通渠道优势,择取天然、养生的健康食材,加上优良的工艺传承和创新,精选上等糯米,以营养丰富的板栗、鲜肉、香菇、虾仁、海蛎干为主料,经"好清香"的独特工艺,高汤蒸煮,美味可口,营养丰富,吃过的人无不赞誉"真味实料好清香"。

小吃菜品

经过不断推陈出新,兼取粤菜、淮扬菜、台湾菜、马来风味菜等各大菜系所长,好清香创推出一系列风味独特的菜品和小吃。如将闽南饮食文化和茶文化巧妙结合的"龙凤功夫茶"(2000年被原国家国内贸易局认定为"中国名菜",2001年

岁月流逝,不变的是"好清香"烧肉粽、韭菜盒依旧清香的滋味

获第十一届中国厨师节"金鼎奖"），风味独到、造型壮观的"九龙风味拼盘"，清香四溢、鲜美爽口的"银丝烩金纽"（2000年被原国家国内贸易局认定为"中国名菜"）等等，无不被顾客奉为席上珍品。好清香佛跳墙2004年分别被中国烹饪协会和福建烹饪协会授予"中国名宴"和"福建名宴"称号。代表厦门风味特色的烧肉粽、韭菜盒、葱糖卷、海蟹糯米粥、薄饼、五香卷等也早早就被中国烹饪协会认定为"中华名小吃"。

传统技艺

好清香烧肉粽制作技艺

首先备好制作烧肉粽所需食材，如糯米、粽叶、精三层瘦肉、蛋黄、虾仁、鲍鱼、香菇、板栗、海蛎、干贝等。

第一步：在准备好所需的材料后，将糯米浸泡三小时，同时将粽叶用热水烫过洗净沥干。

第二步：将所需的材料进行翻炒，还原其香味，进行配料的调制。

第三步：将粽叶折成漏斗状，放进各种搅好的馅料与糯米。

第四步：将包好的粽子下锅，水量漫过粽子即可。

第五步：小火慢煮2小时以上，这样香喷喷的烧肉粽就可以出锅了。

好清香韭菜盒制作技艺

准备好所需的材料，如马蹄、笋干、香菇，精瘦肉、韭菜等。

第一步：先用糕点粉、白玉兰面粉、香猪油、白砂糖混合成内外皮，待面皮表面光滑，在其表面盖上保鲜膜，待用。

第二步：将原材料进行翻炒，还原其香味进行配料调制。

第三步：将准备好的韭菜冲洗干净，然后擦干其表面的水分，再放在案板上用刀切碎。切好了以后，将韭菜和先炒好的馅料搅拌均匀，再将之前做好的面团分成几个合适的大小面团，然后再用擀面杖将小面团擀开。面皮都做好了以后，接下来就开始包韭菜盒了。

第四步：将面皮拿在手上，然后往里面加入适量的馅料，将面皮上下接口先压实，然后拧成麻花状，这样韭菜盒就包好了。等韭菜盒包好以后，就拿出锅来，往里面放适量的食用油，然后开中小火油炸，等韭菜盒都炸成了金黄色，就可以将其拿出来食用。

做好的韭菜盒外皮酥脆，馅料鲜美，非常好吃。

文化传承

"闽南风味宴，华夏第一家"，这是原中国烹饪协会会长张世尧为好清香大酒楼题的赞词，也是好清香人在20世纪赢得的光荣与商誉。"不到好清香，枉到鹭岛行"，这也是厦门本土餐饮企业叫得最响亮的口号。中华老字号"好清香"具有八十年经典传承的历史，见证了厦门饮食业将近一个世纪的演变，凝聚着鹭岛的饮食文化精髓，承载起老厦门人及外来游客对好清香的深刻记忆。

夏商"好清香"是厦门饮食行业中享有盛誉的一张历史名牌。20世纪40年代，王朝基在厦门老街"赖厝埕"开张了一家小吃店，专门经营风味小吃，特别是其拿手的"烧肉粽"尤为美味，以其制作精良，味道清香而出名，吃过的人无不赞誉"真味实料好清香"。肉粽生意兴隆，许多食客甚至不远万里前来品尝，有些华侨和港客，吃过或者听说"好清香"的肉粽，就用

1994年好清香大酒楼

"红漆篮"装着，坐飞机带到海外去，让海外的亲友共尝家乡的佳点。

经过多年的踏实经营，食客们口口相传，小店正式挂牌"好清香"。就是这样一家不起眼的小吃店开始了悠久餐饮业历史的谱写。见证了厦门饮食业半个多世纪的风云变幻，好清香深知创出一种特色餐饮业，打造品

牌是至关重要的，于是报请商标注册，并于 1995 年取得商标所有权，为企业的品牌发展迈出了最踏实的一步。

1994 年 8 月，位于厦门市湖滨南路与湖滨中路交叉路口西南侧的好清香大酒楼开业，地处新老市区交会的黄金地段，面临厦门市十大景观之一的筼筜湖畔，地理位置得天独厚。当时的好清香酒楼装修高雅，环境舒适，经营特色显著，三个楼层的餐厅营业面积达三千平方米，可容纳近千人同时就餐。

多年来，好清香大酒楼坚持继承传统与开拓的经营理念，依托雄厚的烹饪技术力量，把古老的饮食文化和现代化管理合理接轨，不断推陈出新，开创出了一系列以闽南地方风味为主流，风味独具的特色菜肴。

2006 年，好清香美食中心相继开业。"中华老字号"的牌子愈加响亮。

2009 年 9 月，在文化艺术中心的好清香美食坊开业，定位为体现闽南文化与厦门特色菜肴的文化餐厅，整体营业面积有 2500 多平方米，可容纳 600 人同时用餐。作为正宗闽菜的代表和"中华老字号"餐饮名店，"好清香美食坊"在近十年的时间为来厦游客及市民倾力奉献特色闽南美食新体验，就是这样的持之以恒与坚持不懈，不断积累和放大品牌效应，使得好

2006 年好清香美食中心

清香品牌又上升了一个高度。

如果说将小吃与宴席融合是好清香的第一次尝试,那么它的第二次突破就是将中央工厂模式与小吃制作相结合。2012年,好清香中央工厂建成,好清香各个门店销售的小吃全部交由工厂统一制作,品质也得到了保证。

"好清香"更是被广大中外游客赞誉,"不到好清香,枉费鹭岛行"。我国著名漫画家华君武先生曾题词赞道:"诸神开路,厦门风味在此,好清香酒楼。"

风味独特的菜品既顺应了饮食的时尚潮流,又发扬开拓了厦门特色饮食文化。好清香被国家认定为"中国名菜"、"中国名点"、"中华名小吃"和"福建名小吃"等荣誉称号的小吃、菜肴就有数十道,在国内历次烹饪大赛中有28道菜肴荣获金、银、铜牌奖,31道菜肴获省级名牌创新奖。好清香酒楼也曾多次应邀前往日本、新加坡、菲律宾等国及香港等地区举办美食节,其烹饪特色与实力得到行家及食客的肯定和称誉,声名远播海内外。

栉风沐雨80载,好清香人始终以专业的心专注地打造中华老字号品牌。面对餐饮业新的挑战与发展机遇,好清香餐饮管理有限公司确定了发展加盟连锁、技术输出、品牌管理等不断做大做强的发展战略,同时提供获奖菜肴、特色菜肴、小吃的技术输出,以及标准化的餐饮管理。

经过几代好清香人的传承与创新,时至今日,"好清香"已成为闽南的美食收藏地、厦门的美食博物馆,吸引着往来不绝的饕客。

| 名优餐饮 |

始于1983年，追寻厦门的味蕾感动
——厦门市佳丽海鲜大酒楼有限公司

蔡塘广场的佳丽海鲜酒楼　　　　　　　　佳丽供图（下同）

　　厦门市佳丽海鲜大酒楼有限公司成立于1983年，注册于厦门，发展至海内外。从鼓浪屿出发的佳丽海鲜如今已是厦门市餐饮行业的领军企业，行业涉及商贸、中高端连锁餐饮、酒店、民宿、产品研发、食品配送、管理顾问等领域。目前拥有"佳丽餐饮管理有限公司""佳丽海鲜酒楼""贺家食尚餐饮有限公司""厦门美海乐餐饮配送有限公司""厦门美海乐餐饮配送有限公司北京分公司""厦门甜贝贝食品有限公司""佳丽城市快捷酒店""厦门佳丽商贸集团有限公司""厦门樱煮餐饮管理有限公司""佳丽NOMI HI-SO"等品牌。在厦门、漳州、北京、浙江等地和菲律宾、柬埔寨等国都设有门店或分支机构。

　　在风云变幻的市场经济下，佳丽这家厦门老字号企业始终能屹立潮头，迅速在新赛道上崭露头角，得益于企业有自己的灵魂——"家里文

佳丽外烩服务团队为客户量身定制各类宴席

化"。佳丽谐音"家里",把每一位顾客和员工都当作家里人来服务和关怀,这是佳丽的核心经营理念,不是停留于一时和嘴上,而是四十年来坚持不懈地落细、落小、落实,形成了"几个一"的优良传统以及一整套的具体制度。

经营之道

创业初期,佳丽的创始人吴丽英观察到顾客往来偶有不便,为了方便顾客过渡送一张船票,风雨天为顾客送一碗热姜茶,雨天撑一把伞接送顾客。关心外地来爱吃辣的员工,送一盘辣椒。久而久之,这"四个一"就成了"佳丽"独有的待客之道。如今这"四个一"已成为佳丽经营的经典。吴丽英的二女儿贺迎芳接手佳丽后,将其升华为:"始于1983年,追寻厦门的味蕾感动。"希望能让来吃饭的客人感受到最真诚的感动。

"家里"文化让佳丽充满温情,贺迎芳待员工如亲人,员工也把佳丽当成了家,跟随着佳丽一路成长起来,成为了贺迎芳的得力助手,"四个一"的理念也融入到每个佳丽人的血液里,她们都是"家里文化"的受益者,也是传播者。

佳丽海鲜酒楼·环岛店

佳丽海鲜酒楼环岛店位处风光旖旎的厦门环岛路，地理位置优越，周边环境优美。酒楼营业面积达 10000 平方米，多功能宴会厅可容纳 600 人，另外酒楼设有 42 间风格各异的豪华包厢，其中最大包间可供 80 人同时就餐。

佳丽海鲜酒楼·御品轩

佳丽·御品轩坐落于莲坂宝福大厦 4 楼，经营面积近 2500 平方米，拥有能同时容纳 400 人就餐的宴会大厅及 14 间装修风格各异的豪华贵宾房。

佳丽海鲜酒楼蔡塘店富丽堂皇的宴会大厅

佳丽海鲜酒楼·蔡塘店

厦门佳丽海鲜酒楼·蔡塘店在蔡塘广场万佳国际酒店 4 至 5 层，营业面积 6000 平方米，拥有独立迎宾大堂，10 米无柱挑高，可容纳上千人同时用餐。风格各异的豪华包间，装饰布局苛求到每个细节，奢华精致，尊荣之选。

浙江贺佳丽大酒店

浙江贺佳丽大酒店在人间天堂杭州市的钱江新城，营业面积达 8000 平方米，拥有豪华宽敞的宴会大厅和风格各异的豪华包厢。大厅拥有 600 个餐位，主营杭菜、粤菜、海鲜

杭州的浙江贺佳丽大酒店

等多种菜系。

樱煮和食

"樱煮和食"坐落于思明区筼筜湖畔的西堤别墅119号，是由佳丽集团联袂舒友精心打造的高端海味料理，营业面积500平方米，拥有8种不同的装修风格。新鲜的品质食材，专业的礼仪服务。在樱煮和食中你能享受到的不仅是美食，还有身处厦门却仿若置身日本的奇妙体验。

佳丽贺家

佳丽贺家位于海沧区未来海岸主会所北侧1～2楼。超大平层营造舒适的用餐空间。餐厅独具现代混搭时尚风、敞开式明档及可视化内厨操作，美食制作全过程完整呈现。餐厅主营时尚新颖菜肴，价格亲民，是家庭宴请、朋友小聚的理想之选。

美海乐餐饮配送

厦门美海乐餐饮配送有限公司成立于2005年，注册资金6000万元，是一家专业承接大型工厂、学校、企事业单位餐厅经营管理及大型简餐配送服务的餐饮配送公司，是具备厦门政府部门颁发配送资质的大型餐饮配送公司之一。公司秉承"快乐、高效、健身、安全、美味"，以人为本的服务理念，将佳丽餐饮多年所积累的餐饮经验融入营养简餐配送中。目前美海乐拥有2580平方米专用的餐饮配送中心和专业的管理团队为各点服务，并在厦门、漳州、北京等地和菲律宾都设有分支机构。

文化传承

1983年6月的厦门，在风景如画、音乐缭绕的钢琴岛鼓浪屿龙头路113号，贺家人开了一间名为"佳丽"的小咖啡厅。时值改革开放初期，带有布尔乔亚情调的"佳丽"咖啡厅很受欢迎，生意火爆。其后又增加了"午餐蛋面"等中餐品种，在咖啡厅成立一年后，贺家将佳丽咖啡厅正式改名为"佳丽餐厅"，主营广东菜及闽南小炒。

1992年，佳丽餐厅迁至鼓浪屿音乐厅，主营的菜品也越来越丰富，龙虾、鲍鱼等海鲜都成为餐桌上的时常菜。佳丽也开始因为味道佳、服务好受到了很好的评价。佳丽餐厅在鼓浪屿创造了餐饮业的奇迹，更打造出了自己的名气。贺迎芳的母亲吴丽英（1936生）带领贺家五姐妹开餐厅的故事，也被人广泛流传，成为街头巷尾品论的佳话。越来越多的人了解佳丽，喜欢佳丽。

一次偶然机会，看到轮渡码头停靠着一艘空船，吴丽英就萌生了这样的念头："把佳丽餐厅搬到码头，这里位置好，场地大，是游客出入鼓浪屿的必经

20世纪80—90年代的佳丽餐厅

之地，人流量大，同时照顾到厦门本岛和往来鼓浪屿的客人。"1994年，佳丽餐厅正式迁至轮渡趸船，由此翻开了佳丽发展的新篇章。餐厅的规模达到了1000平方米，吴丽英又专门从香港请来大厨，从广州请了行政经理。同时，五姐妹也利用出差带回很多烹饪书籍，供厨师和员工研究学习。菜式风格也开始转向高档粤菜、闽菜，还特别增加了燕鲍翅。高端路线的风格主要接待商务宴请和旅游用餐等大中型宴席，一年内，佳丽成功实现了从家庭式管理到现代企业的最初转变。

轮渡时期是一个良好的转折点，佳丽也在这个阶段有了飞跃式的发展，为未来开始打下了良好的基础。可以说，轮渡佳丽的发展具有里程碑的历史作用。

1997年，吴丽英走完了她人生的最后一段历程，她未竟的事业，由她的女儿们来完成。

1998年，佳丽斥巨资买下在湖滨南路的宝福大厦四楼。1999年，佳丽响应政府号召，忍痛割爱，关闭轮渡店面，并租下宝福大厦三楼，把宝福佳丽扩大到三、四两层，营业面积共有5000多平方米，内设40多间豪华贵宾房和同时可容纳500人就餐的宴会大厅。宝福佳丽还配有大型停车场，并成为开创厦门首个免费代客泊车的中餐厅，同时增加了潮州菜、印尼菜、泰国菜等多种菜系，多元化经营，满足不同客户的多种美食需求。

2003年，佳丽将业务延伸至海外，在印度尼西亚泗水市中心成立了

印尼佳丽国际海鲜大酒楼。印尼佳丽营业面积达到1200平方米，餐位450个，拥有多间豪华各色包厢，以及完善的配备设施，是泗水市最大、最高档的酒楼。佳丽人成功地把中国美食带到了国外，成为当地最受欢迎的华人餐厅、国际一流的海鲜酒楼。

2003年12月，佳丽组建了总部性管理机构——佳丽餐饮管理有限公司。

2004年底，美海乐餐饮配送有限公司成立，开创了佳丽发展史上"移动厨房"的新纪元。2004—2009年，佳丽海鲜大酒楼海沧未来海岸店、环岛路店、同安店、海湾公园店先后开业。

从1998年起，湖滨南路的宝福大厦四楼的佳丽御品轩成为莲坂美食地标

2010—2015年，浙江贺佳丽大酒店、福州佳丽花园、厦门万佳佳丽海鲜大酒楼先后开业。佳丽的主营业务稳步前进，经营地域跨浙江、福建两省，同时新品牌贺家餐厅上线，涉足不同业态。2018年6月，进入菲律宾，目前拥有"赢天下""SM SOUTH MALL""SOUTHWOODS MALL""VISTA MALL""佳鑫""宿务餐厅""冠南"等项目。每个项目经营面积各有1000～6000平方米不等，项目最高可容纳8000多名员工同时用餐。

佳丽的业务板块不断新增，涉足高端日料、精品酒店、快捷酒店、网红咖啡厅、甜品生产销售、伴手礼贸易等领域，各个板块之间相互助力，呈现蒸蒸日上的发展势头。

贺迎芳（1957年生）是吴丽英的第二个女儿，也是佳丽人口中亲切的"二姐"，现任佳丽集团董事长、厦门美海乐餐饮配送有限公司董事长、厦门众乐联企业管理有限公司董事长、厦门餐饮行业协会会长。

在佳丽发展过程中，贺迎芳把经过实践积累出来的经验归结为佳丽的五大核心竞争力：轻资产经营、多层次经营、品牌化经营、高品质经营、重视人才战略。多维度、多层次的经营策略，让佳丽在面对发展转折关头的业态创新和商业运营模式转型时，能主动适应市场变化需求，遵照市场规律来谋发展、促创新。

贺迎芳始终心怀感恩之心，将慈善理念融入到企业文化建设当中。每年重阳节，她都会亲自带领集团高管团队去厦门市社会福利中心关爱老人。她连续18年下乡为厦门周边的贫困户、孤老、孤儿准备丰盛的年夜饭，是现代知名企业家中的慈善楷模。

她还获得了"中国最具影响力企业家""全国饭店业优秀企业家""全国食品安全优秀管理企业家""中国餐饮业年度十大人物""全国关爱员工优秀民营企业家""全国餐饮业优秀企业家""福建省优秀女民营企业家""厦门市十大慈善之星""厦门市优秀中国特色社会主义事业建设者""厦门市十佳食安卫士"等荣誉称号，是一位充满大爱的领导者。

2020年疫情期间，佳丽海鲜集团积极配合厦门市商务局共同搭建全国首个"移动食堂"供配餐平台，全力保障疫情防控期间政府部门、企事业单位的团餐需求，日配餐量为19万至20万份，近四个月来总配餐量突破2170万份。"移动食堂"的"厦门样本""厦门速度""厦门模式"也为全国疫情防控及复工复产保障及行业转型提供了借鉴。

麻辣鲜香，水煮活鱼的标杆
——厦门周正餐饮管理有限公司

周正水煮活鱼杏西店　　　　　　　　　　周正供图（下同）

  厦门周正餐饮管理有限公司的前身为1996年周秀君女士创办的秀君小炒店，主要经营独特秘方烹制的水煮活鱼等鱼类菜肴。1999年新开门店，并更名为"周正川菜馆"。2010年成立"厦门周正餐饮管理有限公司"，成为以周正水煮活鱼为招牌，专注烹制水煮类的大型川菜连锁企业。其镇店名菜水煮活鱼、蒜泥白肉等，被评为"中国名菜"。2008年以来获得"福建省餐饮名店""中国川菜名店"等称号，2019年被厦门市商务局核定为"厦门老字号"。

  近30年来，周正以"水煮活鱼"为立店之本，将这道招牌菜做得风生水起，许多食客远道而来，就认准：吃水煮活鱼，到周正就对了。

2017 年周正水煮活鱼被评为"中国名菜"　　2019 年被核定为"厦门老字号"

主要产品

水煮活鱼

"水煮"是川蜀之地惯常的烹饪手法，"活鱼"自是闽南居民乐此不疲的佳肴，周正根据闽地居民的口味喜好，对流行于川蜀的"水煮肉片""水煮鱼片"的配料、烹饪方式进行调整，因地制宜地改良出结合川闽两地精华，带麻辣口感，又保持鱼片新鲜度的"水煮活鱼"。因其鱼肉鲜香，配菜爽口，汤水清亮等特点成为周正的招牌大菜。

水煮活鱼

蒜泥白肉

选用肥瘦相连的坐臀肉或五花肉，将它放入清水中连皮烹煮，水煮至刚断生，捞起切片，用青瓜条将肉片卷成团，黄瓜的清爽搭配白肉的香嫩，再蘸着特调的蒜泥酱汁，成菜香辣鲜美，蒜味浓厚，爽脆嫩滑。

苦瓜鱼

红辣椒白鱼片加芥菜、苦瓜、苦笋三苦组合而成，汤色微黄清亮，青绿诱人，鱼肉嫩滑顺口，鱼汤微苦鲜甜。如果不惧苦味，再挑上一小碗苦瓜、芥菜、苦笋，清脆中带着苦涩，别有一番滋味。

经营之道

在周正近30年的发展历程中，有两项服务一直延续至今。

消费累计返还：开店之初，受到厦航里程卡积分制的启发，周正设置了常客表，来消费的食客不管消费金额多少都可以累积，只要菜金累积达1000元，就返还100元现金，不做时间上的限制。积少成多，真诚感恩，每个月好几万的返现是周正对顾客的真诚回报。

外送服务：在还没有专业外卖服务的20世纪90年代，周正就启动外送服务。客户足不出户就可享受到周正的送餐上门的美味。从一开始的手提肩背，到之后的骑三轮车送餐，再到后来的摩托车送餐，只要顾客有需求，周正都想尽办法去满足。在杏林，无论城区还是农村，无论刮风还是下雨，无论白天还是黑夜，周正送餐的车轮都在不知疲倦地转动着，为千家万户送去方便。

文化传承

20世纪90年代初期，随着打工大潮的涌动，周秀君来到厦门特区这片热土。"这里这么多的外地人，适合开餐饮店"，本着这朴素的想法，周秀君的秀君小炒店在厦门杏林台商投资区附近开业了。秀君小炒店麻辣鲜香的川蜀味道，符合这些远道而来的异乡人的胃口，在麻辣带来的微微痛感之余是酣畅淋漓的快感，这大大缓解了他们一天的疲劳，也抚慰了游子们的心。小炒店的生意渐渐红火起来。

1999年，周秀君新开门店，并更名为"周正川菜馆"。在几经磨合探索之后，周秀君决定将"水煮活鱼"作为周正主打的招牌菜，即使面对市场的翻云覆雨、几起几落，周秀君始终坚持初衷，保证"水煮活鱼"的料足鱼鲜，坚守食材安全的底线，坚持优质实惠的产品输出，这一做法也得到了食客们的认可。大浪淘沙之下，周正"水煮活鱼"的名声愈发响亮。

川菜之所以能在全国八大菜系中流行度最高,原因在于川菜的复杂性,其百菜百味、百菜百格的特点,具有极大的包容性,而且能够以麻辣为基底,根据当地食材的特点灵活应用,不断衍化出新的菜式。

周正品牌由来,其一,"周"取自周秀君的姓氏。其二,"正"寓意食材正,味道正。其三,"周正"在四川方言中本意是描述姑娘模样的,说姑娘长得周正,是指姑娘模样端庄,虽不是绝对靓丽,但也有模有样,能上得了台面。四川人把周正含义引申到其他领域,不单指姑娘模样,如说某人为人周正,则指该人待人诚实,处事周全,老实巴交,没有做对不起别人的事。

早期的周正川菜馆

又如说某人做事周正,则指该人做事周到认真,没有什么不妥之处。而运用到餐饮行业,则指味道正宗地道,价格公道合理。取名"周正",可谓体现了经营者的良苦用心。

周正的品牌标识随着发展经历了三次的演变。

第一版以店内主厨"胖师傅"为原型,绘制卡通版厨师形象,将"周正"二字以印章形式嵌入。外轮廓为圆形黄底,朴素而直观。

第二版,设计专属字体,一笔一画写就"周正"二字,同时将周正二字艺术化,与"鱼"的形象进行巧妙的结合。外轮廓为正方红底,采用红色一则代表了热情服务,二则代表了火辣辣的口味,三则寓意着他们的希望———生意红红火火! 整体标识的变化体现了周正的经营从"川菜馆"向专注于"鱼"这一要素食材的转变。

第一版标识

第二版标识

第三版,标识图形更加纯粹,色彩采用双主色,一尾绿色或红色的鱼形图案，"周正水煮活鱼"化为鱼身，嵌入其中。

周正标识的演变，色彩从黄到红到绿的变化，体现了"周正"从追求企业的兴旺、红火向"健康、环保、生态"的转变。通过品牌系统的升级，周正更加清晰自己的品牌定位，明确自己的企业使命。

第三版标识

"一生的专注，只为做好一盆水煮活鱼"，这是周正的企业使命。水煮活鱼曾经在厦门风靡一时，成了厦门人民无法抹去的记忆，当流行已过，繁华落尽，周正继续坚持并扛起水煮活鱼的旗帜，2022年初，周正已经在岛内外开了24家连锁店。百姓人家，周正吃鱼，多年的坚持，把川菜名品"水煮活鱼"做到极致，"周正"几乎成了水煮活鱼的代名词。

在企业的经营中，周秀君注重团队建设，创业初期组建的团队跟随着周正的发展而成长。周秀君视员工为家人，为员工树立职业自豪感，使他们形成内驱动力。员工意识到从事餐饮行业是在创造价值，是在造福社会，为人们提供幸福感。周秀君关心员工的个人需求，尽可能地解决员工的后顾之忧。特别是对外地来厦的员工，周秀君推己及人，为员工的发展进行职业技能培训，鼓励奖励表现突出的小伙伴，提供职业规划、晋升通道，让员工在周正得到自我发展。而每月一次的团队建设，更为这些小伙伴创造了展示才艺的机会，释放了青春活力。团队有了凝聚力，对工作就更加投入。

周秀君正是凭借着对品质的追求，带领着周正人在餐饮竞争激烈的市场上赢得一席之地，她本人也从2001年到2009年连续九年被厦门市餐饮同业公会授予"优秀企业家"称号。

| 名优餐饮 |

家常菜式，人间至味
——厦门味友餐饮管理有限公司

店内的闽南建筑风格装修（古厝）　　味友供图（下同）

　　厦门味友餐饮管理有限公司成立于 1993 年，现旗下共有四个品牌。主品牌味友有 13 家门店，经营面积有四万多平方米，员工 600 多人，主营传统的闽南特色菜、港闽式茶餐厅、茶饮、海鲜大排档等。其经典菜式深受客人喜爱，屡获殊荣。味友鸭肉面线被中国烹饪协会评为"中华名小吃"，乡土匙子炸被福建省烹饪协会评为"福建名小吃"，香酥软虾、仙景芋头、葱烧甲鱼和冬瓜蟹肉煲被福建省烹饪协会评为"福建名菜"。味友被中国饭店协会评为"中国餐饮名店""中国餐饮业优

味友获得的各项荣誉是味友门店的最佳装饰

秀品牌"等，是厦门市商务局核定的厦门老字号品牌。

在新时代的浪潮下，味友传承和发展闽南传统餐饮文化，繁荣特区餐饮市场，以满足消费者需求为己任，积极发展餐饮的各种业态，承担社会责任，为建设人文集美、弘扬嘉庚精神，为厦门人民群众提供经典闽南美食持续奋进！

经营之道

"以味会友，真材实料"是王瑞祥创办"味友"的初衷。强调味道，大约是成长于改革开放初期的餐饮创业者的执着。他们认为只有好味道才是吸引食客的不二法门，而好味道需要有好食材做支撑。即便是在今天，王瑞祥已经不需要身居一线去采购，去掌勺，但凌晨三四点钟的中埔菜场依然能看见他的身影，紧张热烈的后厨依然可以看见他在耐心地指点。

这份对食材、对味道的执着，成为了味友的立身之本，也是味友近三十年来稳扎稳打，广拓门店，深受消费者喜爱，树立良好口碑的根源所在。

味友鸭肉面线、香酥软虾、仙景芋头等名菜都是来味友的消费者必点的美食

味友集美店

位于集美凤林村凤林路90号，从2005年开业至今，宾客盈门，已成为味友最具历史意义的门店。全店营业面积有5000多平方米，其装修风格都以闽南古厝清水砖装饰为主调，让人深感置身闽台风情之中，而浓厚的闽南乡土气息菜肴，更使人倍感亲切。

在这里消费丰俭由人，三五好友相聚小酌，或者广邀亲朋，共庆欢时皆可。四楼的贵宾包厢，五楼的宴会厅，布置典雅，在这里举办尾牙宴、庆功宴、婚宴和生日宴等，都是不错的选择。

味友灌口店

灌口店坐落在灌口工业园区旁，灌口中学对面，地处安仁大道与集美北大道交会处，交通十分便利，更有宽敞的停车场。在这座面积10000平方米的美食园里，小桥流水，古榕如伞，农舍瓦房，呈现出一派亚热带的田园风光。园内展示了来自闽粤赣农村的许多农用器具，有木制的，也有石制的，应有尽有。在这样的环境里，以古镇特色景物命名的三四十间VIP包厢，各具特色。绿树掩映，灯光柔和，具有南国田园农舍的氛围，朴实无华，让人有怡然自得的感受。美景配佳肴，在这样的环境中就餐，更有一番情趣。

味友杏林湾店

杏林湾店是厦门味友餐饮管理有限公司旗下第八家门店，在厦门市集美区新中心城区——集美新城，营业面积近3000平方米。此门店分为三个区域，经营业态由两部分组成：第一部分为壹呷壹，此为味友旗下新品牌，主营简餐和咖啡饮料，专注于高档写字楼和社区配套；第二部分为味友传统闽南风味，主营味友特色菜、海鲜、闽南特色小吃等菜肴。

味港

味港是厦门味友餐饮管理有限公司的旗下品牌，主营闽港式茶餐厅，闽食、港茶。

味港在厦门开设2家门店，杏林湾店主要服务于杏林湾营运中心和软件园三期的都市白领，将传统的港式茶点和闽味小吃从味、色、形上进行创意的融合，呈现别具一格的美味佳肴。国贸店开设在大型商场内，依托商场资源，满足周边广大消费者的需求，从西式茶点到传统古法，港式风味到闽南特色，一应俱全。

壹呷壹

壹呷壹是厦门味友餐饮管理有限公司的旗下品牌，主营最受时下年轻人追捧的健康简餐。

壹呷壹目前在厦门开设2家门店，杏林湾店主营健康商务简餐。国贸店——"壹呷壹面线馆"开设在大型商场内，杏林湾店——"壹呷壹面线馆"开设在中餐旁。

　　"壹呷壹"是闽南语"一等一"的谐音，寓意公司注重菜品品质，致力打造一等一的产品，传承味友"以味会友，真材实料"的经营理念。

槑茶

　　槑茶，定位新青年消费群体的新锐时尚茶饮品牌，从原材料到工艺，皆以匠人匠心的态度钻研每款上市产品，深受青年们的喜爱。

文化传承

　　家乡美味常常成为维系人们一生情感的重要纽带，不管走多远，那儿时熟悉的味道唤醒的不仅仅是味蕾的欢愉，更是心灵的慰藉。曾经远洋航行、离家数载的王瑞祥深深懂得思乡情切，将这思念之情一一化入佳肴之中，正是对菜品精益求精的不懈追求，才使得味友从几人的小餐饮店发展成几百人的餐饮连锁企业，一路走来，每一次发展，每一个跨越，都凝结王瑞祥的心血。

　　王瑞祥，1967生，作为土生土长的集美区凤林村人，王瑞祥年少时受"嘉庚精神"影响，深受鼓舞，志向远大，他也想能远赴重洋，创一番事业。改革开放的洪流推动着集美的发展，王瑞祥抓住机遇，在二十出头的年纪，便成为跑遍五大洲四大洋的一艘远洋船上的厨师，为来自五湖四海的船员烹制美味佳肴，也是在那时，王瑞祥就练就了一手好厨艺。1993年，回到家乡的王瑞祥，在集美台商投资区北部新区内开了间一百多平方米的小店面。店里摆上几张桌子，自己买菜、炒菜、收银，连员工也算起来总共五个人，味友的雏形算是诞生了。

味友创始人王瑞祥在后厨指导工作

2005年，集美区凤林美村盖了一栋综合楼，味友租下一、二楼，2000平方米场地，装饰一新，扩大经营规模，员工达到30多人。第二年发展到三楼，而后又开辟四楼为贵宾包厢。最后把五楼装修成宴会厅，可摆50多桌宴席，许多顾客都选择在这里举办尾牙宴、庆功宴、婚宴和生日宴等。

2005年开业的味友集美店

2008年12月，味友灌口店隆重开业，是味友发展史上的里程碑。这里可以举办200桌规模的大型宴会，许多主题宴席都选择在这里举行。这里除了有闻名遐迩的鸭面线、匙子炸、软虾外，还有厨师们开发的许多精美的特色菜肴供宾客享用。三楼大厅设有一张直径近8米的大宴会桌，可容纳40位宾客围坐一起，举办特种宴席。

2009年4月，味友在海沧风景区东岭下新开养生美食斋。这里依山傍水，风光秀丽，内设有10个VIP包厢，单间分别可摆设2~5张桌。大厅可容纳200人同时就餐。

2015年，王鑫从澳门回到国内，入职味友的第一个岗位是基层员工。王鑫的加入，对王瑞祥而言是锦上添花、如虎添翼。王鑫，1991年生，王瑞祥之子。作为味友的二代掌门人，为了帮助父亲分担，王鑫在高中毕业选择专业的时候，毅然放弃自小学习的美术，选择到澳门学习餐饮酒店管理。毕业之际，他经过多轮面试，进入当地米其林三星餐厅实习。半年的实习，使王鑫收获颇丰，也记下了厚厚的一本笔记。

经过一年的锻炼，王鑫创立简餐品牌、饮料品牌，也逐渐了解到餐饮管理的不易。加入味友门店的管理后，王鑫为老字号注入了全新的理念和经营模式，成立了配送中心、企划部、培训部和市场部，一系列职能部门的扩充，让味友从内部运作流程到对外的服务体系都有了质的提高，品牌知名度和认可度达到全新高度。

2014年，在杏林营运中心创立简餐品牌"壹呷壹"，主营最受时下年轻人追捧的健康简餐。"壹呷壹"是闽南语"一等一"的谐音，寓意公司注重菜品品质，致力打造一等一的产品，传承味友"以味会友，真材实料"的经营理念。

2014年创立饮料快销品牌"粿茶"，市场瞄准企业白领。粿茶是定位新青年消费群体的新锐时尚茶饮品牌，从原材料到工艺，皆以匠人匠心的态度钻研每款上市产品，深受青年们的喜爱。

2017年创立港闽式茶餐厅品牌"味港印记"，主营闽港式茶餐厅，闽食、港茶。在传承味友"以味会友，真材实料"的经营理念的基础上，坚守"精选食材，手工现做"的原则，作为在味友家族稳健成长的一个新品牌。

新锐时尚茶饮"粿茶"

2019年创立海鲜大排档品牌"味友豪丽"，以不同年代的渔村文化为主题的天台海鲜大排档，主要经营闽南本土野生海鲜和闽南本土菜，依托周边的海边沙滩度假产业，打造环东海域的闽南美食文化中心和休闲度假旅游目的地。

集美是陈嘉庚的故里，嘉庚故事广为流传，嘉庚精神鼓舞人心。他的家国情怀，责任担当润泽着一代代集美人，包括成长于此的王瑞祥。王瑞祥的事业发展了，他热心厦门、集美的公共事务，为厦门城市发展建言献策，被选举为厦门市人大代表、集美区政协委员，先后担任中国饭店协会常务理事、中国个私协常务理

天台海鲜大排档——味友豪丽

事、全国工商联餐饮业委员会委员、福建省工商联常委、福建省餐饮烹饪行业协会常务理事、福建省侨商联合会常务理事、福建省个私协副会长、

厦门市工商联（总商会）副主席、厦门市水产行业协会名誉会长、厦门市餐饮协会常务副会长、厦门市个私协副会长、厦门老字号协会副会长、厦门市侨商联合会常务副会长、厦门市光彩事业促进会副会长、厦门市集美区工商联主席、厦门市集美区商会会长等社会职务，也是源于这种来自心底的家乡情。2016年12月5日，王瑞祥作为厦门个体工商户代表在北京受到国务院总理李克强的接见表彰。在表彰大会上，总理对个体工商户、私营企业在改革开放以来对国家经济增长的贡献、对解决社会就业问题的贡献做出肯定，还鼓励私营企业继续做强做大，要求企业家们坚守工匠精神、诚信守法经营，并提高企业的社会责任感。这一切让王瑞祥倍感殊荣，同时也深觉责任重大。

2017年，味友的一处5000多平方米、可容纳100多桌的无柱宴会厅和"味港"茶餐厅开业，场内同时兼营粤菜，弥补岛外大型茶餐厅的市场空白。

多模式发展的同时，王鑫始终秉承父亲对真材实料的坚持，采购的鸭子、猪肉、海鲜都要自己把关，连用到的每一款调味料都有自己的标准，在他的心中，餐饮食品的安全、口味是不能妥协的。"创新是想吸引年轻的消费群体，但好的传统不能丢掉。"王鑫说。

味友国贸店

在父亲的言传身教下，王鑫积极参与社会公益活动，向困难户赠送"年夜饭"。每逢节日，带上礼品去慰问村里的老人，资助贫困学生……和父亲一样，王鑫在做公益的过程中很低调，从不张扬。正是对"以味会友，真材实料"的坚持，使他被评为2021年"福建省向上向善好青年"（崇德守信好青年），2022年1月"爱心厦门"建设工作先进个人，2022年12月集美区2022年度经济工作先进个人。

还原本真，挖掘闽南地道传统美食
——佳味馆（厦门）餐饮管理有限公司

佳味馆松柏店（厦门市思明区红雅海沧佳味馆）

佳味馆供图（下同）

  佳味馆（厦门）餐饮管理有限公司由林秋红创立于1993年，主营渔家特色菜肴。因用料新鲜地道，烹调原味健康，被食客口口相传。经历近三十年的精心经营，已成为让厦门本地人赞不绝口的老字号。佳味馆的当家菜品——花雕鲍鱼鸡还曾获第十四届中国美食节金鼎奖。

  佳味馆在厦门共有3家门店，其中佳味馆松柏店（厦门市思明区红雅海沧佳味馆）主推本港特色海鲜，以高性价比闻名，设有多间包厢。佳味馆鼓浪湾店（厦门市海沧区佳味馆海鲜酒楼鼓浪湾分店）在五星级酒店鼓浪湾酒店的二楼，定位海鲜酒楼级别，可承接大型宴席。佳味馆新阳店（厦门市海沧区佳味馆海鲜酒楼新阳分店）占地面积约3000平方米，设有包厢和宴会大厅，可供百人同时用餐。

主要产品

海沧土笋冻

海沧土笋冻。"土笋"又叫"星虫",是一种环节动物,身长3至7厘米,却五脏俱全。土笋冻呈灰白色,晶莹透明,香嫩清脆,富有弹性。冷冻之后品尝,"味道鲜美,爽口",营养丰富。

佳味秘制土龙汤

土龙又叫"食蟹豆齿鳗",土龙是沿海一带的民间说法,能强筋壮骨,所以凡是摔伤、骨折、筋骨酸痛必定想到要吃一帖"药膳土龙"或喝"土龙药酒"。有钱人家总会为媳妇或女儿浸一坛"土龙药酒",以备坐月子时得到最好的滋养和补偿。

秘制土龙汤是佳味馆的另一项传承名菜。这道菜传承已有三百余年,一道温补药膳,选用野生土龙与猪尾骨炖煮,加入海马、海龙等18味食材慢炖三四个小时而成,汤头浓香馥郁,是进补滋养的佳品。佳味馆通过秘制药包烹调制作,几经改革,此美味珍馐已经成为佳味馆食客进补的必点菜肴。

春卷

春卷起源于东晋,如今已是厦门地道餐饮家常小吃,然而各地做法略有不同。佳味馆坚持江石女士传承下来的海沧风味,受到广大食客的认可,食客可以体验自己动手卷春卷的乐趣,底料用虾仁、肉丝、海蛎、

佳味馆的精品菜肴深受消费者喜爱

蛋、包菜、豌豆、豆干、胡萝卜丝等炒制而成，铺上润饼皮，涂上甜辣酱，加入主料，再撒上花生酥、肉松、香菜等各种辅料，一卷春卷就大功告成。一卷春卷下肚，太过瘾了。

花雕麻油鸡

花雕麻油鸡是很有特色的一道菜肴，是以鸡为主料，加入花雕、芝麻油烹制而成。成菜色泽浓郁，鸡肉炖得酥软，令人食欲大增。鸡肉肉质细嫩，滋味鲜美，并富有营养，有滋补养身的作用。动筷之前，先来一碗热腾腾的鸡汤最是驱寒暖身了。

文化传承

土笋冻、炸五香、春卷、豆花……这些承载着浓重乡愁和温暖家庭记忆的闽南小吃，被林秋红的团队精心制作，搬上了餐桌，成为了佳味馆的特色产品，也成为老饕们寻味厦门的必点菜品。林秋红倡导"佳味道，家文化"，扎根本土，以海沧本土小吃为特色，汲取各大菜系精华，尊重闽南菜的传承，几十年来坚守闽南渔家菜风味。"佳味"除天成之外，更是人力、尽心尽力所为。

林秋红对家乡海沧怀着深厚的感情，念念不忘传承闽南饮食文化，为弘扬闽南特色美食文化尽自己的一份力："在城市发展中，很多闽南传统小吃在不断消失，我身为闽南人，应该要更好地传承闽南饮食文化。"她认为要有意识地挖掘、保护厦门老字号，尤其是隐藏在农村、与老百姓生活相关的具有传统特色的饮食产品。林秋红多次自费走访全国多个城市，如杭州、南京、绍兴等地进行调研。她提交的《把老字号与厦门的文化、旅游发展相结合，共同规划发展的建议》引起了政府的重视，对《厦门老字号保护发展办法》的出台起到了推动作用。作为连任五届的厦门市人大代表，她关注民生，认真履职，体现了一个企业家高度的社会责任感，多次被民进厦门市委评为"优秀会员"。她根据自己所熟悉的厦门市餐饮行业存在的问题，提出"关于支持我区餐饮业健康发展的相关建议"，引起了媒体和社会的关注，为政府出台相关行业管理规定提供了建设性意见。她提出的"建设海沧民俗、餐饮文化一条街"、"关于提升厦门旅游形象，完善鼓浪屿及嵩屿周边旅游配套设施"等议案和建议均得到了政府相关部门的高度重视。林秋红先后荣获2020年度厦门市海沧区人大、政协工作先进个人，2021年度厦门市人大工作先进个人等称号。

2019年，佳味馆创始人林秋红作为厦门市人大代表接受厦门卫视采访

谈及为何投身于餐饮行业，林秋红认为"纯属因缘巧合"。林秋红的奶奶江石是归国华侨，见多识广，对吃很讲究，擅长做各种闽南小吃。1986年，江石在海沧区困瑶村毛穴广社创办第一家手工点心作坊，主营闽南小吃制作。林秋红从小看着奶奶与妈妈做饭，耳濡目染之下对烹饪充满兴趣，也学会了不少。

1993年，林秋红继承奶奶江石的衣钵，并将手工作坊扩大再经营，于海沧新大街20号开办海鲜酒楼，命名为"悦宾酒楼"。1999年，更名为"佳味馆"。

1999年6月，佳味馆首家岛内店——红雅海沧佳味馆，于思明区莲岳路开业经营。佳味馆提供的菜品日渐丰富，花雕鲍鱼鸡、清炖土龙汤等经典菜品深受食客喜爱。

2002—2007年，佳味馆的特色菜肴获得专业领域的首肯。2002年，海沧土笋汤、土龙汤分别被中国饭店协会评为中华名小吃、中国名菜；2004—2006年，公司被评为"福建餐饮名店""中国餐饮名店"。

2008年，佳味馆积极响应海沧区对餐饮行业大力招商引资，在沧虹路开了分店。

2011年，成立佳味馆（厦门）餐饮管理有限公司。

2013年，佳味馆参加第十四届中国美食节，载誉而归。白灼章鱼、闽南五香卷、厦门薄饼、紫菜海蛎饼等独具特色的海沧地道闽南小吃获评"中国乡土名小吃"，茶香软壳虾、沙茶猪八珍、水煮小管等融合闽南侨乡特色的菜品获评"中国乡土名菜"，铁棍淮山煲蟹获评"中国名菜"，闽南渔家宴获评"中国名宴"，招牌菜花雕鲍鱼鸡获得第十四届中国美食节金鼎奖。

对传统美食的热爱和坚守，根植在林秋红的心中，除了将家传的美食制作烹饪分享给大家，她更善于发掘隐藏在海沧民间的地道美味。她创办的佳味馆将闽南菜做到了食客心里，让每一道菜都承载着闽南记忆和文化，将每一处山珍海味带到我们身边，还原本真的闽南滋味，令人回味无穷。

2019年，佳味馆获得首批"厦门老字号"称号，创始人林秋红（中）接受授牌

| 名优餐饮 |

服务业航母，多元发展书写传奇
——厦门市舒友海鲜大酒楼有限公司

舒友海鲜白鹭洲店　　　　　　　　　舒友供图（下同）

厦门市舒友海鲜大酒楼有限公司创建于1987年，从昔日厦门鹭江道上一家仅有五六名员工的小小咖啡酒廊，逐步发展成为跨越闽、沪、港地区，集餐饮酒楼、商务娱乐、桑拿SPA、自助式KTV和酒业商贸等多元化连锁事业于一体的综合性大型集团企业。今天的舒友，作为厦门乃至全国餐饮业的知名企业，已拥有14家酒楼、2家大型娱乐会所、2家时尚桑拿会所、2家自助式KTV和1家酒业商贸有限公司，总营业面积逾9万平方米，员工8000多人，年营业额达6亿元。2019年被厦门市商务局核定为厦门老字号。

2019年获"厦门老字号"称号

经营之道

在舒友的发展历程中,跳出舒适圈,尝试新业态,是舒友获得成功的动力之源。舒友走出厦门,北上上海、福州,南下香港开拓产业,并取得成功,展现了改革开放以来,厦门企业家勇于开拓、勇于创新的海洋文化精神。以舒友为代表的厦门海鲜文化,在博大精深的中国烹饪文化领域中占据了越来越重要的地位,体现了厦门人为弘扬中华饮食文化、发展餐饮业民族品牌的意识,为提高中国餐饮的软实力做出了表率。

"原材料、出品和服务是舒友海鲜的三板斧",这是舒友对自己成功之道的总结。对于高端餐饮来说,这"三把板斧"也是最难练成的功夫。舒友打造自己专属专门的供货渠道,从采购到第一手优质货源,这使得舒友在原材料方面,无论是品类、质量,还是价位,都更有优势。

舒友闻名于世的自然是海鲜。舒友呈现的"厦门菜",在于开放、融合和创新。一开始,舒友是把粤菜的本味特色融入闽菜的创作中。在不断学习和交流中,舒友不仅创新了粤菜和闽菜,更在此基础上摸索出了一套独特的海鲜烹饪方法,自成体系,创新了厦门菜的概念。

对于舒友来说,其经营理念的执行者是其品牌成功的关键。在舒友十多家连锁酒楼中,会聚了一大批港粤名厨,其中不乏中国烹饪大师、特级烹调师和美食营养师等,使得舒友菜品始终保持极高的水准。与此同时,在企业二十多年的经营运作中,企业广阔的烹饪平台也为舒友培养了一批又一批的精英厨师和出品研发团队。舒友充分发挥和利用连锁平台的资源优势,一家分店研发出一道新菜,一经综合交流,就意味着每家店都能一次性共享十几道新菜。其综合业界厨房先进管理并结合企业特色总结出的"舒友厨房常态管理模式"已取得良好的效果,其厦门和上海多家门店的厨房均被卫生管理部门列为酒楼厨房的管理标准。

舒友海鲜大酒楼白鹭洲旗舰店

舒友白鹭洲店地处鹭岛政治金融版图绝对中心区域,坐享白鹭洲公园十多万平方米的花园绿地景观,拥有100多个独立停车位,且周边车流四通八达。白鹭洲舒友拥有一个时尚、温馨、前卫、能容纳60多桌的宴会大厅,LED环绕影像极具潮流气息,门庭磅礴大气,装潢新派奢华,设施用品时尚名贵，加上 30 多间豪华温馨的国宾贵宾包房，无一不彰显舒友旗舰店高大上的风采。身处白鹭洲舒友，您将体验至尊的贵宾服务享受，亲身感受舒友海纳百川的华贵与大气。

舒友海鲜大酒楼欢乐园店

舒友厦门欢乐园店开业于 2001 年元月 18 日，地处风光旖旎、景色秀丽的白鹭洲花园广场，坐享美丽旖旎的筼筜湖风光。舒友欢乐园店与白鹭洲舒友不足千米之距，且与舒友旗下红馆自助式 KTV 相邻相伴，营业面积超 5000 平方米，拥有 30 多间豪华的国宾贵宾包房，和一个能同时容纳 40 多桌大型宴席的宴会大厅。得天独厚的地理优势，温馨幽雅的用餐环境，便捷通畅的泊车场所，让您每一次在欢乐园店的用餐之行都将宾至如归。

舒友海鲜大酒楼白城店

完全面向"金字塔尖"消费群体定位的舒友酒楼白城店，位处厦门美丽的白城海滨与知名学府厦门大学的相间区域，于 2009 年 6 月 19 日结彩开业。

舒友酒楼白城店占地面积逾 8000 平方米，拥有 21 间顶级奢华的国宾包房和一处尽享浪漫幽雅的情侣商约雅座。矗立于花园山顶的会所外观形似悉尼歌剧院般高贵华丽，270 度敞开式的环海景观令人心旷神怡，而由珍贵花卉盆景构筑起的园林式景色更是令白城店锦上添花。除此之外，店内的进口剪花地毯、名牌布艺沙发、精致考究的名品家私、高雅亮丽的水晶吊灯，以及那选自各家分店百里挑一的服务明星，和由港粤名厨精心主理的各款舒友名点名菜，无不令舒友白城店作为舒友高端旗舰店的形象与荣誉实至名归。步入舒友白城店，举步抬首，方寸之间尊荣与华贵无处不在。

舒友海鲜大酒楼白城店

小舒友虎园店

小舒友大排档系舒友集团旗下定位于大众化消费的新创品牌，于 2014 年 6 月 17 日在厦门虎园路惊艳亮相。营业面积 1600 多平方米，拥有 8 间包厢和一个宴会大厅，能同时容纳 500 人就餐。是各界宾客家庭用餐、朋友聚会、商务宴请的至上之选。

小舒友槟榔店

槟榔小舒友位于厦门著名的福津大街繁华商圈，周边交通四通八达且地理位置极为优越，处地区域闹中取静，但却人气指数极高。于 2014 年 9 月 18 日正式营业，面积逾 2000 平方米，拥有一间敞亮的迎宾大堂、15 间贵宾包房和一个宴会大厅，能同时容纳 500 多人就餐。这无疑为鹭岛的各位吃货提供了一处上佳之选。付排档的消费，享酒楼的品质！

舒友海鲜姿造海湾店

舒友海鲜姿造海湾店位于风景旖旎的厦门海湾公园，毗邻集团旗下诺亚金樽，且共享多达 300 个车位的大型泊车场所，餐厅营业面积近 2000 平方米，共有 300 多个餐位。海鲜姿造正是融合了海鲜料理烹饪之智慧与精华，立足中国传统海鲜火锅文化的基础上，勇于突破，颠覆传统，积极致力于打造集高端、新鲜、丰富及时尚为一体的海鲜盛宴。金字招牌、丰富食材、精致摆盘、时尚奢华的装修，赏景就餐的方式，将共同捧托起舒友海鲜姿造作为厦门海鲜自助的雍容与华丽。

舒友海鲜姿造海湾店

舒友海鲜姿造红馆店

舒友旗下海鲜姿造开启厦门第二家分店——舒友海鲜姿造红馆店。新店在红馆自助式 KTV 三楼，营业面积近 2000 平方米，拥有 300 多个餐位。金字招牌、丰富食材、奢华装潢与周到服务，必将令您的每一次品鉴回味无穷。

文化传承

能够站在厦门餐饮品牌领航者的地位，赢得如此之多的好口碑，这不仅因为舒友极富传奇色彩的董事长陈有鹏先生的运筹帷幄，更在于舒友集团二十多年来在品质追求方面几近苛刻的要求。

陈有鹏出生于 1962 年，和那个年代的多数青年人一样，他等不及初中毕业就参加了工作，到当时的厦门金属制品厂当了一名工人。四年后不甘现状，辞职下海。

1980 年，厦门成为经济特区，鹭江道是旅客通向鼓浪屿的必经之路，第一码头是本岛赶海渔民的集散地。1985 年，陈有鹏敏锐地嗅到商机，在鹭江道这个人流如织的地方开了家食杂店，此时厦门改革开放逐渐进入深水区，一些外来服务业如雨后春笋，咖啡厅、舞厅纷纷登场。1987 年，陈有鹏的食杂店变身舒友咖啡厅，效果立竿见影，"生意很好"。来喝咖啡的客人多了，有的客人聊着聊着不知不觉就过了饭点，让店员叫外卖来充饥。陈有鹏意识到兼做小炒其实并不耽误卖咖啡，后来看到小炒的生意比咖啡好做，陈有鹏停了咖啡，专门做起了小炒，于是舒友咖啡厅变成了舒友餐厅。这便是今日舒友海鲜大酒楼的最早雏形。

为了保证原材料的新鲜和优质，陈有鹏夫妻俩每天都会起个大早，轮流到第一码头采购海鲜。舒友餐厅隔着马路就能看到海鲜采购地，加上两口子的用心挑选，当时光顾舒友餐厅的客人，基本上都能吃到本港活蹦乱跳的海鲜。

夫妻俩还慕名把本岛"酱油水"做得最好的厨师请到舒友餐厅。当时的厦门并没有什么大的外来菜系，以海鲜为主要原材料的闽菜"酱油水"系列很容易受到青睐，新鲜的原材料辅以迎合大众口味的厨艺，舒友餐厅很快就风行起来。在鹭江道从食杂店到舒友餐厅的经历，成为陈有鹏的人生转折点。

1994 年，营业面积超过千平的舒友海鲜酒楼在厦门火车站商圈开出。

舒友不断研发新品，开办以来推出了不少精品菜式

作为国内餐饮行业的第一批探路者，如何运营管理成为舒友亟待攻克的课题。陈有鹏开始到香港、深圳、广州等地考察取经，到开出第三家分店时，对于如何管理，他成竹在胸。

进入20世纪90年代的厦门日益展现出特区繁荣的一面，一些来厦门经商和旅游的外地客人，在舒友点菜时，对粤菜的偏好，让陈有鹏看到了厦门餐饮业的另一种商机。1995年，他在湖滨南路开出了名下的第三家门店，即"香港城"舒友，主打粤菜，超过3000平方米的经营面积居福建行业之冠。陈有鹏从广东引入了包括厨师和店长在内的整个粤菜管理团队，这种模式在厦门的餐饮业中令人耳目一新。专业团队的管理能力，马上体现出与众不同的竞争力，地道的口味和优质的服务，"香港城"再次一炮走红，"香港城"和舒友成为高端餐饮的代名词。

1996年，陈有鹏在滨北中行大厦开出营业面积超过8000平方米的舒友海鲜大酒楼，单店面积成全省之最，被视为"厦门餐饮航母"。这家餐饮航母并没有因为超大体量而冷场，再次引爆客流热潮。

1998年，陈有鹏挥师北上，舒友上海首店落子西郊。令客人满意的服务无疑是舒友打开上海市场的关键。那时候的上海滩，"消费者要先买单，然后凭票到窗口取菜"，舒友反其道而行之，先落座后点单，并善意提醒消费者"不够再点"的家人般服务模式，让上海消费者真正做回了上帝，"感觉很亲切，也很舒服"。

陈有鹏自己也没想到，此前在厦门十年打拼江山积累下来的服务模式，居然会成为征服上海的制胜法宝。更没想到，舒友在上海的出师告捷带动了厦门餐饮业的集体北上，2000年前后，上海的餐饮市场上陆续出现了许多厦门人耳熟能详的餐饮面孔，舒友借此也进入了高速发展期。布局上海之后，舒友上榜中国十大餐饮企业。舒友在上海的发展，传递着厦门餐饮文化，无形中为厦门的观光旅游打开了一扇窗，诠释着"厦门印象"中最引人注目的一面。

2009年，在上海站稳了脚跟后，舒友把海鲜大酒楼开到了福州。此后，红馆自助KTV和金樽演艺会所也先后在福州落地。

市场外部环境瞬息万变，及时多元化的转型升级发展，让舒友迎来了

舒友海鲜姿造红馆

新的春天。在厦门，陈有鹏开始试验迎合大众消费的大排档，2014年开张的槟榔菜市场、虎园路两家小舒友，在高端餐饮遇冷后，不出意外地火爆。舒友海鲜大酒楼排队吃饭的盛景，在小舒友再现。而2015年、2016年先后开张的舒友海鲜姿造和好彩海鲜火锅，以及2017年开创的舒尚音乐餐厅也是陈有鹏应对新形势的一次新业态试验。外卖服务、演艺网红、汽车超市这些看起来八竿子打不着的产业，在舒友被有机地串联在一起，陈有鹏正满怀激情地进行"互联网+传统产业"的一次次实践，以期在互联网经济大潮中，不落伍于时代，并推动着传统产业的转型升级。

鹭岛明珠，千磨万搓出佳肴
——厦门市亚珠大酒楼有限公司

祥禾广场的亚珠大酒楼　　　　　　　　亚珠供图（下同）

　　厦门市亚珠大酒楼有限公司创建于 1982 年，至今已有 40 多年的历史，从昔日厦门鹭江道上一家简陋的小吃摊开始，"亚珠"这个品牌标识便伴随着创始人蔡约珠的名字孕育而生，蕴含着对"风味传东亚，文化胜珍珠"的事业追求，绿色品牌标志的创造灵感来自公司的招牌菜"白灼章鱼"，绿色代表健康，形态象征着闽南人善于抓住一切发展机遇的勤劳与拼搏精神。"三天不沾其味，便不知珍馐美味之感"是食客们对这道招牌菜给予的高评价。

　　亚珠属于品牌化管理连锁事业型企业，旗下集餐饮酒楼、物流配送中心及生态旅游观光园区为一体，总营业面积逾 2 万多平方米，员工 1000 多人。作为厦门老字号，亚珠始终秉持着"弘扬厦门味道，传播厦门文化"的经营理念，让顾客在对厦门的发展赏心悦目的同时也能感受到老厦门的文化底蕴。

与此同时，亚珠倡导绿色健康、节能环保，时刻把顾客的食品安全摆在首位，凭借一直以来诚信经营的良好声誉、出色的品牌效应和独特的经营理念，先后荣膺"国际餐饮名店"、"中华餐饮名店"、"省著名商标"、"市著名商标"和"市老字号"等诸多荣誉，招牌菜"白灼章鱼"荣获"国际美食质量金奖"和"中国名菜金鼎奖"等奖项。

2019年亚珠被核定为厦门老字号

主要产品

白灼章鱼

亚珠招牌菜，纯手工磨制的白灼章鱼曾获得"国际美食金鼎奖"。章鱼含有丰富的蛋白质、矿物质等营养元素，经过亚珠独家磨制技艺后冰镇，章鱼口感韧性十足，兼具脆、嫩、嚼劲，再蘸上秘制的两款酱料，入口更加满足，还有酸爽的酱萝卜解腻。

沙拉鲍鱼

亚珠的经典时尚概念菜，西式沙拉与中式鲍鱼的精妙搭配，鲍鱼的孜然香融合了沙拉的清爽味。鲍鱼的肉质细嫩，鲜而不腻，而且营养价值极为丰富，含有二十种氨基酸，还

亚珠大酒楼的特色招牌菜

有较多的钙、铁、碘和维生素 A 等营养元素。

脆皮乳鸽

脆皮乳鸽肉质富有弹性，肥瘦适中，且肉味甘香馥郁。在炸鸽过程中，要细心清除鸽颈上的肥膏，下油锅前还要晾干鸽身上的水分，才能炸出皮脆肉嫩的效果。

满月油饭

闽南人摆满月酒必备的一道菜，"顺月"得子的人家，在婴儿诞生的第三天、一个月、四个月和一年都要庆贺，叫作庆"三朝"、"做满月"、"做四月日"及"做度脐"。特别是生育第一胎时，不管生男生女，普遍要庆贺。亚珠地道的闽南风味油饭以糯米为主料，红枣、莲子、香菇为辅料，油而不腻，味道可口，除了内供，外送预订也应接不暇。

传统技艺

白灼章鱼磨制技艺

亚珠的秘制章鱼，最让顾客称道的就是它的鲜和脆。

每天下午时分，亚珠大酒楼的冰库开始迎接活章鱼的到来，数百斤的章鱼软塌塌地相互依偎缠绕。需要将活章鱼分装在铁盘里，将其放置在零下 40 摄氏度的冰库冻上一晚。次日，将章鱼取出，让其自然解冻，并且不能沾到一点水，这是白灼章鱼吃起来脆的第一个秘诀。待章鱼解冻至一定程度时，往里加入盐，因为盐巴可以增加章鱼之间的摩擦，去掉吸盘上的黏液。随后，至关重要的磨章鱼工序就开始了。

白灼章鱼好吃的第二个秘诀，就是研磨。磨章鱼，讲究的不仅是手的力度，还要动作规范。不仅要顺时针、逆时针划圈，还要上下均匀地翻动。在磨的过程中，章鱼会慢慢变硬，用手指轻轻掐一下章鱼触须，触须很容易断的时候，就说明"火候"差不多了。重复的动作，听起来简单，但这道工序必须手工研磨持续一个半小时，中间不能停歇。如果使用机器研磨，章鱼很容易被绞断，品相不佳，因此数十年来，亚珠都是采用手工研磨，保障白灼章鱼的品质和口感。

磨好的章鱼被冲洗干净，工人进行修剪，然后放入煮沸的姜水中去腥，捞出，紧接着放进冰水中，让其迅速冷却。最后将冷却的章鱼储存在冰块里，以备食用。

新鲜的章鱼配上特别制作的蘸料，才够美味。秘制辣酱、芥末酱油、酱油与醋，食客可根据个人喜好，选择不同的调味。

文化传承

亚珠是由蔡约珠女士在1982年凭借100元创业资金，于厦门鹭江道摆起的小吃摊发展而来，经营煎豆干、炸海蛎、炒煮小海鲜等闽南原乡风味小吃，她以热情的服务和诚实的品质赢得了食客的青睐，因而都亲切地称呼她的乳名"阿珠"。1996年创办的"亚珠"餐厅，也源于她的乳名。朴素简洁又极具雅致的环境，原汁原味的闽南口味，热情周到的服务，使其生意蒸蒸日上。亚珠名菜"白灼章鱼"也是从这里开始走向了更高的舞台，更是获得了"国际美食质量金奖""中国名菜金鼎奖"等奖项。

2001年，亚珠餐厅扩大规模，改名为亚珠大酒楼。亚珠大酒楼成立后，在菜品上大胆创新，研制出沙拉鲍鱼、鲍鱼捞饭等特色名菜。凭借着地道风味、可口美味和到位的服务，亚珠大酒楼在市民、游客心中积攒口碑，一步步发展壮大，成为厦门人举办尾牙宴、生日宴、婚宴、满月酒等宴席的热选酒楼，先后拥有8家大小规模的直属门店，每家门店都能为食客提供新鲜的海鲜菜肴和极富特色的闽粤系菜品。

亚珠餐室老照片

与此同时，亚珠针对不同客群，以多元化、多样化的经营模式不断拓宽事业的边界。除了团餐、堂食、宴会之外，对外输出菜品，提供如佛跳墙、福临鲍鱼花胶鸡、大盆菜、海鲜盛宴礼盒等半成品、冻品以方便顾客在家稍加工就可以食用亚珠品质的佳肴。

2020年，亚珠再出发，亚珠大酒楼江头店正式更名为"亚珠·百家宴"，持续深耕"宴"文化。作为有着深厚积淀的老字号，比"新"更比"根"，亚珠所代表的不仅仅是美食的匠心技艺，更是对中国传统文化的传承和发扬。

亚珠·百家宴，空间面积2000多平方米，可承接各种宴席，为每一位客人量身定制主题方案。挖掘各宴席文化内涵，深入整体设计，大到以"福禄寿喜"为原点的设计，小到一物一景，无不体现出宴席与闽南特色氛围的营造，在民俗传统文化与现代审美间找到平衡。

亚珠·百家宴

2022年，针对年轻消费群体，亚珠在集美新城开了升级版的高级轻奢餐厅——亚珠·福建菜。在装饰风格上采用轻奢的新中式风装潢，宽阔的空间搭配暖色灯效，弧形玻璃砖隔断很有质感，再加上中式的木元素，整体风格雅致轻奢，空间布置充满新中式的时尚与高级感。菜品也从亚珠大酒楼的宴会菜向少而精转变，更加符合年轻一代消费习惯和喜好。食材的鲜美，口味的地道，摆盘的精致，环境的幽雅，使其堪称岛外本地菜的天花板。

亚珠·福建菜

为大力弘扬闽菜文化，进一步打响闽菜品牌，促进闽菜文化交流，亚珠倾心打造高品位的美食场所，将传统大型中餐与特色餐饮相结合，形成独特的经营模式。坚持好食材，用心做闽菜，以中式海鲜及闽菜，全方位品尝闽南风味。综合各类特色菜肴为一体，独具匠心，满足不同消费群体的不同需求，打造食安健全体系的大型餐饮企业。

如今亚珠大酒楼仍在不断发展延续，但是对每一道菜品品质的执着追求和探索精神，对食品安全的重视和诚信经营的理念永远不会改变。

亚珠·福建菜

凭海临风，家常中见创意
——厦门市思明区中燃海鲜酒楼

中山路海口的中燃海鲜酒楼　　　　　中燃供图（下同）

　　厦门市思明区中燃海鲜酒楼就在中山路轮渡码头附近的海后路街巷里，这家老店自 1987 年开业至今已经在这里度过了 36 年，其前身为中燃劳动服务公司中燃餐厅。这里曾经是来自世界各地远洋水手品味厦门美食的首选之地，也是中山路街坊邻居钟爱的聚餐之所。其字号"中冉"，取餐厅名称"中燃"谐音。1992 年，洪秀琴承包经营中国船舶燃料供应公司厦门分公司中燃餐厅，从此洪秀琴靠着稳定的菜品质量留住了一批批新老食客，从最早的一间小店到如今的三层楼，中燃海鲜酒楼的发展历程见证了厦门海鲜酒楼的发展史。

　　2019 年，中燃海鲜酒楼凭借 30 余年不

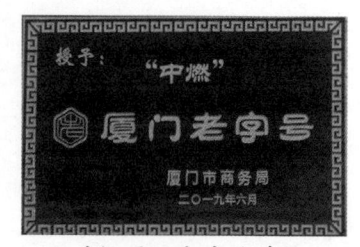

首批厦门老字号单位

变的品质，始终坚守正宗地道的厦门味道，成为首批"厦门老字号"单位，并且在2019年品牌中国健康产业高峰论坛上获得"诚信示范品牌"荣誉。

主要产品

白带鱼焖黄花菜

将白带鱼切段后油炸，再放入高汤中熬煮。特别之处在于汤底，大骨熬制的汤底中调入了微微辣酸后更加开胃，还有爽脆的黄花菜和魔芋结作为配菜，口感丰富许多。

鲍鱼封肉荷叶包

在传统封肉的基础上，进行改良，增加了小鲍鱼托底，改变了封肉味型，增加了鲜味。猪肉提供人体活动必需的优质蛋白质、脂肪，鲍鱼所含有的多种维生素和微量元素能够促进人体新陈代谢，提高免疫力，加上香菇、栗子等辅料的点缀，用荷叶包裹蒸制，成品淋上秘制酱汁，清香扑鼻，鲜而不腻。

港式椒香石斑鱼

精选新鲜石斑鱼，洗净片好，再采用青花椒秘制。鲜嫩的石斑鱼块在青花椒的作用下，有了微麻的口感，鱼皮嫩滑，吃起来外酥里嫩，还有淡淡的鲜花椒香味更为这道菜增添了亮点，丰富多层次的滋味让人食欲暴增。

中燃的经典名菜和新式菜品同样都受到消费者的喜爱

经营之道

精选原料，专属菜单。"用好的原料才能做好菜"，是中燃海鲜酒楼的核心理念。多年以来，中燃海鲜酒楼坚持把好食材关，精选新鲜蔬果、优质肉品和鲜活鱼虾，让中燃海鲜酒楼的每一道菜品在食材的自然本味中，将传统地道的厦门味道传递给每一位消费者。不仅如此，中燃海鲜酒楼还秉承"服务至上"的理念，为食客们准备"专属菜单"，比如四川、湖南等地的顾客要加辣，东南亚华侨口味清淡，要少油少盐，所有口味需求都一一备注在菜单上。

在厦门的老城区，穿梭在古旧的骑楼间，看似普普通通的小酒楼，都可能是历史悠久的美食传奇，隐身在轮渡码头附近海后路的中燃海鲜酒楼就是这样的美食传奇之一。缔造这一传奇的是洪秀琴（1956年生）和她的伙伴们。

中燃餐厅开办之初为职工餐厅，1987年1月，厦门船舶燃料供应公司成立，因职工用餐难问题，时任公司总经理洪建明向上级主管部门申请开办职工餐厅，获得批准后由办公室主任洪永忠筹建餐厅，于12月完工。除了对员工供餐外还对外经营，主要品种有厦门特色美食，如糖醋鱼、海蛎煎、沙茶面、卤面、馒头、包子、花生汤、油条等。当时远洋邮轮停靠在厦门港码头补充燃料时，船员们便会来到中燃职工餐厅小聚，品尝品尝厦门美食，享受享受厦门的浪漫，洗去一路漂泊的疲惫感。因此，中燃餐厅的美名就在船员中广为传播。地道的厦门味不仅吸引了来自世界各地的远洋船员，也为轮渡、中山路一带的居民所喜爱，携家带口到中燃职工餐厅就餐的不在少数。

1991年因经营需要，成立厦门中燃劳动服务公司餐厅，菜品增加了不少花色。1992年，餐厅进行改制，引入承包机制，身为中燃餐厅一员的洪秀琴，对餐厅充满感情，看好餐厅的发展前景，就与中燃厦门分公司签订承包合同，接手中燃餐厅的经营，洪秀琴就此走上了创业之路。

此后，洪秀琴就将全部的精力投入到餐厅的经营中，从店面的重新布置装修，到餐厅菜单的调整，再到厨师团队的磨合，以及服务特色的打造……无一不亲力亲为。焕然一新的中燃餐厅，以海鲜为主，在保留闽南特色传统菜的基础上有机地融入粤菜、东北菜、四川菜等，主要以清蒸、酱油水、干煎等传统闽菜及粤菜烹饪方式为主，融入其他菜系进行组合搭配，呈现出各式创新又颇具特色的精美菜品。葱姜蟹、虎鳗汤、乌鱼鳗煲、芋泥鸭、特色苦螺肉羹汤和白带鱼煮黄花菜等中燃独家秘制的菜品成为中燃餐厅的特色。

　　凭借着新鲜的原材料选用、精湛的厨艺、精细化管理以及良好的服务品质，餐厅规模不断发展壮大，经营面积从最早的 60 多平方米小门店扩大至占地三层的海鲜酒楼，经营面积 1500 多平方米，并于 2003 年正式更名为"中燃海鲜酒楼"。洪秀琴曾是一名国营副食品厂的员工，又从事多年的餐饮行业，深知餐饮行业的命脉就是"呷鲜"。因此她对食材新鲜度的把控近乎严苛，食材和配料都要亲自管控和把关，不是新鲜捕捞、活蹦乱跳的海鲜就不选用，以保证烹饪出来的海鲜菜品纯正味美，无添加任何杂质，是天然、健康、纯正的鲜味。在提供服务的同时，洪秀琴还注重客人的建议与反馈，根据顾客的建议，适度调整菜品，并会根据顾客的口味喜好提供"专属菜单"，因此酒楼深受海内外顾客的喜爱，拥有许多老顾客、回头客。有些顾客小时候经常跟着父母来就餐，长大了离开厦门去外地学习、工作，每次回到厦门，都会到中燃海鲜酒楼过一把家乡海鲜瘾，而洪秀琴还记得他们小时候的模样，和他们聊聊家常、赠送一道菜品也是常有的事。这种熟悉、亲切的感觉不但抚慰了归家游子的心，也拉近了中燃海鲜酒楼与顾客之间的距离。

酒楼内的海鲜池里各种生猛海鲜应有尽有

领先匠艺

如丝如缕，守护手工面线百年技艺
——厦门市同安区杨金灿面线制造厂

杨金灿制作手工面线　　　　　杨金灿供图（下同）

　　厦门市同安区杨金灿面线制造厂是由云洋村杨金灿（1967年生）创办的。杨金灿自小看着村里人制面线、晒面线，耳濡目染之中自然而然地承袭了这门手艺。1980年起，他先后在云洋泉源面厂、格仔面厂当学徒，学习手工面线制作技术，三年苦行僧般的学徒生涯，杨金灿于1983年正式成为独当一面的手工面线技师。1985年8月，他在家乡同安云洋村建立了手工面线小作坊，与妻子叶淑芬一起制作手工面线，产品销往泉州、厦门等地。

　　2016年，在厦门市市场监督管理部门积极筹划下，云洋村8家手工面线作坊获福建省食品生产加工小作坊生产加工条件核准证和营业执照，杨金灿面线就是其中一家。这项举措挽救了传统手工面线制作技艺，让传统小作坊重获新生。杨金灿制作的手工面线正式被纳入食品安全的监管范围,从今以后可以"光明正大"地进入大型商超销售。

杨金灿手工面线小作坊有了营业执照之后,还成为厦门市15家食品生产加工小作坊的示范点之一。杨金灿注重知识产权保护,2018年2月,为自己的手工面线注册了"杨金灿"商标。2018年6月,荣获2016—2017年度文明经营户。2019年6月,厦门市商务局认定"杨金灿"为厦门老字号。2021年,荣获供厦食品"鹭品"标识的三年使用授权(2021年6月—2024年6月)。

主要产品

手工面线

云洋村的手工面线就是地道的厦门面线,保存期可达一年。云洋面线特别有韧性和弹性,一捆晒干的面线即便抛到地上,也不会轻易折断。放到热水里煮上4个小时也不会糊成一团,捞到碗里还是一根根规则的面线。面线又细又长,有师傅测量过,23根面线的直径总和仅有1厘米。不仅如此,云洋面线的口感特别好,有一股特别的咸香。因此,它远近闻名,供不应求。

2019年"杨金灿"面线被认定为厦门老字号

杨金灿的手工面线远近闻名

传统技艺

同安云洋传统面线制作技艺

手工面线是厦门传统手工面制品，堪称中华传统工艺。做手工面线不仅是"技术活"，还要"靠天吃饭"，对气候的温度、湿度都是有要求的，单单在风干这个过程中，风大小、湿度高低、光照强弱，都会影响面线晒干的程度。若风太大，面线会纠缠、粘连在一起。若湿度太大，面线容易下坠坏掉。若太阳太大，晒太久，面线太干也会断。在天气晴好的夏季和冬日，是手工面线制作的旺季，经由日光曝晒，而散发出的面香，是机器所取代不了的。用这种方式制作出来的面线不但可以保存得久，且煮起来口感带劲。

手工面线以优质上等小麦粉、食盐为原料，玉米淀粉为辅料，采用传统独特的工艺，制作过程由和面、分面、切条、上架、入轨发酵、拉面、定型、晾晒、包装等12道工序组合而成，工序复杂且一做便是一整天。十来个小时才能拉出一条条口感带劲的雪白面线，相当费时费工，且每个步骤环环相扣，时间掌握、力道拿捏、湿度控制等全凭经验。

文化传承

在云洋，手工面线的制作历史有百年以上。据记载，云洋村杨氏克眉、克安两兄弟在清道光、咸丰年间已因制作手工面线而发家，各盖了一座大厝。

20世纪云洋手工面线公私合营，由村集体和从业者合资成立泉源面厂，分手制、机制、熟面三班组，用工百余人。后来手制面线组独立分出成立格仔面厂，杨树森为负责人，有工人40多人，1982年至1991年为厦门粮食局代加工手工面线。此后，因失去统一销售渠道，格仔面厂逐渐萎缩，从业者自立，云洋手工面线又回归到夫妻作坊时代。

云洋村手工面线是地道厦门面线的代表，和外地面线相比，云洋面线保存期能长达一年，靠的就是制作手艺。手工面线制作是"靠天吃饭"

的，以食盐、小麦粉、水为原料，不同时点食盐用量不同，温度高时高盐，温度低时低盐。上半年雨水多，一个月只有十来天适合制面，下半年一个月可以连续制面 25 天以上。云洋面线特别有韧性和弹性，一捆晒干的面线抛到地上也不会轻易折断，放在水中煮 4 个小时也不会糊成一团。面线又细又长，有师傅测量过，23 根面线的直径相加仅约 1 厘米。

为传承百年技艺，遵循古法制作，云洋村注册了"群晟"手工面线集体商标，今后还将就手工面线制作技艺申报"非遗"，将传统手艺发扬光大。作为莲花镇云洋村的"一村一品"，镇政府计划分批分次扶持面线作坊发展，在保留传统手工制作特色的同时，进一步推动完善作坊生产条件，形成观光旅游亮点，进一步提高同安手工面线的知名度。

手工制面是个辛苦活，凌晨 4 点多，夜凉如水，杨金灿和他的妻子叶淑芬早早就起床，开始了一天的忙碌。他们穿着白色的工作服，戴着口罩和帽子，走进布局合理、分工明确的工作室，材料区、工具区、加工区、包装区，秩序井然，头顶上的瓦片屋顶已被现代吊顶取代，墙上挂着操作规范、卫生条件等提示牌，原先的水泥地板也铺上了瓷砖。手工制作面线有十多道工序，揉面、抽面、拉面、甩面、晒面、折面等，一道紧跟一道，一般要忙到晚上 8 点左右才能完成一天的手工制面过程。杨金灿的小作坊每天制作面线需消耗面粉 100 多斤，杨金灿夫妇日复一日、年复一年，坚持手工制作已有 30 年。

在同安云洋村晾晒场上，如丝如缕的手

"靠天吃饭"的云洋手工面线对温度湿度的要求很高

晾晒场上如丝如缕的面线

工面线挂在竹竿上，享受着阳光的温度，细长的面线随风起舞，在空中勾勒出美丽的弧线，散发着面粉的清香，弥漫着记忆里的古早味。杨金灿在传承百年技艺的同时，不断揣摩制作技艺，在作坊墙上挂上了温度计和湿度计，根据不同的温度、湿度，配比不同比例的食盐，使面线质量更好、口感更佳。这使得他制作的手工面线在市场上更占销售优势。

在杨金灿的言传身教下，他的女儿杨雪晴（1991年生）对传承百年的制面技艺怀着敬畏之心，在父亲杨金灿的指导下，不仅能熟练操作整个面线制作过程，而且深谙手工面线制作技艺精髓。杨雪晴对手工面线与时代接轨有着年轻人的见解，她的接棒为手工面线这项传统工艺注入了新活力。

杨雪晴查看面线干燥程度

| 领先匠艺 |

南洋沙嗲，成就中国沙茶
——厦门市陈有香调味品有限公司

陈有香调味品厂房　　　　　　　　陈有香供图（下同）

厦门市陈有香调味品有限公司起源于20世纪30年代，商务部首批认定"中华老字号"企业，是厦门获得"中华老字号"、"福建老字号"和"厦门老字号"三项认定的七家企业之一。

"陈有香"遵循祖训"业德为品德，商道即人道"，坚持"质量生存，诚信发展"的理念，80多年来，"一心一意做产品，心无旁骛干实业"，让更多人了解沙茶文化，吃到放心、营养、正宗的沙茶，让陈有香调味品代代流传，助推民族调味品牌不断创新发展。

2006年"陈有香"被认定为中华老字号

主要产品

陈有香沙茶酱

酱香独特,甄选地道食材精心制成,手工炒制香料,对火候的掌握有一定要求。沙茶酱为即食产品,可用于火锅蘸酱、烧烤酱、拌酱、面汤调料食用,口感绵长,辣度温和,略带有一丝香甜,令人回味无穷。

陈有香沙茶辣

在制酱的基础上加入辣椒粉及其他香辛料混合搅拌,形成一种油粉状制品,方便携带运输。制品鲜、香、辣,有助于增进食欲。沙茶辣作为基础原料可以用于各种美味佳肴,如闽南特色小吃"沙茶面",部分菜系如沙茶焖牛肉、沙茶火锅、沙茶里脊肉片、沙茶烤肉、沙茶炒粿条、沙茶汤锅等,形成独特风味。

享誉海内外的陈有香沙茶酱 　　陈有香沙茶辣

传统技艺

沙茶制作工艺

陈有香制作的沙茶保留古早风味,将辣椒、花生、黑白芝麻、葱、蒜、海虾、香草等20余种香料手工炒制,再进行磨酱,并结合现代工艺煮成酱体。最后灌装成品,既保留传统工艺,又符合食品要求,并为方便

人们出带，加入辣椒粉，形成一种油粉状的制品，取名沙茶辣。其风味独特，别具一格。

文化传承

沙茶原是印尼的一种风味食品，印尼文为"SATE"（沙嗲），原意是"烤肉串"。而沙茶在马来语中又称"沙嗲"，"嗲"和闽南语的"茶"译音相似，在闽南语中"沙嗲"和"沙茶"是通用的。厦门人在向外地人介绍"沙茶"时，总会提及其源起南洋，在厦门被发扬光大。在小小的调味里，蕴藏着闽人下南洋的历史。

出生于1910年的陈高劝在12岁那年因家境贫寒而背井离乡，漂洋过海到马来西亚、新加坡投靠亲戚谋生，学得一手当地制作沙茶酱等辣酱的好手艺。1936年，26岁的陈高劝回国，以挑担为生，从安溪老家往返于漳州、厦门等地叫卖沙茶酱。

1938年，陈高劝在厦门市营平路39号开办家庭手工作坊，起商号"陈有香调味品社"，以制作、贩卖沙茶酱等辣酱及咖喱为主。前排沿街三十平方米为店铺，后排六十平方米为加工区，当时的生产设备主要是石臼，将原料放在石臼里，用脚踩石臼杵子，一次一次地舂碎，炼出的沙茶酱料，让人食之欲罢不能。后来，陈高劝在南洋制辣技术的基础上推陈出新，潜心钻研生产沙茶"辣"的技艺，把制辣原料从原来的十几种增加到二十多种，产品除酱体型外，还创制了粉体型，既保持原有的风味，又便于贮藏和携带，不仅驰誉闽南地区，连旅居海外的侨胞也纷纷慕名前来购买。"陈有香"的沙茶、咖喱味道奇佳，被人传称为"沙茶陈""咖喱陈"。

"沙茶"这种来自异域他乡的调味品，在陈高劝的巧妙变通中，经过本土化的改良之后，就地取材，让沙茶酱更别具风味，食后甘爽于喉，开胃沁脾又回味无穷。沙茶酱变成了深受本地居民喜爱的地方特产，随着时间的浸润，渐渐衍化成代表厦门乃至闽南地区的饮食风尚。

在"陈有香"的发展历史上，还有一段值得书写的红色故事。1938年5月10日，日军从泥金、五通一带强行登陆厦门。郭胜（陈高劝之妻）为照顾伤残严重的战友，安排躲在思明区营平路39号其丈夫制作沙茶酱的作坊里。为保障抗日英雄的补给，陈高劝一家14口仅靠炒制沙茶酱的洗锅水充饥，将上山下海采集的食材就着沙茶酱煮给抗日英雄吃，沙茶酱里的主料虾富含甲壳素，能提高人体免疫力，在陈高劝一家的照料下，抗日英雄很快就痊愈了。这段佳话随着乡亲们的口口相传，让陈高劝的沙茶酱快速流传开来，成为家喻户晓的美谈。经过数十年的发展，"陈有香"沙茶酱、咖喱已成为厦门调味市场的一绝，占据了市场的主要地位。

为发扬光大"陈有香"，1985年，陈高劝的儿子陈腾灿辞去公职，接手经营"陈有香"。他潜心改进传统工艺，在保留传统的沙茶辣、咖喱粉、芥辣粉等主要产品的基础上，不断研制开发了适合各种人群口味的沙茶辣、沙茶酱、火锅酱、肉香粉、香辣油、咖喱油、鸡精调味料等产品。

1989年3月"陈有香"商标成功注册，这让"陈有香"从此走上了市场化、品牌化的道路。"陈有香"也从传统手工作坊转型为现代化生产型企业。

1996年厦门市陈有香调味品有限公司在思明区成立，2008年厦门市陈有香调味品有限公司同安分公司成立，这时已把所有的生产力移到了这里，并添置了现代化的生产加工流水线，将百年传统手艺与现代化相结合，走企业路线至今。

岁月更迭，时序轮转，"陈有香"始终坚持"以质量求生存，以诚信求发展"的经营方针，产品不走低价，保证商品品质，引领沙茶走向更好的市场，将祖辈创制的"沙茶酱"传世之味让更多人品尝。

浓油赤酱，老厦门人的"正港味道"
——厦门夏商淘化大同食品有限公司

夏商淘化大同生产基地　　　夏商淘化大同供图（下同）

厦门夏商淘化大同食品有限公司为专业从事调味品、肉制品研发、生产、销售的百年老企业。公司隶属于厦门夏商集团有限公司，其前身是淘化大同股份有限公司，为近代厦门四大公司之一。2011年，"夏商淘化大同"被商务部认定为"中华老字号"。

如今，夏商淘化大同公司的产品涵盖酱油、食醋、调味酒、调味汁、复合调味料等多个品类，畅销二十多个省区市，出口远销东南亚、中东、欧盟、南美等地区，展现了老字号历经百年风雨沧桑，依然卓尔不群的风姿。

2011年夏商淘化大同被认定为中华老字号

夏商淘化大同的"海堤"商标烙刻着时代印记。那是1953年，靠着建设者的肩挑手推，硬生生地在海上造出一条长达五千米的堤坝，书写出"移山填海"的传奇。为了纪念这段历史，长长海堤成为了"海堤酱油"标识上的主体，而蚕头燕尾、一波三折的古隶所凸显的正是"海堤酱油"这一中华老字号的厚重、朴拙，让人心生好感，难以忘怀。

主要产品

天酿酱油

海堤天酿酱油发酵使用的曲霉为夏商淘化大同与院校利用现代化技术手段，对一百多年前传承下来的菌株进行活化、筛选、复壮而成。在曲霉的作用下，蛋白质可以酶解产生18种氨基酸，为天酿酱油带来鲜甜风味的同时，也带来了适宜的酸度。在酿造过程中，经过日晒夜露，酱油颜色随着发酵时间增长而加深，最终成品是深褐色且很鲜亮。因此天酿酱油是一种具有色、香、味、体五味调和的独特风味的传统酱油。

海堤白醋

海堤白醋采用"低温静态表面发酵法"的白米醋生产工艺，以醋母菌为载体。该醋母菌不断发展已有近60年的历史，由于长期的定向培养，已培养成一种专门用于酿造白米醋的优良醋酸菌菌株。采用该菌株酿造的白

海堤牌系列产品

米醋醋香纯正、酸不呛鼻、酸味柔和，余味有微甘甜感，呈微黄色。

传统技艺

厦门古法酱油制作工艺

采用非转基因颗粒饱满的东北黄豆为主要原料，工艺流程如下：
1. 备料和备器皿，搬料（黄豆）
2. 去杂，清水淘洗，清水浸泡
3. 高温蒸熟，冷却
4. 出锅装入竹制簸箕，拌面粉，装匾制曲
5. 移进曲室管理，翻醅，成曲
6. 入晒场，装陶缸
7. 加食盐水，戴竹斗笠
8. 日晒夜露，发酵为成熟翕仔粒豆酱
9. 抽油、存放、沉淀、检验
10. 配兑、杀菌、均质
11. 冷却、检验，灌装封口，贴标签

厦门古法食醋制作工艺

采用优质糯米为主要原料，工艺流程如下：
1. 备料和备器皿，搬料（优质糯米）
2. 清水浸泡
3. 高温蒸煮
4. 拌酒曲
5. 糊化、液化及糖化
6. 落缸接醋酸菌
7. 发酵
8. 抽醋
9. 配兑
10. 灌装封口，贴标签

文化传承

20世纪初正是中国风雨飘摇之际,旧制度与新思潮碰撞,近代民族工商业刚刚兴起。1907年由陈天恩倡议,获得黄廷元、廖中和(廖悦发)、章永顺支持,共同发起组织淘化有限公司,设厂于厦门鼓浪屿内厝澳燕尾山麓,专门生产酱油、酱品等食品。淘化公司极力提高产品质量,1911年,该公司的酱油产品参加德国柏林国际博览会展出,获得优秀奖。后又参加巴拿马国际博览会,获得两个奖项,在海内外都打出了知名度。

1913年,虎头山下厦门大同股份有限公司

厦门一些人士看到淘化公司发展迅速,获利甚多,于厦门虎头山下发起组织大同股份有限公司。其经营业务、产销品种与淘化公司完全相同。

由于有淘化和大同两家公司在相互竞争,利润开始减少。1913年、1915年及1917年,两家公司三次磋商合并未果。直至1927年,两家公司董事长黄廷元和黄世金经过友好协商,达成合并协议,重组为淘化大同罐头食品股份有限公司。从此,业务走上正轨,盈利颇丰。

1929年10月,淘化大同董事会决定在香港增设工厂。就在淘化大同香港公司发展顺利之际,1938年厦门沦陷,落入日本侵略者的铁蹄之下,许多难民纷纷逃往鼓浪屿,淘化大同在鼓浪屿内厝澳工厂用加工罐头菜料的大锅煮粥施赈,为期数月,救人无数。淘化大同的义举,让无数的难民在鼓浪屿的艰难岁月里感受到了许多温暖。这段历史一直在难民中广为流传,充分体现了国难当头,民族企业挺身而出的大爱和良心,值得后人颂扬。

但公司受战争打击甚大，在厦门几乎无法维持下去。1938 年 5 月，董事会决定将总公司迁往香港，其后淘化大同的发展重心就移至香港，产业也从食品加工向电子、房产领域扩张，并越海渡洋，向新加坡、马来西亚、澳大利亚进军，成为跨国公司。

20 世纪 50 年代的酱油厂

新中国成立后，百废待兴，留在厦门的淘化大同股份有限公司于 1956 年和厦门酱油管理处合并成立厦门酱油厂，改制为全民所有制企业。1994 年，厦门酱油厂恢复"淘化大同"名称，成立厦门淘化大同实业公司，隶属于厦门夏商集团。2002 年，夏商淘化大同公司从思明区民族路 27 号搬迁至同安区西柯镇西福路 88 号。

海堤酱油是淘化大同的经典之作。辣酱、唝汁、白米醋同样也是淘化大同诸多产品中的佼佼者，在工艺上，淘化大同沿袭传统，"瓮仔清"酿造酱油工艺，"低温静态表面发酵法"白米醋生产工艺，"古法浸提"唝汁工艺都是淘化大同经过近百年锤炼，总结出的独家秘诀。

淘化大同晾晒场

2020 年，海堤新品天酿酱油上市。这款酱油是使用"瓮仔清"传统工艺酿造后得到的"头抽"酱油，属于酱油中的上等品。因其遵循古法，使用酱缸酿造，酿造周期长，产量有限，使得这款酱油稀少且珍贵。海堤天酿酱油的面世恰逢其时，正好可以满足高端市场的需求，毕竟这样的酱油豆香味非常浓郁且含糖不甜，含酸不酸，含盐不过咸。由于产能有限，海堤天酿酱油一瓶难求，主要销售渠道以团购和电商为主。下一步夏商淘化大同还将逐步扩大酿造酱油的生产规模，满足更多的市场需求。

很多传统的味道需要有人一代代传承下去，淘化大同"海堤"的坚守、循古，让这一抹酿造中的深色和那一股酱香，永远延续在中华料理的珍贵记忆中。

海堤产品是线上商城的爆款

日晒夜露，美好需要岁月沉淀
——厦门古龙食品有限公司

古龙食品行政楼全景

古龙食品供图（下同）

厦门古龙食品有限公司隶属于厦门轻工集团有限公司，是国有食品加工企业。走过近百年历程的古龙，曾经是一代代闽南人的情感依托，如今古龙更是走遍祖国大江南北，遍布世界各地，它的存在已不再是物质形式，更是一种无形的资产。

厦门古龙食品有限公司投资建设古龙酱文化园，以非物质文化遗产的典型实物和文献资料的陈列、展示、研究和管理向公众展示中国酱文化和古龙酱文化，进一步打造古龙酱文化博物馆，维护厦门古龙酱油古法酿造技艺成为福建省非物质文化遗产代表性项目，成立的古龙酱油古法酿造技艺培训与研发中心，与中国发酵研究所共同为古龙酱油古法酿造技艺的传承与创新奠定了坚实的基础。提高全体酱油酿造工人的酿造技艺，注重实践培养，进一步提高传承人的酿造经验，提高质量。

古龙食品在顺应新时代潮流的同时，怀揣着对传统技艺薪火相传的热忱，把酱文化的历史、文化、艺术融入到产品中，把对酱文化的传承、弘扬、活化镌刻在发展里。

主要产品

酱油系列

古龙古早酱油采用东北非转基因的黄豆，经浸泡蒸煮后，拌上面粉及酱曲，入醅间进行第一道发酵。第一道发酵成熟后加上盐水，放入传统酱缸进行自然酿晒。这种古法酱油要日晒夜露365天以上方可成酱，成品色泽乌金温润，酱香醇厚，入口咸香回甘，持久浓郁。

古龙食品酱油系列

罐头系列

古龙红烧肉类罐头：承载60多年的红烧肉制作工艺，配以千年传承古法缸酿的古龙酱油，风味独特。精选原料层层检测（21个项目检测），从50亿分之一的瘦肉精到20亿分之一的抗生素，都逃不脱专业的检验。

古龙食品肉类 　　古龙食品水产品

水产类产品罐头

水产类产品罐头以黄花鱼系列、丁香鱼系列、沙丁鱼系列、鲭鱼系

列、鱼酱系列为主。源自海洋，选用无污染海捕鱼，并采用先进的冷冻、运输保鲜技术及加工工艺，最大限度地保留鱼体自身的营养。

传统技艺

古龙酱油古法酿造工艺

在中国餐桌变迁的历史中，酱油的诞生是划时代的一幕，酱油以百味调和、兼容并蓄的特点成就了中餐的半壁江山。古龙对酱油古法酿造技艺的尊崇和对时间的敬畏体现在具体的作为里。

古龙的酱油古法酿造工艺继承了从唐代以来"日晒夜露，微生物发酵"的传统"酱园"工艺，采用人工制曲的传统方法，精心培育酱曲应用于生产。该工艺被列入了"福建省非物质文化遗产"代表性项目。采用古法酿造的古龙酱油要经过一年以上的酿晒方能面市，而工业化酱油很多只需要几天即可成酱。这份坚守，在快速生产的工业化时代更显珍贵。

古法酿造酱油的工艺流程：精选东北的非转基因大豆为原料，经过去杂、选豆、浸泡、高温蒸煮、拌曲、进入醅间进行第一次发酵——醅间发酵。第一道发酵成熟后，就要转到晒场，加盐水进行一年以上的日晒夜露，这道发酵称为第二道发酵。一年以后，酱油还需进行抽油、复晒、沉淀、醇化才能产出酱油。

古龙酱油古法酿造技艺的非遗传承

刘团结，男，汉族，1957年3月生，福建省厦门市人，现任厦门古龙酱油传统酿造技艺总技术顾问。他是古龙酱油古法酿造技艺传承人，中华老字号华夏工匠，1977年就职于原厦门罐头厂，师从郭绪庆，从醅间酿晒工艺到晒场管理技艺，以及人员安排，郭绪庆都毫无保留地口传心授于他。刘团结认真学习，完全掌握选豆入槽、清洗浸泡及观察浸泡黄豆情况、捞豆下锅、蒸熟黄豆、加曲翻醅、发酵（温控）、下缸、日晒夜露、抽油煮酱等各项关键工序，成为企业中全面掌握厦门古龙酱油传统酿造技艺的能手。他在保持原有古龙酱油传统酿造技艺的基础上，大胆改革创新，传统的桶蒸黄豆受热不均，易出现夹生问题且产量低，刘团结以现代化的旋转压力锅蒸煮黄豆替代桶蒸黄豆，既解决了桶蒸黄豆夹生的问题，又大大提高了产量，每锅能蒸煮1100千克的黄豆，大大节约了时间和燃气成本，取得了很好的经济效益。

　　刘团结还毫无保留地把自己多年来的经验传授给身边的同事，使班组成员较好地掌握了酱油古法酿造技术。近年来，其班组共培养了酱类发酵高级技师1名、技师2名、高级工4名、中级工5名。每一项传统工艺都面临着传承的问题，如何更好地传承古龙酱油古法酿晒技艺也成了轻工集团、古龙食品和刘团结时刻都挂在心上的问题。刘团结说，古法制酱需要三项条件，吃苦、热爱行业和责任心。他打算从有经验的工人中挑选一两个适合的来培养，继而把厦门酱油古法酿造技艺传承下去，发扬光大。

　　2020年10月17日，在杭州举办的2020年第十七届中国中华老字号百年品牌高峰论坛上，刘团结荣获第五届"中华老字号华夏工匠奖"。这一奖项既是对刘团结恪尽职守、术达极致的褒扬，也是对古龙食品重视传统技艺传承发展的肯定。

文化传承

　　古龙食品的历史可以追溯到1907年在厦门鼓浪屿创办的淘化食品罐头厂。

　　当时一批爱国人士和华侨怀着实业救国振兴中华的赤子之心，筹资7500块大洋，于厦门鼓浪屿内厝澳创办了淘化食品罐头厂。厦门一些人士看到淘化公司

1915年，淘化食品罐头厂古法酿造酱油荣获巴拿马万国博览会奖章

发展迅速，于1913年在厦门虎头山下成立大同酱油厂。其经营业务、产销品种与淘化公司完全相同，两家公司相互竞争，利润开始减少，1927年两家公司董事长黄廷元和黄世金经过友好的协商，达成合并协议，重组

1954年，坐落在后滨路的厦门罐头厂

为淘化大同罐头食品股份有限公司。

1954年，福建省第一家公私合营的厦门罐头厂在鼓浪屿原址成立。在新中国蒸蒸日上的大背景下，厦门罐头厂开足马力并展现了其强大的生命力。

1956年，企业选用福建名贵花卉——"水仙花"作为商标。品牌问世以来，在国内外市场上备受赞誉。

1956年，工人对出厂前的水仙花罐头进行再检验

1986年，为了确保产品品质和品牌信誉，以闽南话"鼓浪屿"为谐音，打造了自主品牌"古龙"，古龙的发展掀开了新的一页。随着市场的不断变化，企业面临着转型升级。2011年，厦门古龙罐头食品有限公司正式更名为厦门古龙食品有限公司。这也意味着古龙将"立足工业走出工业，立足罐头走出罐头"，即聚焦传统罐头产业。发展软包装的方便、休闲食品和调味品品牌，将古龙小厨打造为集膳食食品研发、生产、配送、销售及品牌连锁餐厅、膳食托管、食材配送为一体的大型健康膳食食品提供商。盘活存量资产，做强古龙产业园。

　　在厦门轻工集团的引领下，古龙进入了快速发展、全方位升级的发展新阶段。从最早的淘化食品罐头厂，到今日的厦门古龙食品有限公司，古龙经历过品牌初生的骁勇顽强和品牌自立的艰苦征程，也经历了品牌创新的大胆尝试。如今古龙拥有成熟健朗的体魄和传统创新交融的拼搏精神，即便在腾飞过程中有高有低、有快有慢，这也是古龙优雅从容的腾飞舞姿。

　　古龙坚持以古法酿造技艺酿晒酱油。2013年，厦门古龙食品有限公司在原有近5万平方米的酱油晒场的基础上打造了古龙酱文化园。它是几

古龙酱油传统酿晒场

代古龙人对传承了千年的古法制酱工艺的坚持，是厦门乃至闽西南地区制酱历史典藏的文化馆，是推动酱文化产业发展的新生动力，是面向世界展示酱文化的窗口。古龙古法酿造酱油和酱文化浓缩了千年中国酱文化史，古龙酱文化园所展现的传统文化魅力吸引了来自世界各地的参观者，也吸引了央视《舌尖上的中国 2》《远方的家》《快乐汉语》，新加坡电视台《你是福建人吗？》和美国国家地理频道《寰行中国》等节目组慕名前来录制节目。古龙坚持以古法酿造酱油技艺酿晒酱油，其厦门酱油古法酿造技艺还被列入了"福建省非物质文化遗产"代表性项目。

打造百年企业的同时，"老字号"也在转变观念和业态。古龙主动求变，创新发展，积极迎合市场需求，紧贴民生热点，聚焦即食、即热的传统罐头产业，着重开发便捷、营养的新形态罐头新品，做强、做优、做大百年民族品牌，持续为社会提供"绿色、健康、舒适、便捷、时尚"的产品，成为中国优秀的全面饮食方案解决者。

三百载传承，酿就玉液琼浆
——亚洲酿酒（厦门）有限公司

2007年亚酿搬迁至海沧区东孚镇新厂房，发展进入高速期
亚酿供图（下同）

亚洲酿酒（厦门）有限公司，系菲律宾爱国华侨陈永栽财团下的全资子公司，是1998年2月23日亚洲啤酒（厦门）有限公司和怡景兴业（厦门）有限公司正式并购厦门酿酒厂而成立的。

亚酿拥有丰厚悠久的酿造经验，并融合现代科技，营造了强大集团规模优势。亚酿主打传统名牌"丹凤"系列高粱酒、固本酒和"三堂"酒（松筠堂、万全堂、春生酒）。丹凤牌系列白酒分为清香型、浓香型、米香型三大类型。亚酿的技术装备水平达到国内领先水平，产品质量达到国家一级标准，已通过ISO 9001质量管理体系和HACCP体系认证。经营国际化，管理现代化，产品多元化的亚酿高效率、全方位地把自己建设成为福建省第一家现代化综合性酒类企业。

主要产品

厦门高粱王

厦门高粱王酒系列产品为福建首推豪华型高档白酒,堪称闽酒之王。其以优质上等高粱、大麦、小麦为原料,采用传统独特的酿造工艺,缓汽蒸馏,量质摘酒,存储,再经数十道工序精心勾调而成。酒液晶莹剔透,香气纯正优雅,口感柔顺谐调,回味悠长。

丹凤佳酿

丹凤佳酿以丹凤百年传统高粱酒酿造工艺结合现代生物技术精酿而成,其口感醇和、窖香浓郁。系丹凤浓香型白酒的主打制作,造型别致,风格高雅,意蕴"酒之意,在于乐;酒之神,在于境;酒之风,在于兴",激昂兴奋,豪纵奔逸。

厦门高粱酒

丹凤系列厦门高粱酒,正宗古法精酿,质优价廉,为家酌佐膳佳品。其选优质原料,以传统工艺酿造,历经糖化、发酵、蒸馏、存贮、精选、勾兑等多道工艺精酿而成。液质晶亮,醇厚香远,畅销八闽各地数十载。

丹凤特制高粱酒

丹凤特制高粱酒以优质高粱、大麦、小麦、豌豆为原料,长期发酵,经贮存陈酿、精心勾兑而成的清香型白酒。酒液清亮透明,柔和爽净,清香幽雅,余味悠长。

固本酒

固本酒选用数十种名贵药材,配上陈年优质高粱酒,精心调制,长期储存。酒液红褐色、清亮,富有原配方的独特醇香,醇厚适口,乃滋补之佳品。

1960年元旦,厦门酿酒厂在《厦门日报》刊载广告

1988—1989年,厦门酿酒厂对外宣传的产品单页

传统技艺

酿酒工艺

丹凤系福建一代名酒,拥有近百年酿造历史,文化深厚。采用自产的酿酒用曲,把传统的"老五甑"工艺与独特的"清蒸混烧"工艺相结合,使酒既保持了清香型酒清香纯正的香气特点,又具混渣发酵酒体醇厚的口感特点,个性鲜明,风格独特。

经营之道

在厦门高粱的发展历程中，有着"厦门米酒，白曲之父"之称的柯进旺以及"精研酿酒，奉献一生"的技师翁忠义堪称关键人物。

"厦门米酒，白曲之父"柯进旺

柯进旺于1905年出生在台湾台中县大甲镇，1926年毕业于台北工业学校化学系酿造专科。毕业后，就职于台湾日本殖民政府官办的专卖局台北酒厂。身处侵略者殖民统治之下的柯进旺萌生了有朝一日回到祖国大陆"原乡"，把所学技术带回祖家的想法。1931年1月，柯进旺愤然离职，来到了与台湾仅一水之隔的厦门。

柯进旺来厦门后，先后在厦门丰美酱油厂、大安酿造厂任技师，直至1935年后，开始自营大茂白曲厂、大安酿造厂，并和他人合办元大酒厂等。经过不懈努力，柯进旺的酿造、制曲技术已达炉火纯青之境界，大茂白曲名扬闽南、莆仙、两广地区。用他的白曲生产米酒，大米出酒率提高了30%，且米酒糠杂味大幅减少。质优价廉的米酒受到广大酒民的欢迎。柯进旺结合台湾米酒和厦门米酒原有的技艺，精心研制，采用自产的厦门白曲，酿就名扬八闽的厦门高粱酒，为厦门酿酒业的技艺传承、工艺发展奠定了基础。

1956年，厦门十一家私营酒厂和两家白曲厂合并组成国营厦门酿酒厂，柯进旺被委任厦门酿酒厂副厂长，分管技术工作。

1958年，广西桂林酿酒厂希望厦门酿酒厂提供技术指导，柯进旺随即派出生产技术股股长吴振川、技师卢远明、翁忠义的米酒传授组，让他们带着菌种，远赴桂林传授白曲制造技术。目前，作为中国米香型代表作的桂林三花酒，就得益于厦门酿酒厂的白曲制造技术。

"精研酿酒，三朝元老"翁忠义

翁忠义1926年生于泉州晋江一个贫苦农民家庭，1945年，他只身漂泊来到厦门，在"松筠堂酒厂"当了学徒，从此他的一生便与酒结缘。十几年来，他随身携带着的小本本沾满了酒气药味，也记录了翁忠义从初学者成为行家的成长轨迹。

1962年,翁忠义和他的同事们潜心研究,集10多年酿酒经验,融汇百种药方,配制成集舒筋活络、养血补肾、固本正气的外销鹭江牌42°固本药酒(内销是固本牌固本酒)。此产品一上市,就在香港地区和印度尼西亚、新加坡等地一炮打响,深受当地消费者的青睐。

同时,翁忠义发现了技术设备落后导致产能不足的问题,便萌生了研制设备的想法。他和同事们自学电力学,钻研机械原理,经过2个多月的研究,研制成功了电动磨碎机,七天就能磨碾一吨药末,大大提高了生产效率。

1986年,翁忠义年届退休,厂里再三挽留,他感动之余,留了下来。此后,这位老人一直坚守在他热爱的事业上,直至离世。留任期间,他和同事们又先后研制开发了不少新产品——史国公酒、十全大补酒、三堂龟鹿酒、枸杞红等。从18岁到90多岁,翁忠义先生从事酿酒70多个年头,经历了从"私企——国企——外企"的企业变迁,真可谓是三朝元老的资深酒师!

文化传承

以厦门为代表的八闽酒文化是我国传统文化历史宝库中的一颗明珠。采用传统固态发酵的清香型大曲酒——厦门高粱酒,它的生产历史从20世纪20年代至今,在其技艺发展过程中,吸收融会了各家之长,终成玉液佳酿。

20世纪20年代以前,厦门市面上所出售的高粱酒,都是由经营北酒的行家在天津组织货源、租运到本市供应的。所谓北酒,是除高粱酒外,还包括其他色酒的,如史国公、五加皮、玫瑰露等。天津高粱酒,不仅在本市深受群众欢迎,而且还销往龙溪、晋江等地区。

为了创造条件,就地生产,厦门酒界人士曾合股组织一家初具规模的陶泉酒厂,从天津专门聘请酿制高粱酒的老师傅来厦门传授生产技艺和操作方法,从此,厦门就有了地产的高粱酒。可是,酿制技艺虽然学到手,但缺乏经营管理上的经验,同样的原料和同样的生产过程,也同样是按照天津的操作方法,可是厦门生产出来的高粱酒却很少有人购买,究其原因,就是对酒的特性缺乏认识。酒是越陈越香的,如久年花雕、久年沉缸，它们之所以会赢得声誉，秘诀就在于储存时间久长。当时天津高粱酒从产地运到厦门，几经辗转，起码也得半年，所以酒质醇和，气味芬馥。而地产陶泉高粱酒，则边生产边销售，既不醇，也不香。不久之后，陶泉酒厂就歇业了。

陶泉酒厂停业以后，留在厦门的天津老技工，大部分受聘于晋源酒厂，后来有的人转入鼎和酒厂，有的人转入裕泉酒厂，继续生产高粱酒。他们吸取陶泉酒厂的失败教训，改进生产管理，从而打开了一个新的局面，逐渐控制了市场，甚至晋源、裕泉两家酒厂还参照天津高粱酒坛的包装，积极开辟外地市场，货品源源不断地运销香港。

20世纪20年代，厦门最大的私营酒厂是晋源酒厂，在后江埭76号。那时雇工40人，仅一台10匹马力发动机和二座蒸汽鼎设备。当时老板杨亚姜从天津特聘名师来厦门指导，用传统的固态发酵法酿制清香型大曲酒。由于手工作坊产量有限，年不过七八十吨。且多为散装，统称为高粱酒，尚未有名号。

1931年，柯进旺渡海从台湾来到厦门，自开酒坊，并与晋源酒厂合作，精心研制，在其早年在台湾酿造的台湾米酒的基础上，采用自产的厦门白曲，酿就厦门酒。厦门地产酒逐渐成名。

1956年1月1日，厦门十一家酒厂——晋源、美泉、鼎和、元大、大安、万全和、三联、果木（即三堂）、建泉、福华、福隆泰和两家曲厂（远记、福安）响应党和政府的号召，进行公私合营，成立国营厦门酿酒厂，成为福建省首家国营酿酒厂。合营初，厂房分散，设备简陋，产品品种少，仅有164名职工，年产量只有725.7吨，年利税8.5万元。但这在当时的福建也算是最大、最具规模的。公私合营后，驰名中外的三堂

1956年成立的国营厦门酿酒厂，是福建省首家国营酿酒厂

酒——万全堂、春生堂、松筠堂也开始规模生产。万全堂、春生堂、松筠堂都是诞生于清朝的老牌酒厂。

万全堂是浙江绍兴人钱启太于清朝乾隆年间（1736——1795年）来厦门创设的，已有280多年历史。钱启太开设药铺于外关帝庙后面（现新路街），以双龙牌为标记，出售京传宫廷秘方丹、膏、丸、散及国光药酒等，生意兴隆，尤以国光药酒享有盛名。钱启太研制的国光药酒，以沉香、砂仁、东埔叩等30多种名贵药材碾末浸入高粱酒内，贮存百日配制而成。由于国光药酒药味均匀、酒质醇厚，有舒筋活络等作用，被人们视为上好补品。

春生堂是永春县仙夹乡人郭信春创设于清朝道光年间（1821—1850年），店址在厦门福寿宫（今开禾路），已有180多年历史。郭信春自幼喜拳术，精通医理，对风伤骨折更有研究。为了提升医效，他创制以"狮球"为商标的风伤药酒，这种药酒采用部分贵重进口药材，碾末浸入高粱酒中，又以数十种地道药材经过加工提炼后配制而成。其酒质醇，药味纯正，不寒不燥，有祛风、补筋骨、舒筋活络、行血益气等功效，行销遍及东南亚各地。

1940年《厦门日报》报道，万全堂在1939年西湖博览会获得一等奖章

松筠堂是由晋江林口村武举人翁朝言于清朝末年来厦创办的，店址在厦门港太平桥，有百多年历史。翁朝言年轻时精通各种拳术，钻研风伤骨科。秉持南少林五祖拳一代宗师蔡玉明的唐朝少林伤药酒秘方，根据行医积累的经验和秘传的验方精心研制的"松筠堂药酒"，对治疗久年风湿、四肢麻木、跌打损伤等症都有疗效。1912年，孙中山先生亲笔题堂名"松筠堂"，因而取名"松筠堂药酒"。此药酒全部采用国产地道药材及部分青草药，经加工处理后，再熬成膏，配制高粱酒贮存后而成。产品销往闽南沿海各地。

合营以后，由于加强科学管理，不断地改进生产技术，产品质量有明显提高，产量也大幅度增长。所产高粱酒，以丹凤为商标，不断扩展市场，运销海内外。丹凤高粱酒能够成为本市地产唯一的名酒，它是经过"移植"试产，不断总结经验教训，吸收先进技术，逐步发展起来的。

改革开放前，酒厂的酒长期供不应求，只有春节等重大节假日居民才可凭购买证购买，每户供应两斤高粱酒。1988年6月，厦门酿酒厂开始生产啤酒。厦门酿酒厂成为全国非常少见的既生产白酒、药酒又生产啤酒的综合型酿酒厂。1990—1994年连续五年入榜中国500家最大工业企业并跻身50家最佳经济效益工业企业行列，中国饮料业最佳经济效益和最大市场占有份额500强之一，白酒制造业最大市场占有份额百强之一，1992年福建省规模企业排名前300家工业企业第127位。1994年，年产6万吨饮料酒的厦门酿酒厂成为中国500家最大工业企业饮料制造业的第54位。

1957年9月18日，《厦门日报》对公私合营后的厦门酿酒厂进行报道，"三堂"药酒销路扩大

1998年2月23日，亚啤（厦门）公司、怡景公司与厦门国投公司、厦门酿酒厂在厦门宾馆8号楼举行厦门酿酒厂整体产权转让合同的签字仪式，完成了并购厦门酿酒厂在法律上的全部程序。5月25日，亚洲酿酒（厦门）有限公司举行隆重揭牌仪式。至此全国第一家由外资完全控股，既

1986年厦门酿酒厂生产的丹凤牌高粱酒被评为福建省优质产品

生产白酒，又生产露酒、啤酒的酿酒公司正式成立，在全国引起较大反响。外资酒厂亚酿以"酿造令厦门人骄傲的白酒"为目标，令厦门白酒焕发新颜，2001年以来，丹凤系列白酒先后荣膺福建省著名商标、名牌产品称号，远销欧美、东南亚等地区。这是厦门白酒史上一个转折点。

1998年，亚洲酿酒（厦门）有限公司成立

2007年，亚酿从厦禾路搬迁至海沧区东孚镇，占地面积6.3万平方米，发展进入高速期。2010年，亚酿通过ISO 9001质量管理体系认证及HACCP认证，多次被评为福建省纳税300强，企业形象300佳，所属区的纳税特大户等。2020年以来，销售量近2万吨，销售额3亿多元，上缴税近1亿。

截至2022年，亚酿已发展为技术装备水平居国内领先地位的现代化酿酒企业，注册资金800万美元。职工人数268名（其中大专以上30人、中专22人、工程技术人员1人），年产超2万吨白露酒的生产规模。拥有丹凤、固本、松筠三个省级著名商标及近70个注册商标，是

2012年，亚酿在厦门地区开办的丹凤酒专卖店

福建省生产白露酒历史最悠久、规模最大、专业队伍最强的酿酒企业。

| 领先匠艺 |

风来云顶三分醉，雨过汀溪十里香
——同安区汀溪万利酒厂

汀溪万利酒厂　　　　　　　　　　　万利供图（下同）

同安区汀溪万利酒厂位于同安区汀溪镇。其前身系汀溪公社酒厂，创办于 1969 年。20 世纪 70 年代末，汀溪公社酒厂改制，叶国铨将酒厂接下来，更名为同安区汀溪万利酒厂，遵循古法酿酒，延续至今。

酒厂创办至今秉承同安米酒酿制技艺，坚守诚信经营理念，精心选料，严格控制酿造过程，用心做好酒，做老百姓喝得起的放心酒。汀溪万利酒厂生产酿造的米烧酒，仅厦门及周边地区就供不应求。

2019 年，"万利"商号于 2019 年被认定为厦门老字号。2021 年，在《厦门市同安区人民政府关于公布第二批区级非物

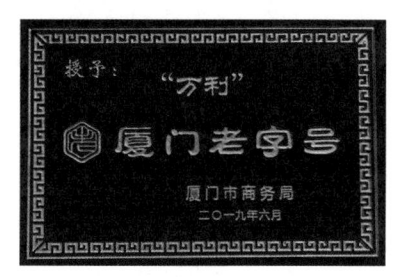

2019 年，"万利"被认定为厦门老字号

质文化遗产代表性项目名录的通知》中，同安区汀溪万利酒厂报送的"同安传统米酒酿造技艺"赫然在列。

主要产品

"同安传统米酒酿造技艺"被列为同安区非物质文化遗产代表性项目

汀溪米酒

同安米酒酿制技艺生产出来的白酒系米香型白酒（又称蜜香型），其特点是蜜香轻柔，绵甜醇厚，幽雅纯净，回味悠长。米酿香明显，入口醇和，饮后微甜，尾子干净，不上头，不干喉。

汀溪米酒入口醇和，回味悠长

传统技艺

汀溪米酒酿制技艺

采用传统工艺，手工制作。选上等晚粳米，以著名的厦门白曲，利用同安区宜人气候及优质山泉，经浸米、蒸煮、摊凉、拌曲、糖化、并缸、双蒸馏，最后装坛陈放而成。

传统坛封窖藏的汀溪白酒保留古朴风味

酿造的过程环环相扣，每个环节都要仔细把控。其中浸米、蒸煮、摊凉、拌曲的工序烦琐且耗费人力，酿酒的大米需要在山泉水中浸泡，清洗沥干之后按批次放到锅里蒸，加入适量的水,并用铁锹翻动,如此反复数次,直到蒸熟。大米蒸好了,一一盛出摊凉。等到温度适宜,再将自制的酒曲与米饭混合搅拌。

在落缸前要等到消毒后的缸内壁干燥后,再将拌好酒曲的酒粮装进缸内,盖上厚厚的麻布袋,历经 24 小时左右,糖化过程才算结束。当中还需要不定期查看,监控温度。

即使到了发酵期也有不少讲究:在加水时不能搅拌,手法要轻,中途严禁挪动抑或开盖观看,室温最好保持在 25℃～34℃。

酿酒的发酵期至少要 15 天,只有给足菌种,足够时间才能保证酒的品质。虽然出酒率只有五六成,但品质有保证,发酵时间越长,酿出来的米酒就越甘醇。

文化传承

同安汀溪气候宜人,山川秀美,人杰地灵,全镇森林覆盖率达 68.7%,水资源丰富。辖区内有厦门市最高峰的云顶峰,海拔 1175 米,有"高山出平湖"的汀溪水库。优越的自然条件,为米烧酒的酿造提供了得天独厚的优势。同安自古就有酿酒的传统,所酿造的白酒醇香浓郁、清冽甘爽,曾有酒客这样称赞道:"风来云顶三分醉,雨过汀溪十里香。"

白酒酿造自宋以来蓬勃发展,广泛分布在全国各地,米香型白酒酿造主要集中在"两广"及福建、江浙地区。福建全省均有米香型白酒酿造活动的记录。新中国成立以来,厦门同安区作为厦门白酒酿造基地,巅峰时期酒厂有 40 多家。1969 年,汀溪公社酒厂成立,开展公私合营,许多酿酒作坊并入公社酒厂。1979 年,汀溪白酒商标成功注册。

叶国铨生于 1956 年,世居同安,家族从祖辈开始酿酒。祖父叶订(?—1934 年)在前格村中帮助村民酿酒,父亲叶连木(1919—2006 年)继承家传,村中逢年过节,婚丧嫁娶均由其酿酒。叶国铨从

叶国铨查看酒曲发酵程度

小跟着家中长辈酿酒,耳濡目染,初中毕业以后便加入公社酒厂,成为公社酒厂的一员。古法酿酒是个苦活儿,原材料选择复杂,酿造过程繁复,原材料的蒸煮火候及发酵温度不好掌握。想要完全掌握这项传统制作工艺的全过程,没有几年的磨砺实践是下不来的。叶国铨在师傅的指导下,潜心钻研,他不断学习、探索和实践,最终熟练地掌握了酿造手艺,成为了行家里手。跟他同期进入公社酒厂的学徒纷纷离开这个行业,只有他一人坚持下来,并将酿酒事业当成了一辈子的事情。

2013年,叶国铨的大儿子叶圣臻(1982年生)辞去城里的工作,接手汀溪万利酒厂。酒厂的生产方式传统而落后,依靠人力作业,费时费工费力,效率低下,叶圣臻想着要改变,可如何在传统技艺和机械化生产中找到平衡点,让叶圣臻颇费脑筋。他对传统酿造技术的各个环节"浸米、蒸煮、摊凉、拌曲、糖化、并缸、双蒸馏、装坛陈放"反复研究,结合自己的理工知识,对其分解,一一寻找突破口。经过两年多的学习、试验、论证,他对浸米、蒸饭、摊凉环节生产方式进行改良,定制了一整套符合传统酿造需求的设备,解放了人力,提高了生产效率。

在使用机器设备之前,仅蒸饭、搅拌、摊凉就得花2小时,而且一锅仅能容纳400斤大米。现在机器一转,1小时就能搞定2000斤大米。如今,走进万利酒厂的酿造工作坊,你会看见蒸粮机线上浸泡后的大米经由输送带进入蒸煮,伴随着加水、翻滚搅拌,空气中

蒸粮机的应用大大提高了生产效率

顿时笼罩着浓郁的米香味。蒸煮结束后,再经由鼓风机吹风降温。

在实现了设备升级的同时,叶圣臻对原材料的品质及成品的品控提出了更高的要求。万利酒厂用来酿酒的米是来自东北的圆粒大米,黏度高,糖分多,乳香突出,酿出来的米酒更为香醇。酿酒的水是来自汀溪山泉,经过沉淀过滤检测,才投入使用的。为了追求更稳定的质量,叶圣臻引入先进的检测设备,对各项指标进行检测。2003年,叶圣臻的弟弟叶圣晔(1983年生)从福建省侨兴轻工学院化工分析专业毕业,加入酒厂,成为化验员,这对汀溪万利酒厂的品控工作而言,无疑是如虎添翼。

虽然酿酒设备不断更新，但在叶圣臻心里，酿酒的传统工艺一步都不能少。酒曲堪称酒之"骨"，"拌曲"决定着成品的品质。当米饭的温度降到不烫手时，就可以洒下一定比例的自制酒曲，拌匀后就可以装进缸里。看似简单的拌曲，其实是门技术活儿，靠的全是师傅们的巧劲跟经验。每每在酿造过程中的关键环节，叶圣臻必然在场。之后的"糖化、并缸、双蒸馏、装坛陈放"都是遵循古法，一步步来，每一个环节都对最终的成品口感起着微妙的作用。在酿造过程中，观察室内温度、风向、湿度、发酵情况，是叶圣臻每天的例行工作。在蒸馏房内的一侧墙壁上，放着他对每天蒸馏后的白酒度数的记录，每天出酒的白酒酒精度数都不同，有62度、65度，甚至70度以上。

对于每天蒸馏出来的酒，叶圣臻都是第一个品尝的。每一批酿成的米酒，口感都会有小幅度的变化，但基本风味是不变的。好酒绵甜不辣喉，不过苦。

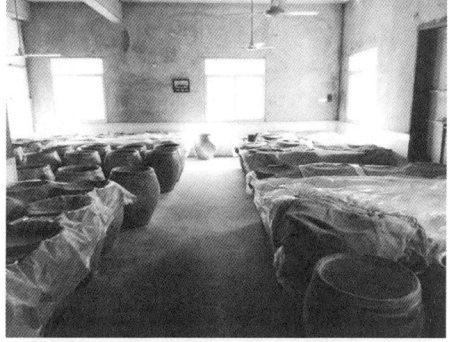

酿酒的传统工艺一步都不能少

为了将米酒的风味留存住，叶圣臻依然沿袭最古老的封坛技艺，用猪血煮石灰，以此为"胶水"，最后用桑皮纸覆其上。一方面猪血能保证酒精不会挥发，另一方面水分却会从中蒸发出来。如此一来，米酒放得越久度数越高，酒越醇。

冬酿春尝，经过一年的劳作，在春日融融的好时光里，斟上一杯用传统工艺精心酿造的汀溪白酒，小酌一口，醉在春风里，如此赏心乐事，便胜却人间无数。

厦门名老字号

国饮中茶，传奇海堤
——厦门茶叶进出口有限公司

走过七十载的中茶厦门公司　　中茶厦门公司供图（下同）

厦门茶叶进出口有限公司（简称中茶厦门公司）创立于1954年，为世界500强——中粮集团旗下中国茶叶股份有限公司全资的国有企业。中茶厦门公司以"中国茶，选中茶"为品牌主张，以"好茶在中茶"为经营理念，以"做大茶产业、做强茶科技、做优茶文化"为使命，致力于打造"中国乌龙茶领军品牌"。中茶厦门公司生产的产品涵盖6大茶类150多个品种，"海堤"牌、"敦煌"牌是中茶厦门公司系列产品的注册商标，已有半个多世纪的历史。中茶厦门公司已先后获得"中华老字号""国家农业产业化重点龙头企业"等荣誉。

从亚太经合组织（APEC）会议到"一带一路"国际合作高峰论坛，从第七届金砖国家农业部长会议到金砖国家领导人厦门会晤，再到上海合作组织青岛峰会……走过七十载岁月，中茶厦门公司与时代共成长，与行业共成长。在特殊的年代里,它担负着出口创汇的历史使命,又对内供应,关照着百姓民生。

大厦之门,逐浪千里。怀揣大海的波澜壮阔,秉承"海堤精神"的坚韧进取,长期以来,中茶厦门公司与新中国发展同频共振,代代传承红色血脉,践行为国谋茶兴、为民奉好茶的初心,坚持传承与创新并举,以创新发展助推老品牌的高质量发展。

主要产品

一坛好茶

中茶"一坛好茶",系中茶茶师团队历时多年精心打造的代表中国名茶高品质标准的高端商务"臻品系列"。茶叶精选中茶源产地核心产区——可溯源生态茶园基地的优质茶青为原料,将传统技艺与现代科学技术结合,精心制作加工而成。产品香气馥郁,沁人心脾,滋味醇厚甘甜,回味无穷。坛身采用传统高温烧造与现代喷釉工艺相结合的技艺,蕴含着科技美感,以及浓厚的历史文化气息。"一坛好茶"系列以世界物质文化遗产"福建土楼"为核心设计元素,用中国陶瓷制作罐体,以茶为媒,以坛为器,将中国茶、世界文化遗产、中国陶瓷三种文化元素熔于一炉,堪称新时代茶界文化盛器。

一坛好茶

海堤传奇

"海堤传奇"系列经由海堤27道独特精制工艺加工而成,包装围绕海堤最经典的侨销茶"黄罐"AT102老枞水仙、"红罐"AT103大红袍展开的产品系列。沿袭经典红、黄双罐的设计思路,承载历史的外包装,增

海堤经典产品

添新时代选茶标准，积极拥抱新时代，这是海堤续写传奇的原动力，全新细节工艺再创海堤的传奇茶历史。

XT800 铁观音

铁观音系列产品是海堤茶的经典代表，可追溯至 20 世纪 80 年代。这款茶选用种植在海堤茶园备案基地的铁观音茶树原料，经过传统的乌龙茶焙酵方式加工而成，滋味浓醇，有火香。茶性温和，茶汤橙红明亮，叶底软亮肥厚匀整，有余香。包装古朴简洁，便于存放。整体来看，这款茶具有很高的性价比，几十年来经久不衰。

盒装铁观音

传统技艺

中茶海堤乌龙茶"梅兰香"精加工工艺

"梅兰香"的技术规范是中茶厦门公司多年来通过发布行业技术标准的先行先试，助推乌龙茶产业步入"标准化"时代的重要举措。梅兰香精加工工艺流程包括：筛分—风选—红外智能色选—静电选别—目视拣剔—磁拣净—烘焙—静电选别—匀堆—金探—装箱。经海堤梅兰香独特精制工艺加工的茶叶，品质香气浓郁，滋味浓醇甘滑，饱满丰富，余香悠长，可长期保存，越放越醇。

厦门乌龙茶传统精制技艺

乌龙茶海堤传统精制技艺尤以拼配、高温烘焙为核心，拼配、高温烘焙二者紧密配合，方能生产出形、色、香、味俱佳的海堤乌龙茶。

海堤乌龙茶传统精制技艺的拼配方法独到，对原料茶精准评鉴，开展地区调剂、季节调剂、新陈调剂以及不同特征茶的调剂，可以发挥不同原料茶的特长，生产出符合市场要求，在形、色、香、味方面实现品质稳定的中茶海堤味乌龙茶。

烘焙技艺，又称"火功"，是乌龙茶精制的核心生产环节。中茶厦门公司的乌龙茶高温烘焙技术能将茶叶烘透烘熟，不老不夹青，而这需要制茶人能够准确把握不同质量、不同品种、不同季节、不同产区茶叶所需要的不同火候。

经过厦门海堤独有的乌龙茶拼配方法和高温烘焙，乌龙茶成品更容易长期存放。而经过岁月积淀后，滋味较新茶更为厚润。海堤乌龙茶茶叶软亮，肥厚匀整，余香高长；茶汤橙红清透，香气浓郁，滋味醇厚甘爽。

文化传承

1949年，中国茶业公司在北京成立。1954年年底，中国茶业公司福建分公司厦门办事处在中山路122号楼下正式挂牌，也就是现在厦门市湖滨中路160号的厦门茶叶进出口有限公司（简称"中茶厦门公司"）的前身。

1959年9月，中茶

中山路122号办事处旧址

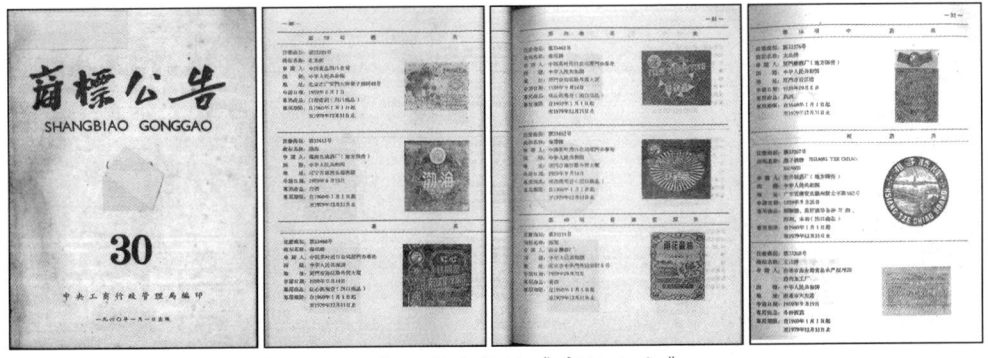

1960年1月出版的《商标公告》

厦门办事处就向中央工商行政管理局申请注册"海堤牌"商标。经中央工商行政管理局批准，1960年1月1日生效。在国家图书馆1960年1月1日第30期《商标公告》里，可以看到厦门企业一共有四个注册商标号、两个商标名称。中国茶叶出口公司厦门办事处的"海堤牌"商标就位列其一，是厦门市在新中国最早注册的第一批商标。

开创基业

四五十年前，正是我国出口创汇期，对茶叶采取统购统销政策，这让海堤茶叶不愁销路。随着改革开放号角的吹响，中茶厦门公司的"角色"也发生了转变。进入改革开放的关键转型期，中茶厦门公司通过外引内联推行改革、苦练内功做好百姓茶、增资扩产促发展等举措，成功打响改革转型战役，在世界多地掀起乌龙茶热。

1981年，中茶厦门公司出口日本的"海堤"产品被罐装成茶饮料，茶饮料大大促进了海堤茶叶在日本的销售。1987年，中茶厦门公司引进了日本设备和技术生产乌龙茶浓缩液，年创汇100多万美元，为特区建设和发展贡献力量。中茶厦门公司也连续多年被福建省政府、厦门市政府、中国土畜产进出口总公司授予"出口创汇大户""出口创汇先进企业""经济效益先进企业""重合同守信用企业"等称号。

1984年，内销茶敞开供应，继而放开自由经营。中茶厦门公司在水仙路28号开办

20世纪80年代水仙路28号的厦门茶叶进出口贸易中心

"厦门茶叶进出口贸易中心"，海堤茶叶开始"飞进寻常百姓家"。"一枝春""留香"等至今仍为广大老厦门人津津乐道。

由于品质过硬，口感醇正，中茶厦门公司迅速占领厦门本地的大部分

市场，同时拓展到漳浦、云霄、东山、诏安、龙海以及潮汕等地区。海堤茶叶抓住内销机遇，做人人喝得起的放心好茶，每年的销售量也开始呈几何级增长。

1978年，厦门市建设局根据中央下达的在厦门建设茶厂的通知，把东渡石头村3万多平方米土地作为茶厂用地。1979年，乘着改革开放的政策东风，一座3万多平方米的茶叶加工厂——外贸厦门茶厂开始动工兴建。1987年9月1日，在克服了重重困难之后，一座耗资千万的现代化茶厂终于建成并投入了生产。

在改革开放的浪潮中，中茶厦门公司这座中国茶叶贸易历史中记载的"老字号"茶厂，再迎发展新起点。

加速发展

从统购统销到自由经营，厦门开始成为茶叶品牌的集散地，越来越多的民企试水厦门茶行业，在新的市场条件下，各种新的制茶工艺、茶的口味一时间百花齐放，"茶店多过米店"的格局开始在厦门形成。面对关键的市场变革期，中茶厦门公司坚持采用醇正烘焙技艺，保留传统口感，坚信只有生产健康、安全、优质的茶叶，才能在市场的大浪淘沙中经久不衰。

中茶厦门公司生态茶园基地

面对复杂的市场环境,中茶厦门公司发挥国有龙头企业的主渠道作用,率先试水在茶行业发展基地产业链、订单农业,力促茶产业健康发展。中茶厦门公司的这种基地与订单农业的管理模式,在20世纪90年代被推向高潮。中茶厦门公司在福建省发展了百余名供应商,率先"圈"走了福建省许多核心茶产区,这为日后中茶厦门公司的质量管理及腾飞打下基础。中茶厦门公司的基地供应商,为中茶厦门公司源源不断地送来优质的茶原料,有了质量上的保障,中茶厦门公司向市场供应足量、优质、实惠的茶叶,为力促厦门茶产业的健康发展做出了积极的"海堤贡献"。

当时日本年进口乌龙茶达2万吨,一跃成为乌龙茶最大进口国。对质量要求苛刻的日本,乌龙茶原料大部分来自中茶厦门公司。这个时期,中茶厦门公司将主要阵地放在了全球市场。中茶厦门公司在韩国、英国、美国、德国、加拿大、法国、荷兰、墨西哥、澳大利亚、南非等国家开拓新市场,宣传海堤茶叶的独特品质和中国茶的品饮方法,取得了良好的效果。曾经的"侨销茶"俏销世界,已卖到世界59个国家和地区。

关键转型

2008年,金融海啸席卷全球。这对于当时以外贸出口为主业务的中茶厦门公司来说,无疑是一种严峻的考验。凡益之道,与时偕行。在冷静分析局势后,中茶厦门公司做出了一项重要决策:抓住低成本机会,进行内销全盘扩张,用三到六年时间,让中茶海堤在全国"遍地开花"!

2009年,中茶厦门公司逆市抄底1150吨大红袍,与五个大户签下近亿元订单,将大部分正岩产区的武夷大红袍收入囊中。在金融危机的背景下,中茶厦门公司提早与基地签下订单,不仅给整个武夷山的茶农吃下一颗定心丸,而且开启了逆市发展的新征程。

中茶厦门公司的管理者深谙,海堤茶叶要创品牌,让中国茶文化走向世界,绝不能只停留于低附加值的加工包装,要向研发技术型"厦门创造"转变。于是在中茶厦门公司,一场制茶技术与拼配工艺的技术"蝶变"开始了。2009年,海堤的研发团队创新研制出一款在香气、色泽、口感等都能与金骏眉媲美,价格却非常亲民的"海堤红",促进了红茶市场的理性回归。投入市场短短两年时间,凭借着好喝、健康、实惠的优势,"海堤红"创下单店月销百万元的奇迹,成为海堤大家庭的明星产品。在品质方面,无论从嫩度、拼配,还是工艺、原料基地、包装创意,"海堤红"都造就了红茶品牌的传奇。这一胜利是中茶厦门公司在研发技术上的胜利。

"海堤红"在厦门许多红茶品牌中的异军突起,源于它"100%厦门创造"的高品质。在中粮集团,中茶厦门公司的"海堤红"已成为和"长城葡萄酒""福临门食用油"一样的拳头产品,也为中茶海堤迎来了新一轮的战略性发展。

与中茶海堤当年逆市翻身仗一起在业内被传为佳话的,还有中茶海堤门店奇迹般的扩张速度。2011年,中茶厦门公司抓住高铁效应,顺着高铁线路,以闽南和潮汕地区为核心区域,加快了专卖店"东进北上"的步伐,以广东、福建、浙江、江苏、上海、山东等沿海省市为重点,迅速扩张。

从追赶时代到引领产业,"中茶海堤"专卖店遍布全国,开设了包括专卖店、专柜、零售终端在内的一万多个销售点,在很多城市都能看到"中茶海堤"的身影傲然挺立。

融合创新

2016年,在中茶海堤永春佛手茶新品研发暨功效研究成果发布会上,被誉为"金花之父"的国家植物功能成分利用工程技术研究中心主任、湖南农业大学教授刘仲华在会议上发布研究成果,揭秘佛手茶的功效,让如今风靡茶界的金花进入茶客们的视线。海堤金砖就是佛手邂逅"金花"的健康茶,它是中茶厦门公司科研能力及技术实力的生动体现——经过多年的研发,海堤金砖"青出于蓝而胜于蓝",发花工艺达到国家先进水平。益阳黑茶国家检测中心检测的工作人员坦言,海堤金砖一个标准检测单位的"金花菌"已经达到130万到160万个,益生菌的数量甚至超越黑茶的起步标准,是标准的30万个金花菌的4至5倍。

2017年,是中茶混合所有制改革元年,中茶厦门公司在各方面取得新突破,向国家交出了一张亮丽的成绩单。事实上,中茶厦门公司已连续多年实现年增长20%以上。混改后,一盘棋发展给中茶带来更多优势,包括品种更多样、研发能力更精湛、生产能力更强大、员工积极性更高、采购优势更明显、机制更灵活等。而这些变化将给百姓实实在在的"获得感"——从"好喝"到"喝好",再到"喝得健康"。

2018年,武夷岩茶遭受"非理性"炒作,数十万甚至上百万一斤的岩茶层出不穷，引发茶行业的担忧。在这一关键的发展坐标，中茶海堤迅速行动，履行社会责任，体现央企担当，第一时间联合几大武夷岩茶非遗大师，十多位茶界"大咖"，发起武夷茶界"清源行动"，力促岩茶产业理性发展。几大武夷岩茶非遗大师"送茶入厦"，中茶厦门公司在这一紧要关头发出"为市场提供足量、优质的武夷岩茶，平抑市场价格，让人人喝得起好茶"的强音。

中茶海堤门店

2021年，中茶厦门公司推动品牌体系、产品体系、终端体系三大升级，同时发布了中茶海堤乌龙茶"梅兰香"技术标准，从茶园到茶杯，全过程对茶叶生产的技术进行标准化规范。"梅兰香"的技术规范是中茶厦门公司多年来通过发布行业技术标准的先行先试，助推乌龙茶产业步入"标准化"时代的重要举措。

2022年，中茶厦门公司以"三茶融合"高质量发展为方向，扛起"好茶在中茶"的责任，进一步发挥国有主渠道作用，全链条、多维度助力茶产业持续提高标准化、品牌化、数字化、国际化建设，不断延伸茶产业产品链、价值链、供应链、创新链，守正创新，推进福建省茶产业高质量发展。

2022年6月，中茶海堤在厦门北站开全新门店。这是继中茶海堤厦门T4机场店之后中茶厦门公司在交通枢纽布局的又一重要门店，意味着中茶海堤全面构筑"商+文+旅"融合的茶饮消费新场景再落一子。

忠于国计，良于民生。作为中粮旗下的央企，中茶厦门公司将持续发力，力促中国茶产业健康、平稳、持续地发展，拉近中国茶与百姓的距离、与世界的距离。

（中茶厦门公司供稿）

以茶为媒，予心灵一方休憩之地
——厦门市古道茶艺有限公司

古道茶空间　　　　　　　　　　　　古道供图（下同）

厦门市古道茶艺有限公司是由沈学宁（1961年生）创办的。沈学宁专注于"茶"这一件事，致力于传播中华源远流长的茶文化。他秉承"诚信经营，品质服务"的理念和自己对茶文化的满腔热情，历经二十余年的耕耘，逐步将古道茶艺有限公司扩展为拥有八家直营店、两家专注茶文化的茶空间、一家茶叶批发专营店古云茗茶社和一支专业餐饮运营团队的茶艺公司，是大众商务洽谈、休闲品茗的优选。

古道茶馆以茶为媒，为人们洽谈、休闲提供场所的同时，也将福建饮茶文化渗透其中。人们在曼妙的茶香中，感受到放松的心情和愉悦的情绪，为沟通交流提供了古色古香、韵味悠长的场景。

主要产品

茶饮

古道坚持用自有的好茶底，100%茶叶原叶冲泡，天然茶味，持久茶香。不添加人造蔗糖，贯彻健康理念，喝起来无负担，带来味蕾的新体验。纯选的好味，满足身心与胃。愿以一杯好茶饮，为大众带来简单纯粹的快乐和惬意舒适的享受。

古道茶饮

茶餐

古道将茶元素融入餐饮，形成独具"古道"特色的"茶餐"，让茶以全新的形式呈现在大众的生活中。

古道茶餐回归料理的本质，以简单新鲜的应季食材激发出别样风味，在保留原料纯正口感的同时，又能交汇碰撞出新鲜的味觉体验。茶餐将食物和茶道相融合，当成生活美学一样用心对待，让食客感受到别具风趣的舌尖之乐。

由专业厨师组建的餐饮队伍，保证了菜品的品质。推出的一些茶创意料理，如茶香鸡翅、碧螺春春卷、茶香酥肉等，都受到食客的赞誉和认可。

古道精致的茶餐

传统技艺

茶艺表演

古道不但自己践行茶道精神，更热衷于将茶文化传播给更多的人。为此，自公司成立以来，就组建了一支专业的茶艺表演队。伴随着公司成长，这支队伍也日趋成熟壮大，以深厚的茶文化知识、纯熟的冲泡技艺、有礼有节的行茶礼法承载着茶道的精髓。队伍多次应邀参加各种盛会，逐渐成为厦门茶道表演艺园中一朵怒放的奇葩，享誉业界内外。

茶艺表演八部曲：

白鹤沐浴：品茗杯以品字排开，温杯洁具提高器具温度，便于茶香散发。从右边以逆时针手法温茶具。

赏茶：双手将茶荷送至顾客面前，微笑地请顾客赏茶，并介绍所泡茶叶的相关信息。之后将茶荷放回原位（泡茶台左下方）。

乌龙入宫：投茶后用三龙护鼎的手法拿起盖碗，将摇香后的茶送到客人面前，通过闻香以示尊重。

悬壶高冲：右手提起水壶，将水提高以逆时针手法由低至高注入盖碗，使茶叶转动，注水时满而不溢。高冲手法是让茶叶充分舒展开，便于茶香散发。

春风拂面：左手拿起碗盖，轻轻用S形手法，由上至下快速刮去漂浮的泡沫，使茶汤更加清澈明亮。

祥龙行雨：用三龙护鼎手法拿起盖碗，将盖碗放置于茶巾处，擦拭碗底。用转一圈、点三下手法将茶汤倒入茶海，把茶海内茶汤均匀倒在品茗杯中，标准杯子只倒5分满。

凤凰点头：将茶海里剩余的茶汤，依次以凤凰点头手法，均匀地斟到品茗杯中，至七八分满。

细闻幽香：用请的手势引领对方观赏茶汤的色泽并闻杯盖上的留香。

品啜甘露：品乌龙茶要边啜边闻，浅尝细品，才能体悟到各种美妙的花香和妙韵。

文化传承

宋代文学家苏辙说:"闽中茶品天下高,倾身事茶不知劳。"山环水绕、云雾蒸腾的八闽大地是产茶胜地,茶树品种之多、品茶技艺之奇,冠绝全国。饮茶之风古来有之,形成了独特的福建区域人文特征。烹茶论道,品茗会友,是雅俗共赏的事,早已融入福建人的生活之中。街头巷尾,小桌一摆,茶具端上,三五友人泡茶话仙有之;雅舍素墙,诗情画意之间,禅茶一味,笑谈古今有之。

20世纪90年代初期,正是厦门经济特区高速发展的时候,许多异乡人纷纷到厦门寻找发展机会,商贸往来频繁,商务洽谈,休闲娱乐的需求旺盛。1996年12月28日,第一家古道茶馆门店在太湖新城开张了,从此古道茶馆(禾祥西店)走进大众的视野,优雅的环境,优质的服务让古道茶馆成为了当时人们饮茶会友的首选之地。

已经搬迁的古道茶馆禾祥西店,曾经是厦门市民休闲的首选之地

2001年9月,厦门市古道茶艺有限公司成立,标志着古道茶馆从单一茶馆向综合型茶艺企业转型,业务范围开始涉及茶艺、茶叶等茶衍生链。在沈学宁眼中,茶道精神是茶文化的核心,是品茶的美感之道,亦是一种烹茶饮茶的生活艺术,一种以茶为媒的生活礼仪,一种以茶修身的生活方式。通过沏茶、赏茶、闻茶、饮茶增进友谊,美心修德,学习礼法,领略传统美德,是颇富禅意的一种和美仪式。古道茶馆自诞生之日起,就将茶道精神贯穿于日常经营之中,为人们提供品茶、赏茶、交流的平台。

2002年6月,厦门市古道茶艺有限公司工会成立,这在私营企业实属难得。由此可见,古道茶艺对团队建设的重视程度。

| 领先匠艺 |

古道茶艺表演队在展会上进行表演

2003—2005年，厦门金榜店、厦门天宝店、厦门莲前店先后开业，覆盖岛内主要商圈，辐射周边高档住宅小区。在此期间获得厦门市首届"好店名"奖、"诚信企业"等荣誉，通过ISO 9001：2000质量管理体系认证。

2007—2008年，古道茶艺福州电影厂店、福州五一店开业，将茶馆开到了福州，茶艺业务拓展到省会。

2008—2015年，组建专业团队成立"专业化配送中心"，提高管理效率。厦门莲花店、厦门东渡店、厦门海沧店、厦门同安店相继开业，多次在历届闽南斗茶大赛中斩获奖项，荣获"厦门市著名商标""厦门老字号""诚信经营示范企业"等称号。

2016—2022年，保持古道茶馆拓店步伐的同时，更加注重品牌美誉度的提高，荣获"最具品牌影响"金奖、"品牌标杆奖"。着力打造新品牌古道茶空间，实现战略性转变。

2020年，古道旗下全新的茶室品牌——古道茶空间开业。这是古道新一代掌门人沈晖基于对当下消费市场需求的研判，实现古道品牌的战略性转变。沈晖生于1990年，是沈学宁的儿子，血脉的传承和从小的耳濡目染使沈晖对茶艺特别感兴趣，毕业后便毫不犹豫地投入到了公司的建设中。他在传承传统茶艺的基础上，不断探索、创新、发展，多年来执着耕耘不辍，使古道茶馆在这片茶艺的土地上焕发出新时代的活力。

古道茶空间在开业初期就受到社会各界人士的高度关注，新店开业还带动了一波新式茶空间打卡的热潮，超高的曝光度也让古道茶空间在大众点评和美团厦门地区热门茶馆榜中位列前茅。

沈晖也曾面临现代与传统的强烈冲撞所带来的困惑，但他在传承与创

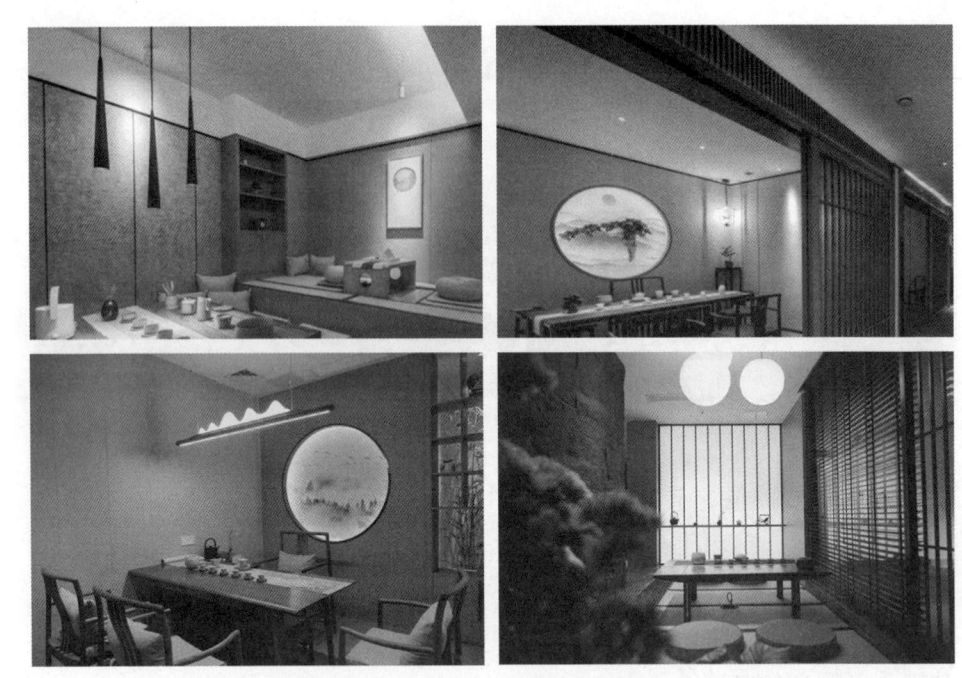

古道茶空间古朴典雅，各具特色的茶室满足了不同消费者的需求

新的同时，始终怀揣着对技艺的敬畏和一丝不苟的用心，勇往直前。从父辈那渴望优秀文化传承的"苦心"，到主动追寻与无悔的"承心"，传承的更迭如同一把薪火，在坚守与创新中不断发光。父辈开创的基业在后辈手中绽放出新的光芒。

新品牌、新体系、新战略，古道在逐年艰难的市场环境与内外压力下不断蜕变，继而使这家"厦门老字号"企业迎来了化蝶新生。历经二十余载的沉浮，古道依旧焕发勃勃生机。

"台根"茶源,颜氏制茶结良缘

——厦门旷野茗工贸有限公司

安溪县蓝田乡朝天山的旷野茶叶基地　　　　　旷野供图(下同)

旷野茶叶品牌诞生于1931年,至今已有90多年历史。其茶叶种植历史可上溯至1897年,经过四代人的持续发展,旷野茶叶在传统工艺基础上不断改进,形成了独有的工艺和特色,建立了自有生产基地、销售网络和研发机构,在福建茶叶市场占有一席之地,先后获得"闽台最具人气伴手礼""闽南十佳礼品"等称号。2019年6月,旷野茶叶被厦门市商务局认定为厦门老字号。

"旷野"对标厦门日渐扩大的旅游市场,将百姓茶和旅游伴手礼作为主打产品,构建了批发市场门店、

厦门市首批厦门老字号单位

专卖店、工行网站、中化、高速系统便利店等多方覆盖的销售网络，销售量逐年递增。除了致力于乌龙茶的研发、销售，"旷野"还积极开拓福建白茶、岩茶的生产和销售，成长为"中国茶产业最具成长潜力 100 强企业"，董事长颜敬虔担任了福建省厦门茶叶商会副会长。近年来，旷野茶叶销售额年增长 10% 以上，旷野茶叶专业合作社销售额和纳税额年递增 30% 以上。

旷野茶叶"老乌龙"

主要产品

台根青心乌龙茶

茶青来自海拔 1000 多米的台湾高山茶发源地——安溪朝天山森林公园。朝天山常年云雾缭绕，漫射光丰富，蓝、紫光比重高。朝天山以腐殖质沙石土壤为主，土层深厚，酸度适宜，茶树生长旺盛，内含物质丰富。安溪青心乌龙茶研究所所长颜敬虔携手国家制茶工艺大师陈清安和安溪铁观音大师李力周、李凯林共同制作完成这款茶，台根青心乌龙茶外形美观整洁，色泽墨绿有光泽，冲泡后有独特的清香、茶香、果香、焦糖香等味道。其滋味醇厚，汤色橙黄，叶底柔嫩呈绿叶红镶边。由于青心乌龙茶纯种数量稀少，被称为茶界里的"大熊猫"。

茶界里的"大熊猫"——台根青心乌龙

传统技艺

颜氏制茶法

在激烈的市场竞争中,"旷野"品牌立足乌龙茶的生产和改进。颜鸿良自创"颜氏制茶法",先后形成祥露醇、旷野、台根等特有的口味和支系品牌,颜鸿良也因此荣获国际注册高级制茶师殊荣。"祥露醇"选用安溪高山浓香型铁观音,具有"入口顺,回甘好"的特点。"旷野"选用性价比较高的铁观音,以"音韵"见长。"台根"采用海拔1000米以上茶园所产半球形包种茶,属高山茶系,甘醇厚重,香气淡雅。

颜氏制茶工序

采茶:采用两叶一芯半开面的茶青。

晒青:一定要晒透,不能晒死,晒到第二叶微微下垂背卷。

晾青:一定要晾到叶片发凉。

摇青:至少分三次摇青,一定要摇匀摇透。

炒制:炒制温度一定要够,也不宜太高,一定要炒熟炒透。

揉制:根据揉捻机正常转速揉捻,直至茶叶卷曲。

包揉:将揉制完成的茶叶装入布袋进行包揉成型。

烘焙:烘焙温度不宜太高65度左右,烘焙直至茶叶干透,含水率小于5%。

颜氏制茶工序图

文化传承

闽台茶缘起于安溪,"旷野"是闽台茶叶和茶文化交流的先行者。2019年4月份,在青心乌龙茶研究所主办的"首届海峡两岸敬茶季"上,台湾茶业改良场的朋友带来了最新培育的茶苗,回归大陆,在两岸100多位茶人的见证下,深植在台湾高山茶母树的身旁,与祖国大陆茶树共沐阳光,同吸雨露,一同凝香吐翠,绽放芬芳。一片茶叶连接了海峡,联结了两岸茶缘。旷野茶叶第四代传人颜敬虔成为两岸茶文化交流合作的亲历者。作为安溪乌龙茶制作技艺代表性传承人,颜敬虔相信,小小的一片茶叶,将会承载着乡思、乡恋,连起海峡两岸茶人,为增进两岸交流,为弘扬中国传统茶文化的精髓不断努力。颜敬虔希望和百万茶人一起,在政府的正确指导下,固好根,培好源,以年轻的冲劲闯劲,以匠人的严谨求精,为发展中国茶业、弘扬茶文化做出自己应有的贡献。

颜氏家族种茶的历史悠久,1897年,安溪县蓝田乡黄柏村颜标家族就与茶叶种植、经营结下了深厚的渊源,开始了一家四代人的创业史、奋斗史。颜标(颜信忠父亲),1889年出生于福建省安溪县蓝田乡黄柏村。8岁随父赴台学制茶技艺,经历20余载学习生涯,于1917年学成回归故土,凭借过硬的制茶技艺,所制茶叶香飘四野,于1931年创立旷野茶庄。

颜氏家族与茶结缘(中为颜标,左二为颜信忠)

颜信忠,颜标的小儿子,1933年出生于福建省安溪县蓝田乡黄柏村。自小在茶园茶香中成长,对父亲传授的制茶工艺了然于胸,情有独钟。

1974年,福建省泉州市安溪县蓝田镇黄柏村成立了制茶厂,凭借着极高的威信、可靠的人品和出色的制茶技术,颜信忠被任命为负责人,而他的长子颜鸿良则成为技术骨干。颜信忠给黄柏初制厂的茶命名为"旷野"。当年的砖壁上刻着的几个字"黄柏初制厂，一九七四年梅月"记录下这一段历史。而留在那些上了岁数老人的记忆中是那对始终在厂子里忙碌的父子：颜信忠、颜鸿良。为解决茶叶销售问题，颜信忠、颜鸿良父子来到厦门，租住在厦门市思明区东砖仔埕20号，走街串巷，推广旷野牌安溪铁观音，来自蓝田高山上的茶香终于飘至厦门。短短两三年时间，旷野茶叶便赢得了不少消费者的青睐，颜鸿良本人更是由于对茶有着独到的认知，为客户所信任。1974—1995年，"旷野"茶销量不断增长，成为厦门几大茶企的主要供应商，甚至远在东南亚一带的华侨回乡时都四处寻购"旷野"茶。

20世纪90年代是安溪铁观音的黄金时代，旷野茶庄恰逢盛世，业务拓展极其顺利。伴着市场经济发展的步伐，一些问题也浮出水面：体量太小、产业链不完整等。面对这些制约企业发展的问题，颜鸿良开始思考自己的下一步方向。1995年，湖里区负责招商引资的部门负责人找到了颜鸿良，几番交谈后，一间由颜鸿良与区里共同出资的名为裕兰的茶厂就此成立，颜鸿良成为这座新成立的茶厂负责人，售卖旷野牌茶叶。

从茶庄到茶厂，意味着产量的扩大，发展空间的扩大。如果说之前的黄柏初制厂还只是一座偏向传统式作坊工厂的话，那么裕兰茶厂则是真正意义上的现代化茶叶加工厂。产量上去了，如何让产品能够顺利地销售出去，成为了颜鸿良工作的重中之重。在严格把控产品质量的同时，颜鸿良通过不懈的努力，加上过硬的茶叶质量，使旷野牌茶叶获得了广大消费者的认可。裕兰茶厂也成了当时厦门茶业界几大品牌的供货商，厦门茶厂、云香茶厂、利安茶厂每年都从裕兰茶厂采购了大量的茶叶。而作为茶厂制茶技术总负责人的颜鸿良，也成了裕兰茶厂的金字招牌。

2004年，合作到期，裕兰茶厂停止营业，颜鸿良成立了新的茶叶公司厦门旷野茗工贸有限公司，颜标家族第四代传人、颜鸿良之子颜敬虔为法人代表。颜敬虔第一时间将"旷野"品牌完整注册下来，新的公司也直接以"旷野"为名开展经营。

颜敬虔坚持从茶园到茶杯的经营理念，做老百姓喝得起的好茶。2012年，旷野茶叶与台湾嘉义阿里山生产合作社达成合作。2013年在家乡安溪蓝田成立安溪县旷野茶叶专业合作社，从种植上开始标准化、规范化地来生产茶叶，茶叶质量得到了很大的提高。

2017年，颜敬虔前往宝岛台湾交流学习，走阿里，访嘉义，探鹿谷，他发现台湾的高山茶跟自己茶园的茶叶极为相似。这一发现，挑动了颜敬虔探究的欲望，他查阅了《崇安县新志》《安溪县志》《安溪茶业调查》等书，走访了安溪产茶乡镇的不少老茶农，经过查证，认定旷野茶业基地所在地就是台湾高山茶的发源地，更印证了安溪是乌龙茶发源地的真实不虚。颜敬虔把消息汇报给海峡两岸茶业交流协会，时任协会会长、原福建省常务副省长张家坤。张家坤会长对此事非常重视，在多次带专业人员实地考察后，为旷野茶叶基地题"台湾高山茶发源地"，并多次嘱咐颜敬虔以此为契机带动两岸茶文化交流合作。

树高千尺总有根，茶香万里总有源。台湾茶叶能有今天的辉煌离不开祖国大陆，离不开它的原乡。时任国民党主席洪秀柱为旷野茶叶基地题写了"台根"二字。台根，意思是这里是台湾高山茶的根，经常有茶人慕名而来参观交流。

颜敬虔在茶文化的传承和弘扬上是不遗余力的，2014年，厦门茶业商会携新疆商会100多人走进旷野茶叶生态基地。2015年，电商巨头京东商城携摄制组到旷野生态基地拍摄京东秋茶节。2015年，安溪电视台进入旷野茶叶生态基地

颜敬虔（左一）接受媒体采访

拍摄《茶园卫士》，向全国观众展示旷野生态基地的立体农业。这些工作都促进了铁观音在全国的宣传，提高了影响力。

在40多年的品牌成长中，四代"旷野"人始终注重诚信经营，提供给消费者货真价实的产品。"旷野"品牌社会美誉度较高，先后获得"首届茶博会铁观音金奖"、"闽南十佳礼品"、闽台伴手礼"最值得推荐产品"、闽台伴手礼"最具人气奖"、"2017遇见厦门好礼十大明星伴手礼"、"中华老字号国际投资博览会最具品牌影响金奖"等多项荣誉。

2016年，颜敬虔成立了安溪青心乌龙茶研究所。研究所成立以后，颜敬虔多次深入茶产区研究学习，以丰富自己的茶学知识，提高自己的制茶技艺。

2020年，安溪青心乌龙茶研究所作为主要起草单位，参与了《台

式乌龙茶茶树品种》《台式乌龙茶茶树栽培管理技术规范》执行标准的制定。

《台式乌龙茶茶树品种》执行标准：本标准规定了适制台式乌龙茶的茶树品种、种苗繁育、种苗质量及检验方法和规则、标志、标签、包装、运输与贮存，本标准适用于适制台式乌龙茶茶树品种的选择、苗木繁育以及种苗质量检验。

《台式乌龙茶茶树栽培管理技术规范》执行标准：本标准规定了适制台式乌龙茶的茶园选择与规划、茶树种植、耕作、施肥、修剪、采摘、病虫草害防治及自然灾害防治。本标准适用于适制台式乌龙茶的茶树栽培技术管理。

2017年安溪青心乌龙茶研究所与台湾明道大学、台湾中华鸿渐茶文化学会达成科研、教学等合作意向书

这两项执行标准弥补了台式乌龙茶在茶园选择与规划，茶树品种选择，种苗繁育，种苗质量检验，包装、运输与贮存，茶树种植、耕作、施肥、修剪、采摘、病虫草害防治及自然灾害防治等方面的空白，为发展推广台式乌龙茶茶产业做出重要贡献。

国粹产业

护佑生命，做关爱人民健康的使者
——福建国大药房连锁有限公司

国大药房门店　　　　　　　　　　国大药房供图（下同）

国大药房隶属于中国医药集团，全国门店总数近万家，经营规模超200亿。福建国大药房连锁有限公司成立于2010年11月，是国大药房在福建省的省级区域公司。福建国大药房前身为"光华大药房"，"光华大药房"的历史可以追溯到百年老店——"万记药房"，早在1932年的《厦门工商业大观》中就有记载，具有悠久的历史和文化底蕴，深受厦门市民信赖，是福建省商务厅认定的福建老字号。

厦门光华大药房连锁有限公司成立于2002年，是由福建省厦门医药采购供应站投资组建的国有有限责任公司，整合了医药站原有的30家零售药店，实行六统一的连锁经营模式，其中23家门店为厦门市医保定点零售药店，是厦门市规模最大的医药零售连锁企业之一。旗下拥有中华老字号回春店、光华店、大同店、公园店等老字号药店。

| 国粹产业 |

2010年，根据厦门市人民政府与中国医药集团总公司签订的战略合作框架协议精神，福建省厦门医药采购供应站包含厦门光华大药房连锁有限公司等全资子公司与中国医药集团国药控股公司进行资产重组，组建了国药控股福建公司有限公司，光华大药房也变更为福建国大药房连锁有限公司，拓展福建药品零售市场，企业发展前景广阔。福建国大药房现有从业人员近500人，公司专业技术人员占比约为50%。门店总数93家，门店分别分布在厦门、漳州、莆田，销售规模连续多年在厦门市处于领先地位。

国大药房厦门中山店

主要产品

光华参茸

鹿茸性温，味甘、咸，具有壮肾阳、补精髓、强筋骨、调冲任、托疮毒的功效，尤其适合中老年人，怕冷人群。光华在甄选鹿茸产品上有着严格的标准，从产品的色泽、质地、气味等方面进行筛选，严格把控产品的质量关。服用鹿茸宜从小量开始，缓缓增加，不宜骤然大量食用，以免阳升风动，或伤阴动血。

光华参茸产品

光华凉茶

主要成分有夏枯草、鱼腥草、荷叶等十多味中药材，经过大火煮开转小火熬制 1 小时而成。秋冬时节饮用热凉茶，既可暖身，又可润燥；春夏时节饮用凉茶，既可降温，又可去湿气、暑气，非常适合在厦门这种特殊的气候环境生活的人们。

经营之道

2018 年，在福建国大药房连锁有限公司总经理于志伟的领导下，国大药房坚持品牌经营，提出"三不卖"（不卖回收药，不卖没有合格证的药，不卖没有正规销售发票的药）的经营理念。通过 13 道质检程序，确保所有进货都有合格证、供货发票、GSP 标准质量证明，推动医药市场规范提高。

坚持以人民健康为中心，大力发展特色突出的大健康产品，成功打造光华参茸产品、国致营养素慢病服务中心。

全力布局新零售，开发自营商城、O2O、B2C、自动售药机全渠道营销，建立起厦门首家 DTP 药房，形成厦门最大规模的 DTP 及双通道专业药房。

推进经营制胜的管理体系，突破传统层级与界限管理，以顾客为中心，保持组织与人才的活力，全体系、全流程着力于为顾客创造好体验、好价值、好产品。福建国大秉承"护佑生命，关爱健康"的企业理念，"健康所需，尽在国大"的品牌定位，"国有央企，质量保证"的经营之道，销售规模连续多年居厦门市领先地位。

文化传承

福建国大药房连锁有限公司旗下中华老字号品牌"光华大药房"，其前身——万记药店，具体的创立年份已无据可查。在厦门档案馆中的资料显示，最早在 1932 年的《厦门工商业大观》中可以找到相关记载："中药店：万记，中山路二四二号。"1947年《厦门大观》"国药业调查"栏目记载："商号万记，负责人林景康，住址中山路一二一号。"（按：厦门中山路门牌号历史上曾多次变更，1928年从西向东编号，1947年从东向西编号，1954年之前再从西向东编号，因此光华药店1954年的地址为240号）新中国成立后，万记药店由林枝藩经营。由于资金不足，又招股入伙，于1954年改名为新万记，由许金星担任负责人。

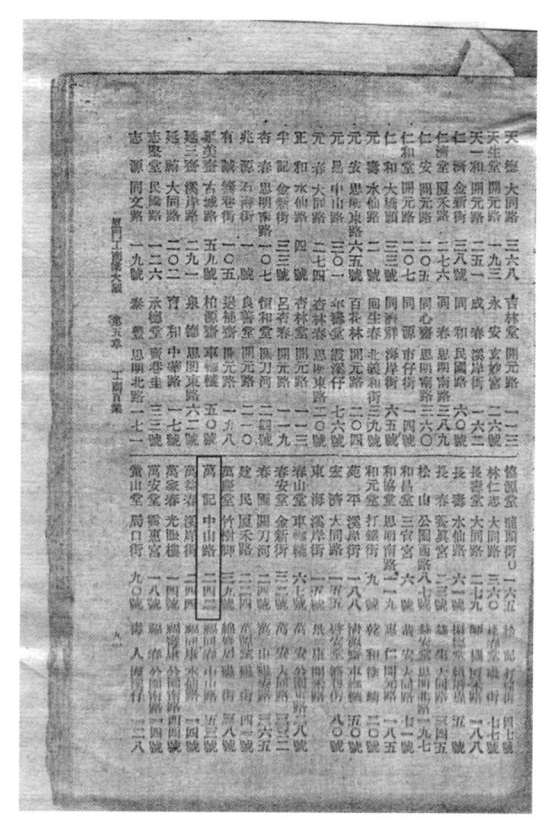

1956年公私合营后，新万记药店归中国药材公司福建省厦门市公司管辖。1957年市公司改为二级站，1958年厦门医药、药材两站合并，

1932年的《厦门工商业大观》相关记载

定名为中国医药公司福建省厦门医药批发站。1968年变更为"中国医药公司福建省厦门医药采购供应站革命委员会"，改革开放后改名为福建省厦门医药采购供应站。

20世纪50年代的万记药店　　　　20世纪90年代的光华药房

1966 年 7 月，厦门对资本家遗留的商号和其他商号全部更名。借当时迎接印尼华人华侨回国的"光华轮"轰动效应，药店负责人将新万记药店改名为光华药店，全称"福建省厦门医药采购供应站光华医药商店"。

早期的光华药店在中山路上总面积不过百十平方米。1973 年，厦门市进行商业网点大调整，在市商业局等有关部门的支持下，光华药店由原先的一间店面扩大到八间店面（即中山路 238 号－250 号），营业面积扩大到 410 平方米，增设了中成药、西药、器械、参茸补品等专柜，经营品种近 5000 个，并备有小仓库。店堂后面配有煎药室、中药饮片炒制间、电动中药碾槽等设施。

自 1973 年扩大营业面积，调派精兵强将加强光华药店的业务技术力量，聘请书法家题写招牌，壮大光华药店声色以来，光华药店得到飞速的发展。销售额从 1973 年的十几万元跃至 1985 年的 199 万元，1990 年增至 826 万元，平均每年递增 32%。2000 年销售额达 2160 万元，居福建省零售药店榜首，占厦门零售药店销售份额的近四分之一。

2002 年 11 月，以光华药店为旗舰店的厦门医药站将下属多家门店实行连锁经营管理，组建厦门光华大药房连锁有限公司，以发扬光大"光华"品牌，光华药店改称"厦门光华大药房连锁有限公司光华店"，但厦门市民还是习惯称其为"光华药店"。

光华药店自 1979 年以来，每年都得到医药站及省、市的各种表扬与奖励，连续多年被评为先进集体。在全市开展的百家窗口优质服务竞赛活动中，连续多次被评为优胜单位，营业员曾淑珍两次获"服务明星"的光荣称号。该店原主任蔡锡标，1988 年、1990 年两次被评为"市劳动模范"。郭悦治、黄炳煌等历届主任也都荣获先进工作者、优秀共产党员等各种荣誉称号。1961 年就进入光华当学徒的戴振声同志，1991 年走上厦门医药站的总经理岗位，直至 2002 年退休。光华药店的先进事迹在国内、国外报刊多次刊登，厦门电视台也做了专题报道，为厦门经济特区医药行业树立了一面服务优良的旗帜。

2010 年，光华大药房加入国大药房，迎来了发展壮大的机遇，除了保留最早的特色经营项目参茸补品，还将业务拓展到更多领域。目前福建国大在厦门、泉州、漳州、莆田区域共有门店近 150 家。其中厦门文园店、漳州瑞京店、泉州东海太古分店、泉州钟楼第一分店为福建区域首批双通道药房。厦门新特店作为 DTP 专业药房，品种齐全、质量保证、专业过硬，为广大市民朋友提供贴心的DTP专业服务。厦门鼓浪屿店为鼓浪屿上唯一一家连锁药店，厦门光华店、厦门回春店、厦门中山店为市民耳熟能详的厦门老字号门店。"光华参茸""光华凉茶"传承传统技艺，深受市民认可。

国大药房将依托国药强大的资本、品牌、分销、物流网络、全国ERP平台、精细化管理等优势，立足福建，构建"药、患、医、险"产业链，以品种齐全、品质可靠、服务专业、线上线下全渠道营销方式打造福建省领先的药品零售企业。

厦门新特店是DTP专业药房

消炎止痛，"鼎炉"精制济四方
——厦门中药厂有限公司

厦门中药厂有限公司全景图　　　厦门中药厂供图（下同）

　　厦门中药厂有限公司（上海医药集团股份有限公司直属企业）是由始建于1965年的厦门中药厂整体改制而成的，传承了有近400年历史的厦门正和号药铺、怀德居药铺、高峰药房、寿生堂、一贴灵等老字号药铺的优秀文化和经典名方。

　　经过多年的发展，厦门中药厂有限公司已成长为一家专注于中药消炎止痛领域研发、生产销售的高新技术企业和自主创新型的示范企业，构建了遍及全国和东南亚、部分欧美市场的营销网络，成功打造了"鼎炉"这一中国驰名商标、福建省著名商标和福建老字号、厦门老字号，拥有两项市级非物质文化遗产项目，先后通过了知

驰名海内外的鼎炉商标

识产权管理体系贯标认证和两化融合管理体系认证，展现出成熟品牌所具有的越来越高的商业价值和越来越广的社会影响。

主要产品

八宝丹

主要成分：牛黄、蛇胆、羚羊角、珍珠、三七、麝香等。

性状：本品为类长圆扁形块状，表面黄褐色或灰棕褐色，有细致密皱纹。上面有一长椭圆环，环内有"八宝丹"字迹。底面有刀刮痕迹，微粗糙，质硬。气香，味苦，微甘。

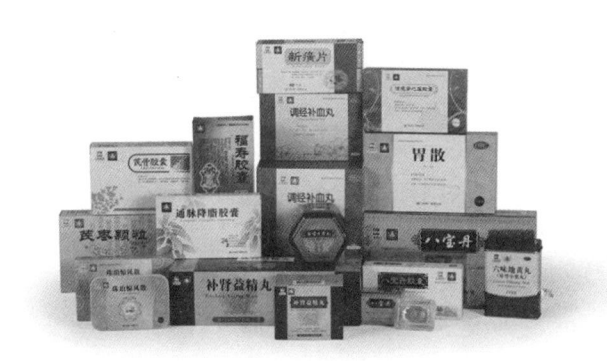

厦门中药厂主要产品组合

功能主治：清利湿热，活血解毒，去黄止痛。适用于湿热蕴结所致发热，黄疸，小便黄赤，恶心呕吐，纳呆，胁痛腹胀，舌苔黄腻或厚腻干白，或湿热下注所致尿道灼热刺痛、小腹胀痛，以及传染性病毒性肝炎、急性胆囊炎、急性泌尿系感染等见有上述证候者。

八宝丹胶囊

主要成分：体外培育牛黄、蛇胆、羚羊角、珍珠、三七、人工麝香等。

性状：本品为胶囊剂，内容物为黄棕色或灰棕褐色的粉末。气香，味苦，微甘。

功能主治：清利湿热，活血解毒，去黄止痛。适用于湿热蕴结所致发热、黄疸、小便黄赤、恶心呕吐、纳呆、胁痛腹胀、舌苔黄腻或厚腻干白，或湿热下注所致尿道灼热刺痛、小腹胀痛，以及传染性病毒性肝炎、急性胆囊炎、急性泌尿系感染等见有上述证候者。

新癀片

主要成分：肿节风、三七、人工牛黄、猪胆粉、肖梵天花、珍珠层粉、水牛角浓缩粉、红曲、吲哚美辛。

性状：本品为淡棕灰色至棕色的片，气香，微腥，味苦。

功能主治：清热解毒，活血化瘀，消肿止痛。用于热毒瘀血所致的咽喉肿痛、牙痛、痹痛、胁痛、黄疸、无名肿毒。

六味地黄丸（异型小蜜丸）

主要成分：熟地黄、酒茱萸、牡丹皮、山药、茯苓、泽泻，辅料为蜂蜜。

性状：本品为绿豆状的黑褐色异型小蜜丸，味甜而酸。

功能主治：滋阴补肾。用于肾阴亏损，头晕耳鸣，腰膝酸软，骨蒸潮热，盗汗遗精。

传统技艺

厦门六味地黄丸制作技艺

六味地黄丸（异型小蜜丸）是厦门中药厂有限公司独家生产的产品，剂型独具特色。其处方工艺来源于距今近400年历史的厦门正和号药铺祖传秘制方，因传统独特的熟地捣泥、药材炮制、蜂蜜炼制技术和特殊的合坨工艺，所制丸粒呈绿豆状，在服用方法上独具特色，兼有丸剂和汤剂的特点。其制作技艺入选厦门市第六批市级非物质文化遗产代表性项目。

正和六味地黄丸的研制

陈则逸（明代同安莲花社人氏）是正和六味地黄丸之父，他自小聪明颖慧，饱读诗书。科举落榜后，萌生"不为良相，当为良医"之念，从此熟读医书，立下"以仁心仁术济世救民"的宏愿。在行医过程中，陈则逸逐渐发现：诊者医术再高明，没有良药也是于事无补。而同样的药方，不同的药材和不同的炮制方法，其疗效也大不相同。其后，陈则逸开始医、药兼顾，亲自为前来求医的病人配药、制药。陈则逸根据长期的医疗实践，对药方中六种原料的分量加以增减，研制出具有滋阴补肾疗效的正和六味地黄丸，对肾阴亏损、头晕耳鸣、腰膝酸软、骨蒸潮热、盗汗遗精、消渴等症状有明显疗效。经过一段时间的临床实践，正和六味地黄丸名声大振。

正和药行并入厦门中药厂后，为使该特色技艺传承下去，厦门中药厂注重培养人才，一代代制药人恪守祖训，精益求精，造就了"正和六味地黄丸"的优良品质。38年来，坚守在制药第一线的江建龙（男，1963年12月生），是厦门六味地黄丸制作技艺代表性传承人。江建龙脚踏实地，深入钻研炼蜜技术、制丸技术、中药炮制技术以及制药设备知识等所有与制药相关的知识与技术，做出了不平凡的工作业绩。江建龙提炼出六味地黄丸（异型小蜜丸）制丸的关键技术，每逢炼蜜，他必到生产现场指导员工操作，将经验毫无保留地传授给员工，并将手工制丸技艺传承给年青一代的制丸工。为使六味地黄丸（异型小蜜丸）规模化生产出的药丸与手工制出的药丸品质相当，他组织进行了优化六味地黄丸（异型小蜜丸）熟地捣泥、合坨工序和调研专用设备等多个项目的攻关和技术革新。

作为厦门中药厂有限公司的制药技术骨干，江建龙将精益求精的思想贯穿到生产细节，提高生产效率，降低生产成本，保证产品质量。他指导的前处理车间QC小组被评为厦门市优质质量管理小组。他的"工匠精神"得到员工的认可与学习，激励着年轻一代的制药人员，不忘初心，砥砺奋进。

八宝丹制作技艺

清同治乙丑年（同治四年，1865年）附于八宝丹包装纸内的"内标"（为阐明产品真伪附于包装纸内的标识），揭示了八宝丹一段鲜为人知的传奇。八宝丹内标原文如下：

> 本庄秘制精料八宝丹驰名二百余年，专治周身突发痈疽肿毒、各种疔疮及水火刀铳、虎狼毒蛇所伤。服之立即应效，其验如神。伤重者每服二分，伤轻者每服一分。若是上部，即用滚水半杯磨服；若是下部，即用童便半杯磨服。每分价银四钱。此丹始自汉苑本岩内发兑，后因道光初年创开茶肆，并附本店中售之，以继利人之便。只有

两处，并无附设别处。恐有无耻之人盗仿本庄丹物骗惑，害人不浅，于同治乙丑年再致内标为记，庶无两误。

汉苑主人谨启

八宝丹内标写道：汉苑茶庄秘制的八宝丹到清同治乙丑年（1865年）已经"驰名二百余年"。清同治乙丑年前溯二百余年，正是明末清初（17世纪中叶）。当时郑成功与清王朝在闽南一带反复征战，百姓中因战争受到创伤或因逃避战争躲到深山老林被毒虫、猛兽咬伤的人数剧增，八宝丹以其特殊疗效成为救死扶伤、"其验如神"的良药。

八宝丹内标

几经辗转传承，八宝丹的配方和工艺由厦门中药厂继承和持有，已先后被列为国家保密品种、中药保护品种，是国家允许使用天然麝香的关键药、特效药之一。其制作技艺也被列为地方级非物质文化遗产项目，成为厦门中医药文化的代表之一，形成了独具特色的养肝护肝文化内涵和品牌价值。

在八宝丹技艺传承上，厦门中药厂有限公司悉心培育人才。作为掌握着公司国家秘密级配方品种——八宝丹制作技艺与处方的传承人，1972年出生的何亚琼（女）入职厦门中药厂有限公司已有30个年头，成为八宝丹制作技艺传承人也有20个年头了。她坚持数十年如一日，扎根于生产一线，时刻把控着八宝丹关键工序的制作，把每粒产品当作工艺品一样精细打磨，没有一丝的不耐与懈怠。因为她清楚，她手中把握着药品的品质与质量，关系着患者的用药安全，也影响着八宝丹这种中药瑰宝的品牌、信誉与口碑。

为了保证产品的品质，何亚琼在传承的基础上，通过长期的观察与分析，从产品的生产细节入手，比较各个工艺参数的细微变化对产品内在品质的影响，努力将经验数字化、标准化。期间她共组织进行了优化八宝丹重要工序和专用设备等多个项目的攻关和技术革新，为增加八宝丹产品的稳定性与均一性，为提高八宝丹的生产效率、降低劳动强度，付出了巨大的心血。

借助中医药的发展机遇，厦门中药厂有限公司进一步加大对特色品牌"八宝丹"的保护和提高，以地方级非物质文化遗产项目八宝丹传统制作技艺和六味地黄丸传统制作技艺为基础，传承非遗制药技艺，多管齐下，深耕细作传统品牌。着重在研发创新和市场拓展方面，不断挖掘重点品种八宝丹在功能主治、剂型规格方面的内涵，打造八宝丹临床应用最安全的具有利胆作用的强效肝细胞保护剂形象，拓展其独特用药价值，发挥"八宝丹中医药文化馆""八宝丹药号"展示窗口效用。

八宝丹经典产品及药号

文化传承

在厦门中药厂有限公司的档案室里，收藏着一份珍贵的历史材料。这是一张长约21.5厘米、宽约15.4厘米的长方形纸片，略微发黄的颜色透着时间的久远，上面印有红色图案以及大小不等的楷体字。首先映入眼帘的是一张如扑克牌大小的图案，图案正面上方印有"厦门正和号"，下面一排略小字"香港分号"。商号的下方是正和号药行第51代传人陈朗山的肖像，再下面是一座四脚方鼎的"鼎炉"商标图文，图案最下面印有"桂附八大丸"。图案的左右竖排分印着"本号秘制各种药丸"和"销售历经三百余载"字样。整个图案设计得古色古香，透着中药的传统味。再看文字内容，分别是产品"桂附八大丸"的主治、"正和号药丸改换包装启事"和"正和号主人陈文明启"的落款。从说明书的内容上看，应是"厦门正和号"于1949年改换产品包装特地印制发行的，既是一份改换包装的启事，又是一张产品宣传广告，充分显示了当时的正和号主人陈文明强烈的品牌保护意识。

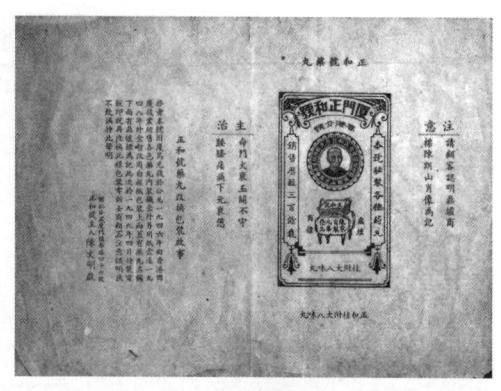

正和内标（最早使用证明）

这份珍贵的说明书首次证实"鼎炉"至少在1948年就已作为商标应用于产品包装上，同时也再次证明了"正和号药铺"（据推测，创立于明末崇祯五年，即1632年）距今已有近400年的历史，弥足珍贵。传承了老字号精髓的厦门中药厂秉持"继承不泥古，发展不离宗"的理念，选择"鼎炉"作为企业产品商标并在进一步优化后于1981年申请注册。经过数十年的精心培育，"鼎炉"商标已被成功打造为中国驰名商标、福建省著名商标、福建老字号、厦门老字号和厦门优质品牌，体现出成熟品牌所具有的越来越高的商业价值。

厦门中药厂有限公司的历史可以上溯到明崇祯年间的正和药行。

明崇祯五年（1632年），陈则逸的正和药行正式开张。"正"，取正大光明、诚信无欺之义；"和"，取和衷共济、和睦融洽之义。正和药行炮制的中成药均选取地道药材，严格按照规定程序炮制，决不偷工减料。

清乾隆中叶（1765年前后），正和药行迁往厦门岛港仔口街（今镇邦路与升平路交界处）。当时的厦门岛市面繁华，

1934年正和药丸行在厦门《国医旬刊》发布广告

商铺林立，竞争十分激烈。正和药行恪守陈则逸"制药无人见，亏心有天

知"的店训，严格按照祖先流传下来的方法挑选药材。

1938年5月厦门沦陷，正和药行迁往香港。1946年10月1日，正和药行重返厦门，在镇邦路46号重新开张。

清道光元年（1821年），汉苑茶庄被委托销售八宝丹。

民国初，汉苑茶庄的后人高峰开设了高峰药房，专门生产王帽商标八宝丹。1931年前后，高峰药房在漳州打锡巷58号设有批发处，在香港湾仔菲林明道2号和国内华侨主要进出港口厦门市开元路178号设有分销处。

1951年，高峰药房向龙溪县人民政府申请商业登记，在厦门开元路（此时门牌号改为180号）设分销处。

1958年，在厦门的高峰药房与正和号药铺、怀德居药铺、寿生堂、甘惠堂、一贴灵等兼炮制中药的中药店联合组建厦门跃进制药厂。为了表明与高峰药房的

1946年10月1日，正和药丸行从香港迁回厦门复业。图为正和药丸行当年在《江声报》刊载的复业启事

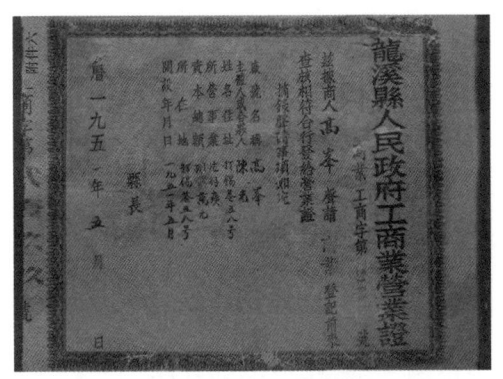

高峰药房，1951年办理的营业执照

承继关系，跃进制药厂以高峰药房为注册人，以高峰肖像为图案，向中央工商行政管理局申请注册了高峰药房商标，作为厦门跃进制药厂生产八宝丹的专用商标。

1964年9月，厦门跃进制药厂与厦门市思明区医院思明制药厂合并为厦门市思明制药厂。1965年4月，厦门制药厂中药车间与厦门市思明制药厂合并，成立厦门中药厂，八宝丹成为厦门中药厂的主要产品之一，正和药行生产的"六味地黄丸"等丸剂产品和商标"鼎炉及图"一并由厦门中药厂承袭。

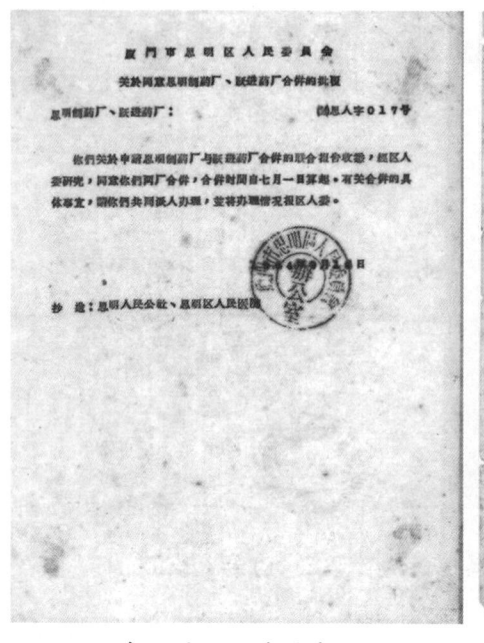

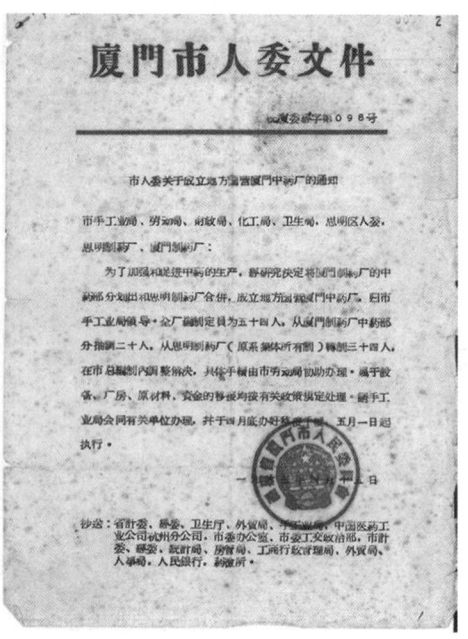

1964年9月，跃进制药厂与思明制药厂合并为厦门市思明制药厂的批文

1965年4月，市人委关于成立地方国营厦门中药厂的通知

2002年，厦门中药厂整体改制，变更为厦门中药厂有限公司，相关商标、产品工艺等同时转让给厦门中药厂有限公司。

2009年，厦门中药厂有限公司搬迁至厦门市同安区白云大道97号，占地面积12.5万平方米，建筑面积4.5万平方米（其中厂房面积3.5万平方米），建有8条剂型的GMP生产线，具备了年提取3000吨中成药的产能规模，拥有片剂、胶囊剂、颗粒剂、散剂、丸剂、锭剂、茶剂等七种剂型和一份原料药的GMP认证证书。可生产包括八宝丹（胶囊）、六味地黄丸、新癀片、肾舒颗粒、海珠喘息定片等传统名优中成药、福建省名牌产品在内的近百个品种。多年来，厦门中药厂有限公司获得多项省级、国家级质量管理方面的奖项，省、市药检部门的产品抽检合格率达100%。

高速包装流水线

中药是中华民族的伟大瑰宝，2019年，由厦门中药厂有限公司在沙坡尾避风坞畔筹建的福建省中医药文化宣传教育基地——八宝丹中医药文化馆揭牌开馆并向市民免费开放。这里曾经是厦门鱼肝油厂的炼油车间，如今这里修旧如旧，并注入了全新的元素——中医药文化。这个以中医药为主题的基地，集中医药文化学习、教育、宣传、体验于一体。展馆设置了中医药文化参观区和健康养生饮品体验区，面向公众免费开放和讲解。这里不定期举办研学、会议、沙龙、培训、竞赛等形式多样的中医药文化活动，是市民和游客了解日常养生和自我保健方法的重要平台。

展厅分为中医药文化简史、福建中医药文化、闽台中医药文化、厦门中医药文化、八宝丹专区、中药文化特色展区和奇趣中医药共七个展区。从战国至秦汉时期开始讲起，梳理了中医药文化的整个发展脉络。福建中医药文化主要从宋元时期开始，福建造纸业和刻书印刷业的兴盛使得福建医术得到一定的流传并取得新的成就，最后出现了兴盛的局面。闽台中医药文化展区，介绍了独具地域特色的闽南中医药文化，着重介绍了董奉、宋慈等出生于福建的古代名医，以及闽、台民间医药信仰文化。厦门中医

沙坡尾的八宝丹中医药文化馆成为市民、外地游客了解中医药发展史的一个重要窗口

药文化展区，介绍了从古至今厦门地区的名医大家、老药铺和现今厦门地区的中医药企业、医院和高校。八宝丹专区，讲述了八宝丹的传奇故事及传承演变过程，并对八宝丹的临床研究进展做了详细介绍。厦门中药厂有限公司中药文化特色展区，展示了旧时期的制药机器、工具以及具有企业发展特色、见证历史变化的展品。奇趣中医药展区中设有与医药相关的俗语、谚语、谜语专区，可翻转的中药植物科普墙，并展示有200多味中药饮片标本，还另外设有多媒体机，内含丰富的中医药养生知识可供自由浏览，为中小学生的研学、社会各界中医药文化爱好者的学习提供了硬件支持。

| 国粹产业 |

齐力精治传家远，安心益民继世长
——厦门齐安大药房有限公司

湖里区嘉园路107-2号的齐安药房　　齐安供图（下同）

齐安医疗源自"齐安堂"，齐安堂始创于1846年，传承七代，现由胡明越接任"掌门"。1983年，胡明越开始跟随祖父胡芳瑞行医抓药，耳濡目染，其后系统性学习中医知识，于1995年在厦门创办齐安松柏门诊部、齐安大药房等。现今齐安医疗已有1家大药房，3家综合门诊，4家口腔专科门诊，2019年被厦门市商务局认定为"厦门老字号"，2022年被福建省商务厅认定为"福建老字号"。

创业至今，齐安一直以"齐力精治传家远，安心益民继世长"为宗旨，服务社区，为市民带

齐安既是福建老字号也是厦门老字号

【235】

来优质的医疗服务。以规范的管理、良好的服务赢得了社会大众的认可和信赖。在服务社区人群之余，亦不忘继承和发扬宝贵的中华中医药文化，发展医疗事业。

主要产品

小儿调脾散

功效：健脾醒脾，淡渗利湿，消食和胃，调和脾胃。
特征：调理益气，辅助食疗，简便易行。
重要价值：治疗小儿脾胃虚弱，便溏，不思饮食。

十三味保胎丸

功效：补气健脾，养血安胎。
特征：中药合成，无副作用。
重要价值：治疗妇女气血两虚，倦怠少食，屡有流产之患者。

疗疮膏（外用）

功效：消热解毒，凉血消肿。
特征："外之病必根于内"，治病求其本。
重要价值：治疗一切红、肿、热、痛的疔、痈、疖。未化脓时可以消散，脓成时可以收敛，溃后可以清热消肿。

齐安堂中药

传统技艺

齐安三味中药："齐安堂疗疮膏""齐安堂小儿调脾散"及"齐安堂十三味保胎丸"。三味代表性的中药选材多为福建道地药材，适合闽西、闽南地区的气候和环境，主治日常生活中十分常见的病症，且"简、便、廉、验"，在民间生活劳动中应用广泛。

疗疮膏（外用）

胡东汉自幼随齐安创始人胡印川四乡问诊，中医传承明白"外之病必根于内"，治病必求其本。在苦心钻研下，精制出消热解毒、凉血消肿疗效显著的疗疮膏，治疗一切红、肿、热、痛的疔、痈、疖。未化脓时可以消散，脓成时可以收敛，溃后可以清热消肿。

小儿调脾散

第四代传承人胡权益自幼好医，肯钻研，医术极精，小有成就。尤擅长于中医儿科，解决了许多儿童问题，益于他们健康成长。后调制出小儿调脾散，调理益气，辅助食疗，简便易行。治疗小儿脾胃虚弱，便溏，不思饮食。帮助小儿健脾醒脾、淡渗利湿，消食和胃、调和脾胃。

十三味保胎丸

第五代传承人胡咸皆擅长治疗妇女不孕症。在祖传秘方基础上，结合民间土方，根据多年行医经验研制出多种利于女性健康的成药，如八味丸、保孕安胎汤等。后期研制出药效显著的十三味保胎丸，补气健脾，养血安胎，治疗妇女气血两虚，倦怠少食，屡有流产的患者，使不少多年未生育的夫妇喜得贵子。因此，胡咸皆被人们称为"送子观音"。晚年他集毕生行医事药的经验，著有《妇科百问》《医案偏方》等书。

文化传承

齐安堂的小儿调脾散、十三味保胎丸和疗疮膏三味中药药效显著，普及民众,技术精细,工序严密,系经胡氏几代人的心血和努力研制出。第二代传人胡东汉精制出疔疮膏,治疗一切红、肿、热、痛的疔、痈、疖;第四代胡权益调制出小儿调脾散,治疗小儿脾胃虚弱,便溏,不思饮食;胡权益之子(胡咸皆)擅治疗妇不孕症,后研制出十三味保胎丸特效药。三味中药研制至今八十余年,甚至上百年,传承已久,效果显著。

齐安第七代传人胡明越认为保护中药文化是责任,而将这种传统文化发扬光大也是每个传承人应尽的义务。因此在2009年,胡明越有了申请非遗的想法并付诸行动。齐安堂民间传统医药小儿调脾散、十三味保胎丸、疔疮膏被认定为市级非物质文化遗产。不久后,胡明越成立传统中药研习中心,大力保护传统中药相关资料,不断开展走访、沟通工作,希望可以扩展掌握的传统医药文化范围,精细化来发掘传承技艺潜在的文化价值、社会价值。

中川胡氏家族是历史悠久的中医世家,道光二十六年(1846年),齐安堂由胡印川(1803—1861)创立,设于永定忠坑(今永定县下洋镇中川村)。中川胡氏家族医药氛围

传承人胡明越培训中药知识及配药课程

浓厚,其村后裔2万余人中有近3000人在闽西、厦漳、南洋等地或从医或事药,尤以胡文虎、胡文豹兄弟最负盛名。印川公所创的齐安堂是胡氏中医世家的分支之一。

齐安堂初建之时,仅有印川公和一名抓药的伙计,历经四代传人齐力精治,至第五代掌门胡咸皆(1886—1948)接管期间,发展成为在闽西、厦门、漳州一带有分号十二家,雇佣伙计近二百人的知名老字号。至此,齐安堂进入鼎盛时期。1938年日军入侵厦门,齐安堂因之回撤永定,仅有两家分号留存。日寇投降后,齐安堂又有两家分店恢复,但辉煌已不复当年。1948年自强公去世,其长子胡芳瑞(1908—1988)继承衣钵,发展齐安堂。1955年,胡芳瑞响应政府号召公私合营,齐安堂便成为当地的医药公司或医疗机构。1979年,顺应历史潮流,胡芳瑞回厦门杏林,

复开"齐安"私人诊所,因其医术和人品在当地享有盛名,人称"大个伯"。胡芳瑞终老后,其孙胡明越(1971年生)接手"齐安",成为第七代传人。

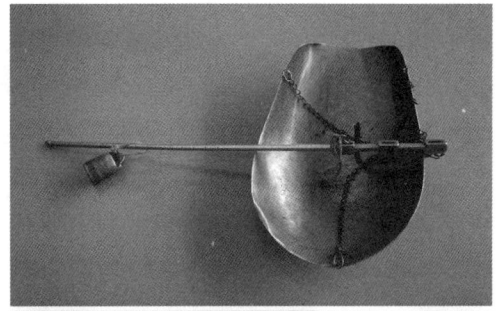

1995年4月10日,胡明越首先在尚未成型的厦门松柏小区设立了第一个门诊部——齐安松柏门诊部。建立之初,门诊部营业面积不到50平方米,仅设有内外二科,由一位主治医师和一名护士主持。但在其后的两年时间内,松柏门诊部先后进行了四次扩建,营业面积扩大到600多平方米,资产达到220万元,现已发展成为以社区医疗为主的综合性门诊部。年门诊诊治人数30267人次,抢救急、危、重病人43例,外科清伤、缝合、手术及门诊诊疗换药共1925多人次。现在齐安松柏门诊部是松柏社区卫生网络中重要的组成部分。

齐安堂炮制药材的主要工具

2005年松柏门诊部

1997年底,齐安决定医药分家,筹备恢复百年老号——齐安大药房。齐安大药房系以齐安医疗机构为依托,秉承"百年齐安,厚德载物""齐力精治,安心益民"的优良传统,运用科学、现代的采购物流通路,以国际上先进的连锁经营模式,构建面向社区群众的平价药房。

齐安大药房设有处方药区(Rx)、非处方药区(OTC)、中药材及中药饮片区、保健食品区、参茸专柜,用规范的国家医药分类标准进行分类管理、分柜零售,每个区配置相关专业人员予以正确指导用药。走进齐安大药房,洁净幽雅的环境,醒目的分类标记,整齐划一的柜台,专业热忱的药剂师导购服务，都会让您感受到齐安一贯"深入社区，服务大众"的精神风貌。

2001年4月10日，齐安芙蓉苑门诊部在厦门市湖里区怡景和后埔社区之间成立，投资180余万元，占地680平方米，开设有内科、外科（外科手术室）、儿科、妇科、中医科、全科诊室、B超、心电图、X光室、检验科等诊室，在社区医疗中发挥了重要作用。

中药房

2001年5月，门诊部与湖里区卫生局联手，成立全国首家民营社区卫生服务站——齐安芙蓉苑社区卫生服务站，承担起小区居民预防、保健、健康教育等公益事务。卫生部副部长及体改委主任曾先后两次来齐安芙蓉苑社区卫生服务站考察，对这一创举充分肯定。2002年5月，齐安芙蓉苑社区卫生服务站被厦门市卫生局及党委评为"诚信诊所"，同年7月又首批获得医保IC卡准入。服务站在2002年4月实行了扩建，营业面积扩大到1000多平方米，总资产计235万元。2004年8月13日，齐安芙蓉苑社区卫生服务站获厦门市湖里区"文明单位"称号。

齐安芙蓉苑社区卫生服务站不仅硬件设施一流，而且医师队伍更是实力雄厚。十三名原市属各大医院医德高尚、医技精湛的退休主任、副主任医师（其中有两位享受国务院政府特殊津贴）在卫生站坐堂诊疗，全天候为居民诊治常见病、多发病，开设专家健康咨询，设立家庭病床，及时抢救急、危、重病人。

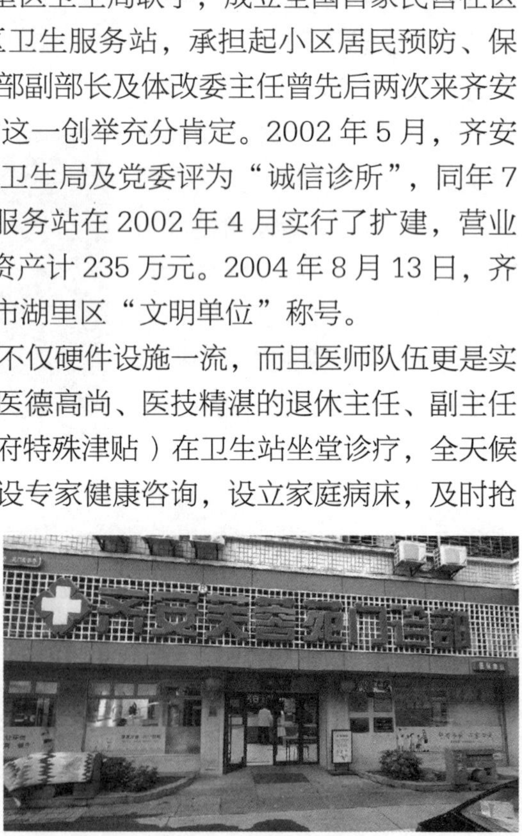

2002年9月20日，在厦门金尚社区一元花园的齐安口腔门诊部成立，面积1400平方米。胡明越投资700多万元，购进包括20台牙科综合治疗椅、3M光固化机、超声洁牙机、X光口腔全景机、超

齐安芙蓉苑门诊部

声根管扩大系统、镍钛根管扩大系统、真空高温蒸汽手机消毒系统等在内的先进医疗设备，聘请多位牙科专家坐镇，创建软硬条件一流的口腔专科门诊，开创厦门市口腔治疗"一人一机"的先河，做到口腔治疗全程无菌，杜绝交叉感染。齐安口腔门诊部推广温情服务，对医疗质量进行全程跟踪，尤以人性化管理而著称。

齐安口腔门诊部

当时胡明越意识到口腔问题逐年发展，虽然群众爱护牙齿的意识还未普遍化，但他认为这将是未来不可忽视的健康问题之一，因此果断开设口腔门诊，虽然前期客人不多，都是以治疗为主，但齐安的技术和服务赢得了群众的认可，为顾客健康着实解决实际问题，通过专业的引导和教育也让大家逐渐重视口腔问题，爱护牙齿健康。

齐安的诚信经营受到社区居民的一致好评。2004年7月，齐安怡景社区卫生服务站在厦门市社区卫生服务站招标中中标，为社区的广大居民提供更优质的服务。

创业多年，胡明越不忘继承和发扬宝贵的中华中医药文化，在竞争激烈的市场经济大潮中一直孜孜不倦地保护、发展中医药文化和事业。齐安也希望通过不断努力，将中医、中药文化转化成市场更能接受的方式再传于市场，例如整理成音视画多元方式保存相关技艺，纳入更权威书籍刊物，得到更大范围的传播和保护，也希望能通过更多活动，最大限度地应用和推广中医药文化，孕育并增加中医、中药文化市场化的活力。

为人类健康事业做贡献

——鹭燕医药股份有限公司

厦门市湖里区安岭路1004号的鹭燕集团总部大厦

鹭燕医药供图（下同）

  鹭燕医药股份有限公司（以下简称"鹭燕医药"）是一家以人类健康事业为核心产业的医药集团企业，主营人类健康产品的研发、生产、销售及服务等业务。2016年2月18日，公司在深圳证券交易所挂牌上市。2019年，被厦门市商务局核定为厦门老字号。

  近年来，鹭燕医药借助上市公司的平台和资本市场的力量，大力推进横向扩张和纵向发展，积极导入以信息化、智能化为引领的"三维立体"发展战略，公司各项事业呈现出积极向好的发展格局，综合实力和行业地位进一步提高。公司已在福建、江西、四川、安徽、海南、香港等地区实现扩张布局，同时积极延伸上下游产业链，形成了涵盖医药工业、药品分销、医药零售、医疗器械、医疗养老、人工智能、第三方物流、电商多模块的"5+3"产业布局，构建大健康生态圈，努力将公司建设成人类健康产业中一流的全球化企业。

2022年，公司实现营业规模（含税）243.51亿元，是2022年中国服务业500强企业（第305位）、2021年中国药品流通行业100强企业（第15位）、2022年福建省100强企业（第56位）、2022年福建省100强民营企业（第27位）、2022年厦门市100强企业（第16位），2022年厦门市100强民营企业（第7位）、厦门市"三高"企业、厦门市重点产业龙头骨干民营企业。

经营之道

鹭燕医药借助人才、资本、品牌及渠道等优势，积极向研发与制造、医疗、养老、养生等产业链上下游延伸，构建大健康产业生态圈。目前已形成"5+3"产业布局，涵盖医药工业、药品分销、医药零售、医疗器械、医疗养老、人工智能、第三方物流、电子商务。

药品分销

药品分销是鹭燕医药的核心事业之一。公司搭建了完善的供应链管理体系，向客户提供全方位的系统解决方案，为上游医药企业提供系统化的商贸、仓储物流、药事服务等增值服务，实现价值创造。

公司已在福建、江西、四川、海南、香港等地建立了覆盖面广、渗透力强的分销直配网络。公司坚持内涵式增长和外延式扩张并举，在做深、做透现有市场的同时，以全中国为目标市场，积极推进横向扩张战略，推动企业持续发展。

医疗器械

鹭燕医药的医疗器械事业经过多年的发展和积累，已在福建省内完成低值耗材、高值耗材、诊断试剂、医疗设备等细分业务平台的搭建和发展，实现了全省医疗机构及终端的全覆盖，拥有高标准、高效率的供应链体系，具备多元化的专业增值服务能力，成为深受上下游客户认可的区域性知名医疗器械服务平台。

目前，鹭燕器械已走出福建省，业务范围辐射四川、江西、海南、香港等地，实现了跨区域的发展。未来鹭燕器械将秉承"守正创新，服务至上"的服务理念，弘扬"诚信务实，优质高效"的经营宗旨，努力打造集团化、规模化、专业化、信息化于一体的跨区域综合服务平台。

医药零售

医药零售是鹭燕医药的重要事业。厦门鹭燕大药房前身是拥有470多年悠久历史的怀德居老药铺。目前鹭燕大药房直营门店遍布福建九地市，在福建省医药零售行业处于领先地位。

在"批零一体化"战略的引领下，鹭燕大药房依托强大的供应链体系和服务网络，全面展开在福建全省主要社区及医院周边的布局，努力把公司打造成为经营全品类的大健康药房。与此同时，鹭燕大药房不断开拓创新，大力发展DTP药房，积极拥抱新零售，探索推进智能化、多功能新型药房，实现线上线下业务的有效融合，搭建医药零售业务的立体网络，为企业发展注入新动能。

鹭燕大药房前身：怀德居统一药房

现在的鹭燕大药房

鹭燕大药房一直秉持"专业用心，品质放心，服务贴心"的经营理念，积极贯彻落实品牌塑造、品类优化、服务提高等经营策略要求，致力成为国内领先、行业一流的医药零售连锁企业，为广大消费者提供专业、优质、便捷的健康服务。

| 国粹产业 |

医药工业

公司积极响应国家扶持和促进中医药事业发展政策导向，大力发展鹭燕中医药事业。公司致力于发展中药生产现代化、中医诊断智慧化，努力构建以智慧中医、现代中药生产、智慧煎药为核心的中医药现代产业体系，推动中医药产业高质量发展。旗下拥有子公司厦门燕来福制药有限公司和亳州市中药饮片厂，以及在建的鹭燕现代中医药产业园。

厦门燕来福制药有限公司是鹭燕医药全资子公司，是福建省首家通过GMP认证的中药饮片生产企业，具有全品种、标准化、高质量的中药饮片生产能力，是福建省规模最大的中药饮片生产企业。燕来福智慧煎药中心遵循千年煎药古法，借助互联网和现代智能化设备，实现中药煎煮的规范化、标准化，为医疗机构提供中药饮片代储、代配、代煎及配送服务。

厦门燕来福制药有限公司

2022年，公司在中国药都亳州投资建设380亩规模的鹭燕现代中医药产业园，投建包括中药饮片、院内制剂、中药配方颗粒等生产制造中心，打造面向全球的高质量、全品种的中药生产平台、销售平台、第三方检测平台及现代中医药研发中心。

鹭燕现代中医药产业园规划图（亳州）

医疗养老

医疗养老是鹭燕医药重点发展的战略事业之一。公司发挥上市平台的资本优势和市场网络优势，积极引进国内外专业的医疗技术、管理人才和世遗文化 IP，努力打造医养生态圈和智慧养老服务平台。

未来，公司医疗产业的发展将以中医文化、太极文化、大数据和人工智能为资源特色，打造集综合医院、专科医院、中医医院、康复医院和太极系列 IP 等医疗机构于一体的医养生态圈。养老产业致力于将"居家养老、社区养老、机构养老"有机结合，利用公司领先的人工智能和信息化技术，打造集安全保障、健康管理、照护理疗、生活家政、文化旅游和其他增值服务于一体的智慧养老服务平台。

新业态

鹭燕医药新业态主要包括人工智能大健康产业、医药第三方物流、电子商务、医药前沿科技等新技术产业，是以创新为引领，以信息化、智能化等技术为手段，将企业传统业务与信息技术、物流技术和大数据应用等前沿技术相融合，研发更丰富、更优质的健康产品与创新服务模式。该创新业务充分把握国家"互联网+医疗"战略规划及发展人工智能的重要机遇，面向市场需求，发展医药物流供应链及医药电商，并延伸智能医师、智能药师、智能养生养老等智能化大健康服务。

1. 人工智能大健康

鹭燕医药旗下设有福建省康源图像智能研究院和广州市康源图像智能研究院等研究机构，围绕"人工智能医师、人工智能中医师、人工智能药师"三大项目开展。其中广州市康源图像智能研究院自主研发的"便携式心电记录仪"已获批上市，并获得广东省食品药品监督管理局批准的首批由研发机构持有的第二类医疗器械注册证。

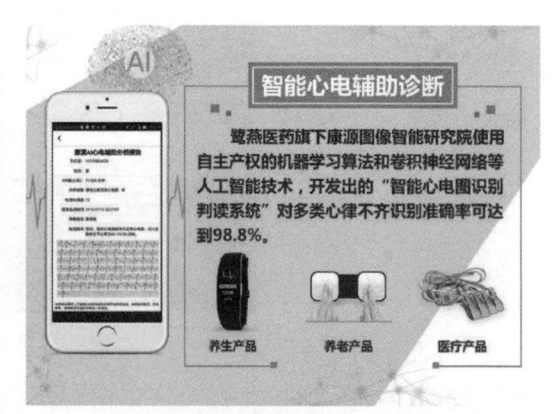

2018年福建省康源图像智能研究院推出系列心电智能产品，推动企业"智能化"三维发展战略

2. 医药第三方物流

鹭燕医药在全国各分销直配网络均设立了物流中心，单福建省一年的物流吞吐量就有400万件。其中厦门现代医药仓储中心是国内业界领先的现代化、智能化仓储中心，占地面积一万多平方米，配置自动化立体仓库、拆垛机器人、货到人前拣选系统等智能设备，实现了医药物流的现代化。

2020年，国内同业领先水平的现代化医药仓储物流中心正式投入使用

鹭燕医药及旗下福建鹭燕医药发展有限公司均具有药品、器械等第三方物流资质。公司搭建了集团化、信息化、智能化，优质高效的现代医药物流云仓云配体系，为广大医药厂商、商业流通企业、终端客户提供系统性、平台化供应链物流服务。

3. 医药电子商务

公司积极拥抱新业态，以创新引领发展，依托自身供应链渠道及物流体系优势，通过优化集中采购、整合各地子公司优势品种，线上线下相融合，努力开拓创新电商服务平台，为政府、厂商、医药流通企业、医院及广大终端用户构建品类齐全、高效便捷、创造价值的大健康产品综合性服务生态圈。

早期的鹭燕医药创新商业模式，由医院采购员到供货点取货转变为医药商业公司上门送货，打破了计划经济机制下药品采购供应传统模式，为医院、医疗机构带来便利。改革业务流程和管理模式，建立购销存专业化分工，构建鹭燕特色的供应链和价值链管理创新模式，形成内部组织的稳定性，提高企业综合治理能力和对外专业化服务能力，赢得了上游供应商和下游客户的满意。

鹭燕医药以"821"战略为指引，以创新为动力，以发展为导向，以结果论英雄，把握市场机会，积极推进互联网＋、5G、大数据、人工智能、物联网、云技术、生物技术等科技前沿技术的应用，在大健康领域的运用与发展中，探索创新业态赋能传统业务的新模式，推进"一个平台，两个抓手"的发展新格局。

文化传承

鹭燕医药的诞生，凝聚了党和国家对振兴中华中医药事业、促进两岸交流和融合发展、推动人民健康事业发展的厚望，也赋予了鹭燕医药聚焦人类健康事业、传承和发展中华中医药事业、促进两岸人民形成统一战线的崇高使命。鹭燕人正是怀着这样的初心扬帆起航，围绕着为人类健康事业做贡献的愿景，自强不息、攻坚克难、爱拼敢赢、勇往直前，创造了一次又一次的跨越式发展，实现了企业从无到有、从小到大、从弱到强的健康、快速、可持续发展大局。

鹭燕医药股份有限公司实际控股人、现任董事长兼总裁吴金祥，毕业于清华大学化学与化学工程系（1980级）、厦门大学EMBA（2002级），曾荣获"厦门特区建设30周年杰出商界人物""福建省优秀青年企业家"等荣誉称号。从清华大学本科毕业后，他曾任职于厦门电容器厂、厦门建设发展有限公司，并很快成长为一名出色的职业经理人。但在他的心中，一直有一个梦想，就是能够以卓越的成就为人民的生活幸福和人类的健康事业做出贡献。

1996年，正当鹭燕

1992年12月23日鹭燕医药发展联合公司在厦门宾馆明宵厅举行成立仪式

1998年位于厦门市同安路鑫明大厦的鹭燕医药发展有限公司前厅

公司发展面临困难之时，吴金祥放弃了其他待遇优厚的机会，带领一批有理想、有抱负、能吃苦、会拼搏的年轻人临危受命，加入了鹭燕医药。在公司管委会的正确领导下，乘着改革开放的春风，承接起鹭燕发展的大旗，脚踏实地，踔厉前行。他们一切从零开始，理顺了公司治理结构，建立了现代企业制度，创立了企业运营新模式，制定了以"横向发展，纵向扩张"为主线的"821"战略，为企业的发展明确了方向和路线。在"821"战略的指引下，依托人才优势，导入先进的企业经营管理理念和方法，形成鹭燕特色的"五个二"经营法则。同时在企业各项资源严重短缺的情况下，公司经营团队想方设法、运筹帷幄、开发资源，有力地支持和保障了企业的生存与发展。在无数的艰难险阻中，鹭燕人"迎着风浪，勇往直前，自强不息，开拓创新"，推动着鹭燕事业的崛起。

鹭燕医药股份有限公司实际控股人、现任董事长兼总裁吴金祥

鹭燕医药尤其重视药品的质量管理工作。在起步之初、资金尚不充裕时，就投入了大量资金在福建省医药行业企业中率先导入 ERP 系统，实现药品购、销、存全过程的信息化管理，同时完善各项规章制度，将质量管理工作细化到日常工作的每一个环节，树立了"鹭燕"在全省行业内的一流品牌地位，成为全省客户的主要合作伙伴，并成为福建省首批通过国家 GSP 认证的企业，为企业在行业的发展中奠定了质量和品牌的基础。在新一届经营管理班子的带领下，公司逐渐摆脱困境，并实现了在厦门地区的立足，市场份额超过厦门地区的三分之一，年营收从 1996 年的 500 万发展至 2000 年突破亿元大关。

公司在不断提高厦门地区市场份额的同时，把眼光投向了更加广阔的市场。2000 年，"821"战略的提出，为公司指明了发展的方向，也就在这一年，鹭燕迈出了纵向发展的第一步，收购控股了 470 年历史的老字号"怀德居药铺"，并以此为基础，成立了厦门鹭燕大药房有限公司。鹭燕大药房以"四个统一"的管理原则及"三心"的服务模式，取得了良好的社会和经济效益。经过二十余年的发展，鹭燕大药房已拥有福建省九地市九家公司，成为福建省拥有最全的院外店及双通道药房网络的领先医药零售连锁企业。

鹭燕医药的横向扩张始于2001年，这一年公司收购并控股泉州鹭燕医药有限公司。自此，在深耕医药健康行业的大前提下，鹭燕医药不断开疆拓土，多点开花，于2009年实现了分销业务在福建省全省九地市的业务布局，率先在福建省内实现对二级以上医疗机构全覆盖，并形成"5+3"产业布局，涵盖药品分销、零售、医疗器械、医药工业等领域，业务布局覆盖福建、江西、四川、安徽、海南、香港等省份及地区。

2016年，鹭燕医药迎来高光时刻，鹭燕（福建）药业股份有限公司在深圳证券交易所中小板成功挂牌上市，成为福建省唯一一家主板上市的医药流通行业企业。公司正式更名为鹭燕医药股份有限公司，开启了发展的新征程。

2005年，鹭燕（福建）集团有限公司挂牌成立

上市后，鹭燕借助上市公司的平台和资本市场的力量，大力推进横向扩张和纵向发展，积极导入以信息化、智能化为引领的"三维立体"发展战略。公司以新技术、新物流、新电商、新零售"四个新型事业"为抓手，实施以批零融合、医药融合、线上线下融合、传统创新融合为核心的"四个融合"战略举措，赋能传统业务，促进创新突破，推动各业态高质量发展。

2016年，鹭燕（福建）药业股份有限公司在深圳证券交易所中小板成功挂牌上市

取得自身跨越式发展的同时，鹭燕医药始终不忘成立之时的初心和使命，将以中国传统文化为根基和灵魂的中医药事业作为企业发展的一大支撑点，立足高远，守正创新，打造"好医＋好药＋好服务"的中医药全产业链布局。目前已与全国119个药材基地合作，拥有厦门燕来福制药有限公司、亳州市中药饮片厂、厦门鹭燕海峡两岸药材贸易有限公司、厦门鹭善堂健康服务有限公司、鹭燕医药智慧煎药中心以及在建的亳州鹭燕中医药产业园等中医药事业平台，努力做强、做大、做优、做专中医药产业，为擦亮中医药这块金字招牌，为推动中医药事业的发展和国际化做出积极贡献。

厦门燕来福制药有限公司：厦门燕来福制药有限公司是鹭燕医药股份有限公司旗下的全资子公司，是一家集科研、生产、经营于一体的现代化科技型中药饮片制药企业，是福建省首家通过GMP认证，也是经营规模最大的中药饮片生产企业，拥有福建省著名商标"燕来福"。"燕来福"品牌产品包括虫草、燕窝、参茸等贵细类、汤煲药膳类、四季养生花茶类、普通中药饮片类等系列产品，在赢得了福建地区广大客户和消费者青睐的同时，借着海峡两岸经济区建设的东风，燕来福搭建了出口台湾地区的中药饮片渠道和平台，是厦门对台中药材贸易的主要企业。

鹭燕智慧煎药中心：鹭燕智慧煎药中心是鹭燕为适应医改新政、满足医疗机构大力发展中医中药形势的需要，于2016年投资建设完成的新型中药销售延伸服务的机构，承接鹭燕在中医药事业板块"好医+好药+好服务"战略中"好服务"的功能，是福建省首家智慧煎药中心。该项目结合了信息化系统与互联网+技术，有效解决了患者煎药难的问题，还能实现对复杂庞大中医数据样本的汇总、分析，推动福建地区煎药事业的智能化发展。

亳州中药饮片厂及鹭燕现代中医药产业园：为布局全国中药饮片市场，鹭燕于2017年并购控股在四大药都之首、华佗故乡的亳州市中药饮片厂，占地总面积24000平方米，现有员工200余人。是一家集中药材种植、加工、销售于一体的融合传统中药饮片加工炮制工艺和现代制药技术的现代化中药生产企业。

为了进一步发展中医药产业，鹭燕于2022年在亳州市又开工兴建鹭燕现代中医药产业园。该项目依托亳州中药饮片厂的资源基础，总建筑面积为33万平方米，建成后总投资预计将超过20亿元。公司希望把该项目建设成为中国当代一流的中医药产业园，打造面向全球的高质量、全品种的中药生产平台、销售平台与第三方检测平台，为中国中药行业发展做出积极贡献。

作为与民生息息相关的上市企业，鹭燕医药积极主动承担社会责任，为守护人民群众生命健康，为助推地区社会经济发展贡献一份力量。特别是在抗击新冠疫情的"战疫"中，鹭燕医药面对复杂严峻的外部环境以及日趋紧张的运营压力，除积极捐款捐物、提供公益服务外，公司依托高效的药械供应链和物流配送体系，确保了各公司所在地医疗机构所需防疫、抗疫物资的供应，还免费向社会公众发放急缺药品，彰显老字号品牌的社会担当和爱心温度。鹭燕医药曾荣获"热心公益爱心企业"，旗下鹭燕大药房曾获"2021年度老字号及传统品牌企业抗击疫情贡献奖"等荣誉称号。

（鹭燕医药供稿）

| 国粹产业 |

镂金错彩,穿越时光的精美绝伦
——厦门惟艺漆线雕艺术有限公司

厦门惟艺漆线雕艺术有限公司禾祥西路的旗舰店 惟艺供图(下同)

厦门惟艺漆线雕艺术有限公司是一家专门从事蔡氏漆线雕产品生产和销售的手工艺品企业,拥有"蔡氏漆线雕""bo hua cai"两个品牌,集中华老字号、福建老字号、厦门老字号于一身。蔡氏漆线雕是厦门漆线雕技艺的杰出代表,历经蔡氏十三代传人,直接推动了漆线雕的传承发展。

1933年"西竺轩美记"铺号章

经营之道

　　蔡氏漆线雕的品牌历史传承可追溯至300多年前的明末清初。根据《厦门志》记载：距今已有三百多年历史的厦门漆线雕，同安"西竺轩"是最早成立的妆佛店和家庭作坊之一，祖传已经有十几代了。20世纪初，国家民族正处于危难之时，漆线雕这一宝贵的民间艺术逐渐凋零，厦门的工艺美术制造业所剩寥寥无几。世代传承的"西竺轩"蔡氏妆佛店在这样的大环境中，坚守着漆线雕这一家族传统技艺，在艰难困苦中，缓慢前行，逐渐发展，已传至第十一代传人蔡文沛。

　　蔡文沛（1911—1975）从7岁始，在"西竺轩"老铺学艺，21岁（1932年）与其弟蔡虎碧、蔡良愿合创"美记西竺轩"佛店。1946

1933年铺号书柬章

蔡文沛与他开创的第二代漆线雕艺术作品《郑成功收复台湾》（1959年）

1959年，媒体报道蔡文沛先生制作作品赴北京参加国庆十周年展览

年，蔡文沛的"美记西竺轩"分店从同安马巷镇迁移到厦门，在古营路25号开设了妆佛店。1953年，产品首次远销东南亚国家。

1954年，厦门手工艺行业成立了三个生产合作小组，其中的雕塑生产合作小组后来转为雕塑生产合作社。在合作化时期，蔡文沛将全部资金尽数入股，加入雕塑生产合作社。雕塑生产合作社后来曾有几次更名，先后为民间工艺厂、艺术雕塑厂、雕塑社。蔡文沛继续公开家传技艺，广收学徒。

1958年，厦门市工艺美术厂在厦门市公园东路40号创建，系集体所有制企业。1969年12月17日，厦门雕塑社并入工艺美术厂，成为厦门市工艺美术厂的漆线雕车间，蔡文沛成为漆线雕车间的技术负责人。

厦门市工艺美术厂在"文革"时期受到极大的冲击，工厂解体。到1972年，工艺美术厂正式恢复生产。此时担任漆线雕的生产管理工作并负责向新学徒传授技艺的是蔡氏漆线雕第十二代传人蔡水况，他为漆线雕工艺的恢复与发展做了许多贡献，是厦门市首批工艺美术师之一。

原来只应用在佛像雕塑上的漆线金木雕，经过蔡氏漆线雕第十二代传人蔡水况的突破性创新，

原厦门市工艺美术厂

成为厦门市特种工艺品，产品远销国外市场。最好的年份，这类产品出口交货总值达48万元。从新中国成立初期到2000年，厦门市能够生产漆线雕的仅厦门市工艺美术厂一家。

2002年1月18日，厦门市工艺美术厂改制，由核心技术骨干和工艺美术厂控股股东厦门市二轻集体企业联社共同投资成立惟艺漆线雕公司，专门从事漆线雕产品的生产及技艺的传承和保护工作，由蔡水况任高级艺

术顾问,其徒弟、蔡氏漆线雕第十三代传人蔡彩羡、王志强作为公司技术骨干在漆线雕领域锐意创新。惟艺漆线雕高级艺术顾问蔡水况先生先后被评为国家级非物质文化遗产保护项目"厦门漆线雕技艺"代表性传承人、文化部非物质文化遗产保护工作先进个人、中国民间文化杰出传承人、中国工艺美术大师,是厦门市迄今为止唯一的一位中国工艺美术大师。惟艺漆线雕创作的作品成为中国13项通过联合国教科文组织的"杰出手工艺品"徽章认证者之一。2006年5月,惟艺漆线雕作为唯一申报单位申报厦门漆线雕技艺,被文化部认定为首批国家非物质文化遗产。

在历史的烟波中,蔡氏家族对漆线雕技艺的传承和精研,使得以蔡氏为代表的厦门漆线雕工艺得以一脉相承,创作出不计其数的绚烂多彩、赓续绵延的漆线雕艺术品,涵养了闽地精神文脉,厚植了闽人文化自信,让非物质文化遗产绽放出更加迷人的光彩。

主要作品

漆线雕艺术作品在民间应用广泛,作品形式主要以人物造像、漆线雕装饰瓶、漆线雕装饰盘为表现形式。其中神像是传统漆线雕的主要产品,品种上百款,规格品目繁多。佛教佛像、道教及民俗神像、历史人物等常常出自漆线雕传人手艺,漆线雕造像艺术作品规格最大的高达4.5米,最小的约8厘米高,可置于掌中。造像按照世代相传的程式化了的模式制作,造型准确,形态庄重,表情慈祥,衣纹简练,虚实处理得当;衣饰精细而优美,颜色典雅而华贵,展现了漆线雕精美绝伦的技艺。

人物造像系列

代表作:《四大金刚》
作者:以蔡水况为主的工艺美术厂创作组
制作年代:1981—1983年
材质和成分:泥胎、漆线泥、金箔
形制和尺寸:坐身,4.5米高
制作技艺:完全按照漆线雕塑造形体工艺、粉底工艺、漆线装饰、妆金填彩工艺制作。

产品功能：厦门市南普陀寺定做的神像。

艺术价值：参考借鉴了许多名寺雕像的优点，集中展现了漆线雕工艺的装饰美，粗细线条的应用灵活，强调漆线堆叠的立体性，文饰疏密有致，达到镂金错彩、金碧辉煌的效果。

代表作：《郑成功收复台湾》

作者：蔡文沛

制作年代：1959年

材质和成分：泥胎、漆线泥、金箔

尺寸：规格100 cm×80 cm

制作技艺：完整地运用传统漆线雕工艺塑造形体，粉底工艺，漆线雕扎工艺，以妆金填彩工艺来为作品的塑造服务。

蔡水况在南普陀寺留影

产品功能：艺术观赏品

艺术价值：用接近现实主义的创作方法，人物造型上没有丝毫的脸谱化、程式化倾向。作品主体由郑成功、渔夫和一个旗将三人构成，着重刻画了人物的内在精神气质，对郑成功威严、洒脱的风度，老渔夫机智、亲切的表情，不做过分的夸张，一一合乎典型化要求。作品的技法运用也达到空前高度，每一个细节都是严谨的，是蔡文沛先生的成名作。

代表作：《波月洞降妖》

作者：蔡水况

制作年代：1985年

材质和成分：脱胎漆器、漆线泥、金箔

形制和尺寸：立身圆雕，70 cm×40 cm

制作技艺：用泥塑造形体后，制作成脱胎漆器的坯体，取代泥塑坯，而能永久保存。总结性地运用了漆线雕传统四大工艺的特点。

产品功能：艺术观赏品

艺术价值：造型空灵，韵律感甚好，人物之间完美呼应。神态逼真，雕像虽小但气度不凡，色彩丰富而和谐，充满民间艺术趣味。1994年被中国工艺美术馆收藏。

漆线雕装饰瓶系列

漆线雕装饰艺术瓶花色品种、规格有上百种。最大的高 150 cm，直径 70 cm；最小的高 10 cm，多数作为馈赠礼品。

代表作：《年年有余》

作者：庄南燕、王志强、张建生

艺术指导：蔡水况

材质和成分：瓷器、漆线泥、金箔

尺寸：12 寸（30 cm×16 cm）

制作技艺：漆线装饰工艺、妆金工艺

产品功能：艺术观赏品

艺术价值：以现代的表现形式、传统的技艺来体现百姓所喜闻乐见的吉祥祈盼。作品点、线、面结构优美，节奏感强烈，在古朴中见新颖，在现代感中见传统，于 2004 年获得国家级金奖。

漆线雕装饰盘系列

漆线雕装饰艺术盘花色品种、规格有上百种。最大规格直径 60 cm，最小规格直径 6 cm。

代表作：《九龙盘》

作者：王志强

制作年代：2002 年

材质和成分：瓷器、漆线泥、金箔

形制和尺寸：圆形，14 寸（36 cm×36 cm）

制作技艺：漆线装饰工艺、妆金工艺

产品功能：艺术观赏品

艺术价值：《九龙盘》由中间一正龙与周围八小龙构成，构图饱满完整，布局庄重，给人磅礴大气的艺术美感。粗细对比强烈，龙的鳞甲，鬓纤毕现。加之洪波涌现，流云卷舒，既极度细腻又极度辉煌，充满中华民族文化的强烈特征。2003 年获得省级银奖。

代表作：《春天》

作者：庄南燕、蔡彩羡、郑坚白

制作年代：2004 年

材质和成分：瓷器、漆线泥、金箔

形制和尺寸：圆形，14 寸（36 cm×36 cm）

制作技艺：漆线装饰工艺、妆金填彩工艺

产品功能：艺术观赏品

艺术价值：《春天》突破漆线装饰难以具形地表现人体的难点。用传统的技艺来体现现代时尚，在拉近空间距离上做了大胆的尝试。作品贴近现代生活，具有很强的时代感，2004 年获国家级银奖。

代表作：《龙之魂》

作者：蔡水况

创作年代：1973 年

材质和成分：中国红瓷器、漆线雕

尺寸：22 cm×18 cm

作品简介：中国龙是中国工艺美术作品常见的最传统、最具中国文化代表的艺术主题。用漆线雕独特的线条语言表现"龙"这一形象显示出与众不同的艺术魅力。《龙之魂》力求在传统的主题、传统的形式上做一点创新尝试。

作品采用的是艳丽华贵的优质釉彩"中国红"球形瓶为表现龙的载体。这一造型新颖的球瓶上为球状，有地球的象征含义，下为有变化的小圆柱支撑，更突出上部的圆球形状。球形瓶分为四格，象征四海。上塑四条欢腾的金龙，四只瓶耳亦为龙形。作者对其作品的新创意做了新的诠释：中国改革开放经济发展走向世界，"四海翻腾，朝气蓬勃"，一派生机盎然、欢乐喜庆吉祥的瑞象。

该作品的最鲜明艺术特征是以不同的漆线工艺手段塑造平面的龙与立体的龙，不同的线条组织表现龙体不同的部位。通过粗细线条表现了云纹、水纹等图案，使龙的形象更加生动，其结构合理，肌理丰富。这件作品以纯手工劳动，丝丝入扣地表现每一个细节，所有细节的和谐统一使作品整体美感很强，充分地表达了蔡氏漆线雕艺术特有的精致华美高贵的艺术风格。

代表作：《英雄》

作者：庄南燕

制作年代：2005 年

材质和成分：漆板、漆线雕

尺寸：140 cm×136 cm

作品简介：在设计立意上突破了漆线雕的常规概念，以古代将军战甲为背景，加上贴金上彩的京剧大花脸谱。通过双层重叠的手法，加强了漆线雕艺术的表现力。通过青铜色衬金色的色彩对比、线条曲直的对比，烘托出英雄气概。在表现技法上进行了新的尝试，在色彩的运用上有了新的创造。现存放于中国工艺美术馆，荣获 2005 年福建省"争艳杯"金奖。

代表作：《远古的呼唤》

作者：蔡彩羡

制作年代：2005 年

材质和成分：漆线雕、陶罐

尺寸：68 cm

作品简介：这是一只造型新颖的现代艺术趣味的陶瓶。漆线雕用原始时代怪异的脸部饰纹为它进行再创作，并在金银箔的处理上做了新的探索，以期达到别开生面的艺术效果。

现收藏于厦门惟艺漆线雕艺术有限公司。

荣获 2005 年福建省"争艳杯"银奖，荣获 2006 年全国"金凤凰"创新产品设计大奖赛金奖。

代表作：《双雄会》

作者：张建生、蔡彩羡

制作年代：2005 年

材质和成分：漆板、漆线泥、金箔

尺寸：100 cm×80 cm

作品简介：京剧脸谱和漆线雕工艺都是极具中国文化色彩特征的艺术形式，两者的结合创造出最具有中国艺术特色的形式。用漆线雕来勾画京剧脸谱必须运用漆线雕的线条语言，精细的线条又要充分表现"大花脸"的英雄气概，此中的艺术处理即是漆线雕的一种创新课题。作品以大块面的头饰，大线条、大色彩的脸谱花纹映衬最精致、细密的长髯的长线条铺展。长髯的长而疏密的线条如发丝，上半截较短且密，下半截较长而疏，形成"飞流直下三千尺"的瀑布状，以精巧、精美、精致的手法来表现英雄的豪迈大气势。该作品的创新成功之处正是这一点。现收藏于台湾地区，荣获 2005 年第六届中国工艺美术大师作品暨工艺美术精品博览会金奖。

精美绝伦的漆线雕艺术品为人们的生活增添了别样的美

传统技艺

厦门漆线雕技艺

传统的漆线雕制作严格地说应该包括四个方面：雕塑、粉底、漆线装饰、妆金填彩。对手工作品的创作设计而言，雕塑是首要的。但就漆线雕线雕艺术的特殊美感而言，漆线装饰的技艺才是关键，因而这道工序成了它的工艺名称，逐渐成了它的产品名。

　　漆线雕工艺起源于明代中晚期，是受宋元时期的线雕工艺，特别是沥粉和泥线雕等工艺的启发而产生的。明代初期出现少量应用堆漆的表现手法，但并不多见。直到明中晚期，漆线雕工艺逐渐形成，并得到较大的发展。这一阶段的漆线雕主要还是以平面局部造型为主。明末至清初，漆线雕工艺在原来平面局部造型的基础上扩展为全部的装饰，并采用漆线和堆漆并用的手法，从而达到浅浮雕的效果。清中期，漆线雕达到了鼎盛阶段，表现手法进一步拓宽，工艺几近登峰造极，技法更为纯熟，粗细线条的运用也更加灵活，并开始采用漆线堆叠的立体手法。加之贴金、配彩，使之达到镂金错彩，美轮美奂的艺术效果。民国时期，漆线雕工艺水平低落，好的作品难得一见。新中国成立后，漆线雕技艺逐渐恢复，其发展态

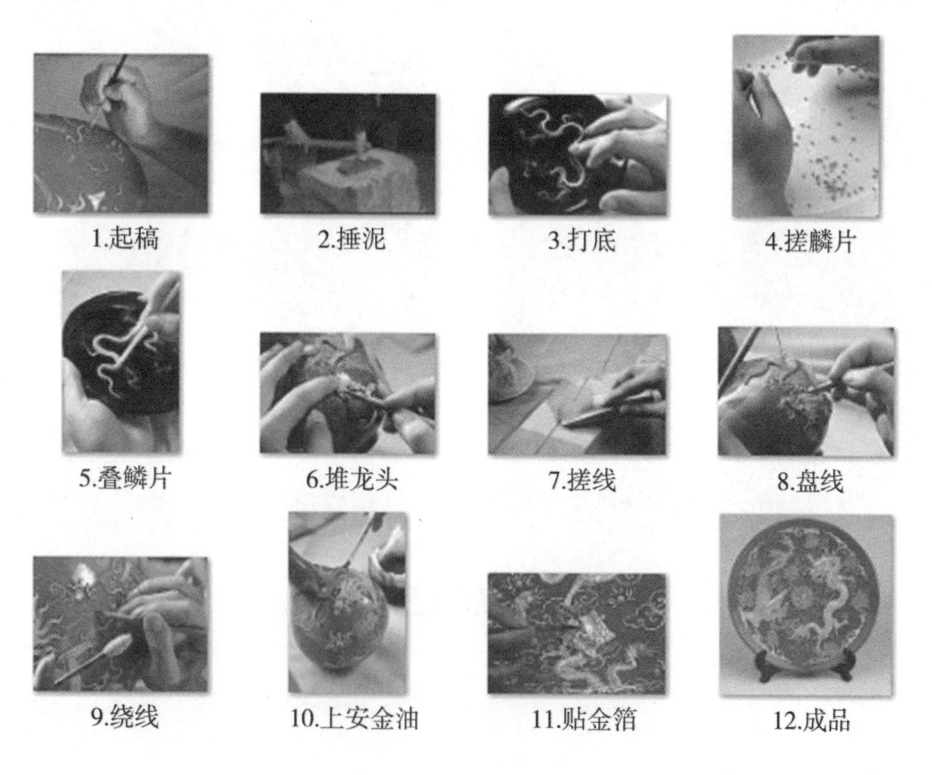

1.起稿	2.捶泥	3.打底	4.搓鳞片
5.叠鳞片	6.堆龙头	7.搓线	8.盘线
9.绕线	10.上安金油	11.贴金箔	12.成品

漆线雕技艺流程图

势随着时局而变动。近年来，在国家大力"加强非物质文化遗产保护和传承，积极培养传承人"的背景下，漆线雕工艺迎来了传承保护的好时机。

制作技艺：用陈年的砖粉和大漆、熟桐油等原料调和。经过反复舂打成像面团一样柔软又富有韧性的泥团，俗称"漆线土"。再由手工搓成线（可以随意搓粗、搓细，可以搓到比头发还细），称为"漆线"。然后在涂有底漆的原雕上用漆线盘、结、绕、堆，塑造图形。漆线雕的材料大多数是就地取材配制的，每道工序用料都不一样，而且制作原材料的过程相当繁复。

工艺特点：易浮凸成型，线条精致流畅，可以随心塑造。图纹式样塑造的高低、粗细、疏密，对比非常完整精致，不仅可在泥塑、木雕、夹苎雕、脱胎漆器、瓷雕等其他材质的原雕上进行纹饰，还能以独立的艺术形式进行漆线雕艺术作品的创作。漆线雕是诸多线雕工艺中最为完美、最为灵活的一种。

文化传承

漆线雕工艺在厦门流传三百余年，历经十三代传人，几辈名家千锤百炼，不断精进。它之所以达到今日的精艺，被称为"漆线世家"的马巷蔡氏传人功不可没。蔡氏的传承关系，现在只可上溯到清朝中期同安城名噪一时的蔡家作坊"西竺轩"。其第八代传人蔡伍祥，第九代传人蔡善养，第十代传人蔡春福兄弟。因其世代恪守"传子不传女"的祖训，故该技艺只为蔡氏所保守。蔡家亦世世以漆线雕装饰佛像为业。在整个闽南以及东

1956 年，蔡氏漆线雕家族作坊

南亚，凡有华人供奉寺庙之处，大概都有蔡家的工艺。

蔡文沛是个承前启后的人物。他摆脱了传统神像的桎梏，把漆线雕从神佛身上请下来，变成了现代人物身上的纹样，他首次用漆线雕来表现历史人物。在漫长的创作生涯中，蔡文沛的创作方法越来越接近现实主义，他的作品取材多是来自神话和历史故事，尤其是历史上的民族英雄。他的名作《张飞战马超》在人物造型上没有丝毫的脸谱化、程式化倾向，张马相对，枪矛并举的一字式构图，显示出壮阔的战场气氛，使整个作品达到高度的完整。他总结了以前数代先人的经验，集其大成，开辟了新的工艺天地。蔡文沛老先生还广收门徒，成为将蔡氏漆线雕工艺美术的传承关系扩展到家族以外的第一人，培养了大量的新秀。蔡文沛的革新和创造，不是抛弃优秀的民间传统，建造空中楼阁，而是凝聚着民间艺术的精华，保存着闽南地区的艺术风貌。他正是以此为根基，使其作品具有不朽的生命力并代表了传统工艺的新高度。

惟艺公司蔡氏漆线雕第十二代传人蔡水况，十五岁正式跟父亲蔡文沛学艺，广泛涉猎，艺术视野日渐开阔，作品小到彩蛋，大到丈二金刚，无不精彩绝伦。他摆脱前人一贯只把漆线雕用于表现神佛、戏剧人物的规矩，独树一帜地把传统的各种吉祥纹样独立地当成艺术形象，直接表现在瓷器上，成功开拓了漆线雕的新产品。

20世纪80年代，蔡水况为次子传授技艺

龙是漆线雕艺术的典型形象，几乎没有一个漆线雕艺人不善于做龙的。随着漆线雕工艺的精进由平面成浮凸，龙的头部由低到高，龙身由平而高低起伏。龙的形体和动态，给予漆线雕线条淋漓尽致的表现空间，由粗线盘结而成的龙头苍劲、威武，精、气、神具足。线条盘绕堆叠，生动地将游龙的起伏、转折、游走的体态尽显。粗细对比之下，龙的鳞甲、鬃纤毕现。加之洪波涌现，流云卷舒，既极度细腻又极度辉煌。蔡水况把当时神佛身上装饰的纹样，特别是龙的纹样独立出来，完整起来，让它成为一种能够作为单独工艺品的表现形式。蔡水况将这项绝技用在瓷瓶、瓷盘，甚至是蛋壳上，首创漆线"龙凤盘、瓶"，使漆线装饰工艺独立为一种自由的艺术表现形式，并谓之"漆线雕"。这一创举开拓了漆线雕的创作视野，使得漆线雕从一个小小的民间工艺品，走进了艺术的殿堂。

小小的漆线雕，留住厦门的光阴故事，见证时代的沧桑巨变。一路走来，蔡氏漆线雕艺人跌跌撞撞。这项技艺能传下来、活起来，还实现了线条之美、色彩之美和图案之美的飞跃，实属不易。这当中凝聚了几代人的心血。

2005年，蔡水况在其作品陈元光坐像前留影

精雕细琢，重现同安锡雕活力
——厦门银敲文化艺术有限公司

郑天泗和庄亚新夫妇在银敲锡雕工作坊　　银敲供图（下同）

厦门银敲文化艺术有限公司、厦门市同安区新赐锡雕工作室由郑天泗和庄亚新夫妇俩创办，厦门市同安区新赐锡雕工作室是福建省级非遗代表性项目同安锡雕的保护单位，2019年被厦门市商务局认定为厦门老字号。品牌"银敲"寓意银城同安千年史，敲得锡艺百年传。"银"字是同安的简称，"敲"字时刻提醒郑天泗和庄亚新这两位非遗传承人，只有坚持把传统手工技艺与现代设计理念相结合才能敲打制作出别具一格的锡雕作品，才能把同安锡雕文化传承下去。

郑天泗、庄亚新夫妇的锡雕技艺师承自泉州晋江民间打锡艺人李耀辉的第三代传人李剑泞的口传心授，夫妇俩全面掌握这门技艺。在发展中，他们坚守传统的熔锡、刻模、精铸、压板、剪裁、敲形、雕刻、锉形、组装、安金箔等近二十道工序的制作技艺。初创时期，以制作锡灯、锡香

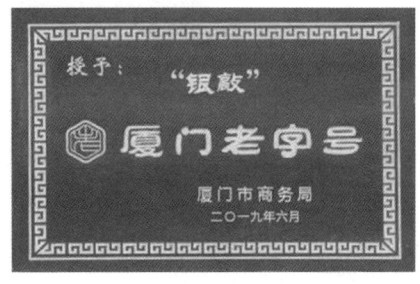

银敲锡雕获得多项荣誉

炉、锡烛台、锡酒壶酒杯、锡花瓶等佛、道教器皿为主。近十年又在传统技艺上推陈出新,制作锡制装饰品、配套文创作品等,让闽南传统锡雕走入大众视野,重新焕发生机。

主要作品

节节高升

这是一丛长在石头缝里的竹子。竹子挺拔而有力,石头坚硬而厚实,整件作品呈现出卓尔不群、不卑不亢的风骨。这是郑天泗、庄亚新的转型之作,在大量观摩竹子的形态时,应用同安传统锡雕技艺一点点敲打出来的。在石头的表现上,为了表现其锋利坚硬的感觉,在选择适合表现石头的材质、工艺时,两人颇费心思,做了很多尝试,最终亭亭玉立、别有一番神采的《节节高升》作品

节节高升

得以问世，也蕴含着创作者希望锡雕技艺节节高升的美好愿景。

乘风破浪

作品沿用传统的打锡技艺，用数块锡片通过不同的锻打和表现手法，制作出"波涛汹涌"的场景，一艘插着五星红旗的锡帆船在"逆境中"扬帆起航，乘风破浪，驶向"如花似锦的彼岸"！这艘看似简单的锡帆船，实则工序复杂，须经历熔锡、制板、雕刻石墨、敲打冷锻、焊接、整形、打磨……才能从创作者的手中脱颖而出。

乘风破浪

富贵吉祥

数片锡板经裁剪、敲形、焊接成孔雀，再在裁剪好的毛鳞片上划出毛纹，最后一片片地焊接上去。四周牡丹用手工裁剪、调形等，配以剪好的锡丝为花心，形态逼真。孔雀和富贵牡丹上点缀按99.8%的真金箔配色，再与天然的树根巧妙地结合。整件锡雕艺术作品美丽大方、富丽堂皇、独一无二，有极高的观赏价值和收藏价值。

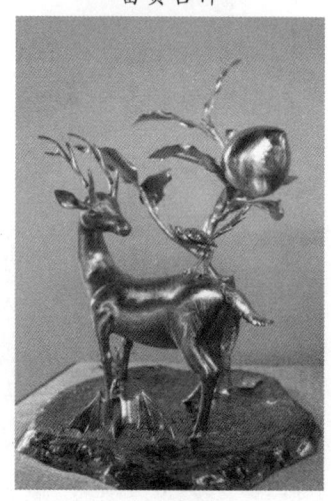

富贵吉祥

福禄寿喜

用十几块纯锡板敲打、焊接精制而成。蝙蝠（福）、鹿（禄）、寿桃（寿）、喜鹊（喜）构成一幅传统的福禄寿喜图，生动有趣。在闽南语中，"锡"与"赐"同音，用锡制作的工艺摆饰品更显得吉祥、珍贵。

福禄寿喜

共筑大业

荣获由中国工艺美术协会举办的"金凤凰"创新产品设计大奖赛银奖。作品以云南锡锭配以约 99.3% 的锡和约 0.7% 的铜为主要材料，纯手工锻造出树叶的肌理效果，敲打出叶脉纹理，"大叶"技艺表现出福建省级代表性项目"同安锡雕"的传统手工技艺。

九只蚂蚁寓意长长久久，四方台子寓意四平八稳。九只不同姿态、颜色的蚂蚁代表来自五湖四海的人们走到一起，分工合作、齐心协力、团结一致，共同托举起一片大叶（大业）。作品不仅形象逼真充满趣味，而且展现出一种团队的力量，团结合作、努力拼搏、积极向上才能达成共赢共筑大业的正能量场景。

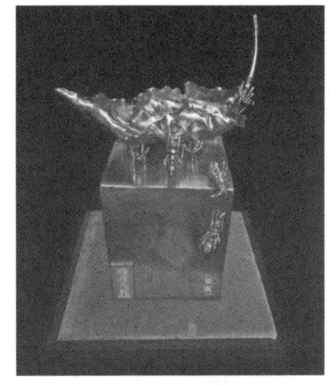

共筑大业

传统工艺

同安锡雕传统手工技艺

锡雕是以云南的 99.99%AA 锡锭为主要材料，辅以微量铜，增加硬度，与纯手工和传统模具（石模）浇铸小配件相结合的传统手工技艺，工艺精细，工序繁复，主要流程有构思、绘图、熔锡、雕模、精铸、压板、刮板、画形、裁剪、敲形、锉形、雕刻、焊接、打磨、抛光、水洗、组装、上色、安金铂等。

1. 熔锡：原材料锡每一锭重量约 25 千克，须以 200 多度的高温进行熔化。将锡锭放置铁锅中用大煤炉熔化（早时是用木柴烧），待锡熔化成锡水，其表面有一些因高温烧被氧化而成的杂质，用小铁勺将杂质捞上来，后再用小勺将锡水打上来，倒在底板上成小条状，便于之后使用。

2. 压锡片：将经过打磨的釉面砖铺在底部，釉面砖上置纸，纸上涂一层面粉。待熔锡稍冷却后，将锡液倒在纸上压平，即成锡片。

3. 模铸：也称灌模，模具是由石模精心雕刻而成的，其耐高温，散热快。在灌铸前需先经过适当处理，才能保护模具的寿命，以松香熏黑模具内部，在浇铸时不易产生气泡，影响品质。熏黑的同时将石模加温，使铸锡时模具不易断裂。

4. 石模具的雕刻：先将石模切成片（根据所需的厚度切），再用砂纸将石模表面磨平整，将图案用复写纸复印在石模上，再用各种刻刀慢慢地按所需的雕刻。力度要均匀，否则石模容易崩碎而无法挽回，因此刻模要非常细心和耐心。

5. 刮板：压制好的锡片表面较为粗糙，需在锻造前先处理好锡片表面，将锡片放在桌上用夹具夹住，用磨好的钢片刮掉锡片粗糙的表面。

6. 锻造：就是敲打的工作，锡片压好后，依设计构想先绘于锡片上，依样裁剪后，以简单的模具即可锤打出千百种不同的造型。敲打是锡雕中重要的表现技法，是表现弧度、凹凸等特殊效果的主要形式，也是使用较多的技法。其锤打出的纹路富有质感，生动而有张力，赋予作品生命力。

7. 雕锡：用针凿或敲打出不同花样或雕刻图案，针花多以中国吉祥图案来装饰。雕锡则利用针凿表现出阴刻的效果，这两种技法可起到锦上添花的装饰效果。

8. 焊接组合：模铸或锡片冷锻后，均需经焊接予以组合，一般以焊锡技法从内部进行焊接，成品外观平整光亮，色泽自然，线条棱角俊挺。另有水银焊技法，该技法是最考验焊接技艺水平的，对温度、点线、接缝等手法都有极高的要求，也是焊接表现的最高技巧。此种技巧多用在传统器物上，如烛台等。焊接后在器物的表面上看不到接痕，浑然一体，是水银焊的完美体现。

9. 砂磨、擦洗：先用不同细目的砂纸砂磨后，再用木贼草或朴子叶擦洗磨光。因木贼草较易购得，通常用木贼草来磨光，使用前需先用水泡软。

10. 上色、安金箔：根据作品的需要上色漆，上色与安金箔同时进行。锡器的色漆用的是粉漆，用 99.9% 的金箔进行安贴。

文化传承

同安锡雕是独特的传统技艺，已有数百年历史。据文史资料记载，福建锡雕工艺在唐宋时便十分兴盛，明代同安出现专门从事锡雕交易的打锡街、打锡巷。当时到处都是打锡卖锡的吆喝声，民间打锡艺人遍布各地。那时的人们，多崇尚锡制品，如锡酒壶、锡酒杯、锡烛台、锡花瓶等。婚嫁丧娶、馈赠亲朋好友，更是以锡制品为贵。

2009年12月，原同安县翔风里一村民挖地基，挖出合葬古墓，出土锡铅合金制成的冥器。墓志铭显示，墓主人在明嘉靖年间去世，由此可见，明代时期同安百姓已广泛使用锡制品。

明清时期，大量同安人入台，带去了古同安的先进生产技术和民间手工技艺。据报道，清末台湾一位陈姓的锡雕大师就是祖籍泉州府同安县，一百多年前移居台湾鹿港，他们的传统打锡技艺在台湾传承发扬，至今已是第四代。

20世纪90年代末，郑天泗（1980年生，泉州德化人）、庄亚新（同安祥桥人）先后拜师于晋江民间打锡艺人李耀辉的第三代传人李剑泞，学习传统锡雕技艺，并因此缔结良缘，美誉为"锡雕侠侣"。夫妻二人立志要将同安传统锡雕技艺传承、发扬，并身体力行之。

起先他们制作的是一些传统的锡制宗教器具。一次偶然的机会，看到祖籍福建同安县的台湾锡雕名家陈万能先生那栩栩如生、形态各异的精美锡雕工艺作品，叹为观止。受陈万能的启发，郑天泗夫妇开始在传承锡雕

郑天泗、庄亚新跟着师傅学习锡雕工艺

的过程中不断创新，反复揣摩陈万能先生的锡雕作品，研究其中的技艺，开始在原有的传统技艺基础上结合现代设计理念，将现代元素融入锡雕作品的创作中，创作范围也由宗教礼器拓展到符合现代审美的各式生活用品和文创作品。

2008年，郑天泗、庄亚新的转型之作《节节高升》问世，取得不俗的反响。为了让作品更加栩栩如生，夫妻二人骑着摩托车到十几公里以外的山区观摩竹子，甚至从亲戚家砍了一些竹子带回工作室，以实物为样本，有样学样地去进行创作。

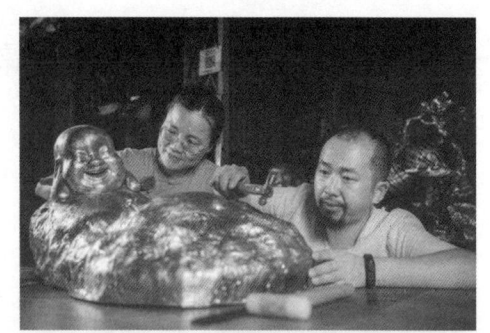

郑天泗、庄亚新沉浸在锡雕艺术中

有了尝试，便开始有突破。夫妻二人创办的"银敲锡雕工作坊"开始挖掘同安本地文化，借助各种展会，打响同安锡雕的知名度。凭借在传承锡雕中的潜心钻研、用心揣摩、不断创新，一件件精美绝伦、富有现代气息的锡雕作品在郑天泗夫妇手中诞生，并获得多项荣誉。比如他们的锡雕作品《长寿瓶》摘取了中国工艺美术百花奖铜奖，作品《富贵吉祥》获得中华工艺优秀作品奖银奖，作品《共筑大业》荣获第52届（2017年）全国工艺品交易会"金凤凰"创新产品设计大赛奖银奖，2019年被福建省艺术馆非物质文化遗产博览苑收藏。

2013年，同安锡雕技艺入选厦门市级非物质文化遗产代表性项目，2017年入选福建省级非遗代表性项目。2017年，郑天泗成为同安锡雕省级非遗代表性传承人，庄亚新成为同安锡雕市级非遗代表性传承人。

作为省级非物质文化遗产代表性项目，同安传统锡雕采用硬而不刚、柔而不软的锡，打造出一件件精美的工艺品。每一件作品都需要经过熔锡、锻造、锉形等多重工序精雕细作。因此，这项技艺的传承发展并非易事。2014年5月，郑天泗、庄亚新设立了同安传统锡雕技艺传习中心。锡雕技艺传习中心以体验为主，对古老的打锡工具、锡器进行复原展示，参观者可参与手工制作，体验锡雕制作全部流程。传习中心平时也会举办

传习中心举办的公益讲座,传播锡雕艺术

公益讲座,为锡雕爱好者提供学习交流的平台。

　　每一门传统手工技艺的背后,都闪现着手工艺人的心血与智慧,在每一个精美绝伦的瞬间,都凝聚着岁月与人生的沧桑。虽然守艺道上有坎坷,但作为同安传统锡雕技艺的传承人,郑天泗、庄亚新夫妇不忘初心,坚守传统锡雕技艺,依托锡雕技艺传习中心,吸收有心学习的传承人,倾囊相授,希望这门古老的技艺能够如同坚韧的翠竹节节高升。

汇古融今，石头上雕出新世界
——厦门惠和股份有限公司

国家 AAA 级景区——惠和石文化园　　　惠和供图（下同）

  厦门惠和股份有限公司是由国家级非遗惠和影雕代表性传承人李雅华于 1989 年创办的，开展古建修缮、寺庙营建、城市雕塑、园林景观、古建设计、石材幕墙装饰等项目，为文化建设奉献了无数项经典工程。在李雅华的带领下，"惠和"于 2019 年被厦门市商务局认定为厦门老字号。"惠和匠人"对石雕技艺进行艺术化升华、生活化运用和产业化运营，这是对传统技艺最好的保护，开拓了中国传统文化创造性转化、创新性发展之路。

  2008 年，在惠和石雕的基础上，李雅华创建了惠和石文化园。园区占地面积 42000 平方米，是一个集石雕艺术展示、艺术创作、文化交流、旅游休闲与教育学习为一体的综合性园区。惠和石文化园先后获得国家 AAA 级旅游景区、福建省对台交流基地、台湾青年体验式交流中心、福建省科普教育基地、福建省非遗文化保护示范基地、福建省校外美育实践教育基地、福建省家风家教示范基地、厦门市中小学生研学实践基地、厦门市社科普及基地等数十项荣誉。李雅华致力于将惠和石文化园打造成非物质文化遗产保护示范基地、省级科普教育基地、惠和影雕技艺传习中心，为的就是让这门技艺得以传承与发展。

　　园区里收藏、展示着诸多李雅华父亲生前的石雕作品以及父女二人多年来收藏的石雕艺术品。在这里，既有典藏东方文化神韵的石木雕刻艺术品，又有洋溢西方浪漫情怀的人物雕刻艺术品。在近千平方米的惠和展示厅里，您可以尽情地领略青田石雕、九龙壁石雕、木雕、雅石、瓷器、漆线雕等。这些刻工精细，寓意深远的石雕作品，以其较高的观赏性和珍贵的收藏使用价值，常令观者爱不释手、流连忘返，直至拥有而无憾。在惠和，更有很多被誉为"中国一绝"的影雕艺术品，参观者可以现场观摩和欣赏惠和技艺精湛的工艺师的影雕制作过程，那精细的工法，那神奇的变化，还有那栩栩如生的形象、表情，定会令观者击掌长叹，啧啧称奇。

　　2017年，厦门湖里区家规家训馆于惠和石文化园内建成，成为福建省党建团建的红色基地。2022年初，湖里区惠和石文化园荣获"福建省

惠和石文化园

对台交流基地"称号。李雅华带领惠和人不断促进影雕非遗保护传承与旅游深度融合，积极培育出厦门市新的文化旅游消费热点，打造出"最厦门，最闽南"的特色旅游线路。今天，具有国家3A级旅游景区标准的厦门惠和石文化园已成为文化旅游的新标杆，成为全省的石文化名片，为中外游客提供丰富而真实的闽南文化体验。

经营之道

惠和公司立足闽南，面向世界，不仅承接了大量的国内艺术石雕、石材干挂工程，产品还远销日本、新加坡、马来西亚和部分欧美国家。在厦门，有许多大型城市雕塑都出自惠和公司，通过工程、旅游、商品，惠和将闽南石雕技艺与传统文化相结合，大力发展文化创意产业，开创了石文化深度旅游的先河。惠和的匠心融入了这个时代的城市建设，融合传统文化与生活美学，以工匠精神开创了石文化产业的新时代。

古建修缮项目

每一项工程都有独一无二的骄傲，只有巧思和尊重，才能还原历史。惠和设计师再现内敛厚重的气魄，巧夺天工，珍藏时光。闽南古镇妈祖庙修缮、福州三坊七巷修缮、福建省武平兴贤坊系列修缮、台湾公会修缮、金门县政府旧址修缮、鼓浪屿申遗风貌建筑修缮、古田会议旧址雕塑修

惠和工程——闽南古镇朝天宫

缮……在李雅华的带领下，惠和匠人整合了民间石刻、影雕、彩绘、剪瓷雕等传统非遗技艺，为城市保留了富有历史底蕴的建筑，凸显了惠和品质的工匠精神。

生活美学空间

惠和磐雅苑石与生活美学空间，创始人为国家级非遗惠和影雕代表性传承人李雅华，其秉承着匠心精神，创建了将石文化与闽南建筑和现代艺术生活融为一体的生活美学空间。惠和磐雅苑石与生活美学空间，集清宴素食、花茶香琴、文人生活、美学沙龙、文艺集会于一体，是一家大隐于市的素食生活空间。

文旅文创项目

惠和石文化园将非遗技艺与文化创意结合起来，形成深度文旅创新融合的旅游新模式。依托惠和石文化园，惠和搭建石文化旅游休闲创意平台，丰富旅游休闲体验及文化内涵，开发、整合闽南文化资源，促进在地文化、创意与旅游的融合，推动文创旅游产业的发展。惠和石文化园着力创新，深入挖掘闽南民俗、非遗石雕技艺的"活文化"，同时借助互联网、石雕产业与两岸顶级文创设计资源，打造文化旅游创意精品项目，推出非遗影雕科普体验、石头彩绘、石磨豆浆亲子体验、碑拓体验等主题文化的深度游内容。

非遗传承推广

李雅华带领传习团队，以惠和石文化园为基地，开展多渠道、多形式的展演宣传活动，例如参与历届海峡两岸文博会、海峡旅游博览会、海峡论坛、佛事展等，在上海中国国际进口博览会福建展馆（2019年）、厦门中国国际投资贸易洽谈会闽南文化展（2008年、2018年）、台北国际观光博览会（2018年）等展演。参与省市非遗中心主办的各类展演，如"非遗大讲堂""闽南文化走透透""厦门市民间工艺精品展"等。惠和石文化园是金砖会晤指定的参观点、金鸡电影节指定的接待点、厦门市非遗日主会场（2021年）、湖里区非遗日主会场（2022年）、第44届福州世界遗产大会非遗展览点（2021年）。以此构建"基地—学校—社区"三位一体的传播模式，在保护影雕传承环境上起到了不可替代的作用。同时通过创新、品牌、文化产业拓宽销售渠道，走出了一条文旅融合的活态保护实践道路，不断提高传承能力、激发传承活力，引领着影雕产业的发展。

李雅华影雕作品《盼》

李雅华影雕作品《佛心》

李雅华影雕作品《王晓棠》

李雅华影雕作品《盘龙图》

传统技艺

惠和影雕工艺

"苏杭刺绣绣丝绸，闽南刺绣绣石头。"惠和影雕技术是从闽南传统石雕工艺中发展出来的一门新技艺，其特点是采用新疆或内蒙古一带的黑胆石，还有闽南的青斗石为材料。先经过水磨抛光达80度以上，然后在抛光的石板上用特制的合金钢针敲打出疏密、精细、深浅不同的点，形成一幅逼真的画面。惠和影雕技艺要求制作者不仅要掌握美术绘画技法，而且在用合金钢针凿点操作时"腕力"和"眼力"都要到位，操作时要平静安稳。2021年5月，惠和影雕被列入国家级非物质文化遗产名录。

惠和石艺的创始人李走生，1930年出生于福建惠安的石雕世家，是中国民间工艺大师。他天赋极高，技艺高超，不仅掌握了石雕工艺的绝大部分技艺，更以精雕神像和繁复的镂雕工艺见长，被民间尊称为"石头李"。

李走生完全掌握影雕的核心技艺，擅长高浮雕和山水花鸟影雕，使用更先进工具——合金钢錾，制作出精细度更高的影雕作品。李氏一脉将影雕落户厦门，遂自成派系。

李走生大师曾参与北京人民英雄纪念碑工程雕刻（如《虎门销烟》）、集美鳌园组雕雕刻（如《汉王东征》），并应台湾星云法师之邀，独创《祥龙》《伏虎》等经典佳作。

惠和石艺创始人李走生

1967年出生于惠安的李雅华是李走生的女儿、徒弟，厦门惠和股份有限公司董事长，国家级非遗项目"惠和影雕"代表性传承人，福建省第一批省级传统建筑修缮技艺传承人，金砖接待优秀个人。1981年，13岁的李雅华跟随父亲来到厦门，师承父亲开始学习闽南特色的手工艺活——惠和影雕技艺的绘画及雕刻手艺。李雅华坚持一边继续学业，一边学习影雕技艺，协助父亲创作及经营。

李雅华系统掌握影雕"去黑留白，明暗成像"的工艺原理和工艺流程，擅长人物肖像影雕，提高影雕的艺术表现力，研发彩色影雕作品和旅游纪念品，并通过文旅融合打造石文化产业，将影雕弘扬发展。她投建惠和石文化园，打造影雕展演场馆和闽南文化空间；她创办厦门惠和影雕技艺传习中心，推进影雕进校园、进社区、进景区的社会化传承；她在金砖国家领导人厦门会晤的闽南非遗展上进行展演，获得习近平总书记的高度赞誉。她组织申报的"惠和影雕"技艺，入选国家级非遗保护项目名录。多年来，李雅华坚持创作影雕精品，作品先后被中国电影博物馆、福建省美术馆、福建省艺术馆、厦门市美术馆、厦门市非遗保护中心、鼓浪屿林巧稚纪念馆、重庆中国民主党派历史陈列馆等收藏。至今，李雅华又培养了戴毅安、戴秀慈、江爱红、黄惠清等第十七代传承人。

戴毅安，1996年出生于南派石雕之乡惠安，受祖父等石雕匠人及雕艺之乡社会氛围的影响，耳濡目染，接触传统石雕艺术。从2003年起，戴毅安跟随母亲李雅华学习影雕技艺。2010—2019年，戴毅安赴美留学。在美国期间，戴毅安开始接触西方艺术，不断夯实自己的艺术底蕴，同时思考如何借用西方工艺来提高影雕的制作水平。2018年，在戴毅安的推动和参与下，李雅华在美国兰苏园的影雕个展成功举办，为影雕的宣传推广及非遗品牌化道路做出贡献。2020年5月，戴毅安正式获评为惠和影雕市级传承人。

文化传承

石雕是福建传统的民间工艺，具有悠久的历史，在中国文化史上占有重要的地位。作为福建省重要的人文标志之一，石雕艺术如今已是闻名遐迩，饮誉海内外。惠和石雕正是八闽的佼佼者，秉承福建惠安传统石雕工艺，更致力于中西交融的推陈出新。

1989年，惠和石雕工艺有限公司创立。其后的十几年间，惠和的石雕业务遍及海内外，先后承建日本横滨中华街、关帝庙，湖南株洲市炎帝陵，台湾云林县三条仑海青宫包公祖庙，广东梅县雁南飞度假村，广东梅县人民广场"九龙腾飞柱"，福建泉州闽台缘博物馆石雕项目等。在作品百花齐放的同时，获得诸多奖项的肯定：2004年，荣获首届全国壁画大赛"工艺成就奖"；2005年，被中华全国工商业联合会石材业授予"常务理事单位"；2007年，荣获"福建省名牌产品"称号；2008年，被评为福建省用户满意企业及产品；2009年，获评2008年度CISE中国石材雕刻园林古建筑十强企业，荣获中国石材建设工程"金石奖"，获得福建省著名商标。

在发展石雕业务的同时，惠和也在积极开拓新的业务板块，工程项目走出福建，实现业绩稳步增长。先后承担北京平谷老泉雕塑公园、厦门园博苑、厦门万

惠和石雕博物馆

| 国粹产业 |

惠和石雕厂

科、东莞万科、南京万科、厦门闽台民俗博物馆、厦门湖里公园、厦门环岛路、龙岩市博物馆等一批有代表性的城市建设项目。

2010年，惠和获得"园林古建工程"一级资质和"国家文物保护"三级资质。2014年，创建非遗产品惠安石雕（惠和影雕）传习中心，开创"非遗+"模式，董事长李雅华被列为福建非物质文化遗产代表性传承人。

2015年，股改成立厦门惠和股份有限公司，成为全国石艺文化行业首家新三板挂牌企业。8月，厦门惠和腾飞园林古建工程有限公司获"厦门老字号"荣誉称号。在李雅华颇具前瞻性的规划里，惠和围绕着"石文化"搭建自己的业务体系。她本人当选厦门市人大代表、湖里区政协委员，民盟湖里区文创支部副主委，获得厦门市第十批拔尖人才称号，全国家庭工作先进个人等称号和荣誉。

2016年，惠和配合鼓浪屿申遗，承担风貌建筑修缮工作，先后完成鼓浪屿三一堂、八卦楼、自来水公司旧址、海关副税务司公馆、海天堂构、海事航标等八处风貌古建筑的保护修缮。完成仿古建筑闽南古镇闽南朝天宫的施工建设。

2017年金砖厦门会议期间，惠和石文化园成为金砖指点接待点。省级非遗传承人、董事长李雅华在福建非遗展上向世界展演，习近平主席赞誉她为"石头上绣花"，俄罗斯总统普京赞誉其为"美人刻美女"。

惠和探索"非遗+"的融合发展模式，打造行业标杆，以非遗引领"石尚"，相继完成厦门80%的城市景观雕塑作品，部分国家省市级保护项

惠和石文化园影雕旅游文创作品区（一角）

【281】

目的修缮。

2020年，惠和拓宽新领域，延伸"非遗+文旅+工程"的升级融合，创建"惠和美物"线上商城，开启电商新零售平台，持续性地将闽南匠作技艺运用于传统建筑和历史民居的修缮建设，如福建武平兴贤坊文化街区等。惠和影雕荣获厦门"十佳伴手礼"称号。

2021年，惠和非遗影雕入选第五批国家级非物质文化遗产代表性项目名录。惠和进入第二个30年，以"石"为载体，继续深化修（古建修缮）、造（仿古建筑与主题景观）、美（石与生活美学体验）、游（国内标杆式石文化主题园区）的商业板块，打造更多的惠和精品工程，以及中国石文化产业营运的领导品牌，打造"非遗+"的惠和输出模式，提高产业孵化能力，点石成金，为传承赋能。

| 国粹产业 |

温润如玉，续同安千载荣光
——厦门千境文化艺术有限公司

位于同安汀溪褒美村的千境窑工作坊　　千境供图（下同）

　　厦门千境文化艺术有限公司由珠光青瓷传统烧制技艺传承人庄岑瀚（曾用名庄友谊）于2012年创办，以弘扬中国传统文化精髓，传播文化艺术为宗旨。庄岑瀚对陶瓷技艺情有独钟，在收藏珠光青瓷过程中，经过研究和反复试验，最终烧制出与宋元时期那种历史感与厚重感极为相似的珠光青瓷，并大胆创新，开发珠光瓷工艺产品，为曾经断层的同安珠光青瓷技艺续上了千年荣光。其所研制的珠光青瓷产品曾荣获"2013厦门同安十佳伴手礼""闽台最具传统工艺奖"。2015年，"珠光青瓷系列"入选同安区第五届民俗文化艺术节传统手工艺品展，并获"群众最喜爱手工艺品"称号。2016年，珠光青瓷"半亩方塘·乡袋"作为第十届世界同安联谊会唯一指定伴手礼。11月，庄岑瀚获得厦门市同安区"银城十佳工匠奖"。2017年，珠光青瓷茶具套组"珠雀"入选第一届福建非遗传统工艺品展。2018年,珠光青瓷摆件"福禄安详"入选第二届福建非遗传统工艺品展,珠光青瓷套组成为"第二届中华老字号国际投资博览会"指定伴手礼。2021年12月,珠光青瓷文房四宝获得《厦门晚报》"2021最闽台伴手礼十佳"。庄岑瀚培养后继人才弟子李坤能、王永煌等人,并指导集美大学诚毅学院珠光青瓷创业振兴团队获得以下荣誉:

2021年11月,获第七届福建省"互联网+"大学生创新创业大赛银奖,创业组十佳人气奖;

2021年12月,获翔安区第四届创新创业大赛优胜奖;

2022年11月,获第八届福建省"互联网+"大学生创新创业大赛银奖。

庄岑瀚于2014年斥资在同安汀溪镇褒美村投建了"中国同安窑——千境国际当代陶艺村"项目,2019年又斥资在莲花镇莲花村投建了热陶艺术园区,建立了珠光青瓷研究所、艺术家工作室、艺术品展厅、艺术餐厅。二期计划建立艺术家住宿区、艺术家交流中心,三期计划投资建立同安窑博物馆。

2019年,千境文化被厦门市商务局认定为厦门老字号,千境窑珠光青瓷不仅得到业界的认可,产品也广受消费者的好评。千境文化正在朝着成为集文化创意、艺术创作、艺术实训、展览展示、创业孵化、文化休闲等功能于一体的具有同安窑特色的综合性文化创意产业的目标发展,同时会聚一批经验丰富的老工艺美术师,以手工拉坯、柴烧陶瓷及同安窑珠光青瓷为研究方向,结合当下的流行趋势,为陶瓷艺术产业注入活力。

主要作品

珠光青瓷·包容杯

珠光青瓷包容杯是专门为厦门金砖五国会晤设计,茶壶与茶杯具有一体化结构,上杯扣着下壶,一壶二杯可结合,杯与杯、壶与杯之间互相包容,切合此次金砖会晤精神——开放、包容、合作、共赢。

杯顶部的圆形按钮平均分为五段,代表着此次会晤的五个国家。中间留有一个圆球的形状则代表地球,寓意宽大有器量,表达了五国之间相互

包容杯

合作，互相包容，共谋发展，造福全球的美好愿景。

珠光青瓷包容杯釉色清透，呈枇杷黄色、釉润，壶身及杯子内壁均刻有精致的花草纹，杯子外壁刻有猫爪纹，整体造型细腻，招人喜爱。壶底和杯底均篆有厦门会晤的LOGO，壶口直径5.5cm，净高6.5cm。大杯杯口直径7.5cm，净高3.5cm；小杯杯口直径6.4cm，净高2.5cm。壶嘴采用多孔设计，具有过滤功能，且出水流畅。

珠光青瓷·文房四宝礼盒

文房四宝礼盒是"礼遇同安"人气伴手礼，使用珠光青瓷传统技艺，制作成中国传统文具套组，含笔筒、笔架、镇纸、砚台，并配有理学家朱熹写的"同民安"字样的墨锭，作为伴手礼，大气不失文雅。

文房四宝礼盒

珠光青瓷·福禄

珠光青瓷·福禄以中国传统的葫芦为元素进行设计，谐音即"福禄"，象征着吉祥、幸福与爵禄。造型设计中大葫芦的上面还挂着一个小葫芦，寓意"福禄双全"。大葫芦刻有简易花草纹，与两片绿叶相呼应。圆滑的外形配上珠光青瓷釉面

福禄

光亮的特点，相得益彰。整体设计简朴又大气，既体现珠光青瓷的清雅，又富美好寓意。《淮南子·人间》有曰："君子致其道而福禄归焉。"这也是"珠光青瓷·福禄"想要传递的祝福。

珠光青瓷·福杯

福启新岁，万事顺遂。新年将至，这款"福气满满"的杯子是作为伴手礼或者馈赠亲友的绝佳选择。杯子本身作为"珠光青瓷"，可以代表同安乃至厦门的烫金名片，"珠光青瓷"特有的枇杷黄色，使整个杯子看上去质朴却又不失精致。

福杯

杯底刻有"福"字，寓意幸福圆满，福瑞安康。杯身有递升的花纹，寓意步步高升、层层进步。用此杯饮茶喝酒，更是把对未来的祝福与期待融入了杯盏中。

传统技艺

珠光青瓷烧制技艺

珠光青瓷釉色纯正，纹饰多样，线条婉转流畅，洒脱奔放。最具禅意的是，汀溪窑珠光青瓷胎粗，修足草率，圈足很不规整，给人以自由、宁静的感觉。

珠光青瓷的器型主要有碗、盏、碟、盘、洗、钵、盖、盒、瓶、壶、炉、枕、水注等13种，其中以碗、盏、碟、洗为大宗，总体占九成以上。每一种类型都具有一定格式，在各个具体的窑口中又有所差异。

珠光青瓷釉色青黄，一般称为枇杷黄，即介于青与黄之间，青中带黄，黄中带青。这种青黄只有在光亮、透明、玻璃质的清新釉面下才能显现出正宗的青黄釉色。珠光青瓷最大的特点是碗心（碗底）有一圈"线环"，线环内多刻菊花纹或双鱼纹、鹿纹等，一可增其美感，二可区分纹饰布局。

在施釉工艺方面，珠光青瓷主要是用蘸釉，因此常常蘸釉不及底，底足露胎无釉，足墙常留有手抓痕。装饰手法主要为单刀刻，也是为人所熟知和常用的半刀泥，在进行刻花、戳印这些工序，常常以刻线、构图，再辅以篦纹。刻花线条多以比较粗犷、洒脱、豪放、疏朗为主，莲纹也是珠光青瓷最多的主体纹饰，因为莲花的出淤泥而不染，与佛、禅境界相结合，表现出性洁的概念。此外，卷草纹、蕉叶纹、牡丹纹、菊纹等花纹也比较常见，同莲纹一样刻画于器物内壁。

文化传承

厦门同安汀溪窑，又称"同安窑"，以烧造"珠光青瓷"而闻名于世。同安汀溪窑址位于厦门市同安区汀溪镇汀溪水库东侧，离同安城区约10公里。

宋代名窑——同安汀溪窑出产的珠光青瓷，曾经风靡几个世纪，在北宋时达到顶峰时期。但在元朝年间，汀溪窑火逐渐熄灭，珠光青瓷的辉煌不再。如今在日本东京博物馆、根津美术馆等艺术收藏馆里，珍藏着12世纪（南宋时代）同安窑制造的珠光青瓷碗，英国大英博物馆里也展出同安珠光青瓷残片。但在珠光青瓷故里的同安汀溪，经历几百年的历史演变，却已难觅珠光青瓷身影，只剩下漫山遍野的碎瓷片。以洪树德、庄岑瀚、陈文新为代表的珠光青瓷传承人，经过十几年来的不懈努力，终于成功掌握了珠光青瓷的烧制技艺，恢复了同安汀溪窑珠光青瓷的传统烧制技艺，使沉寂数百年的珠光青瓷重见天日。

珠光青瓷具有如下特点：其一，釉美，釉色纯正，如熟透了的金黄色枇杷。釉色光亮、透明、开片，玻璃质感强。其二，纹饰美，纹样布局活泼，线条婉转流畅，洒脱奔放，双面刻画间辅以篦纹，刀法娴熟。其三，造型美，汀溪窑烧制的同安青瓷产品种类多，每种又有多种造型，多种纹饰，大小不一。它简约的内在美散发着强烈的艺术感染力，因此，同安窑珠光青瓷体现了厦门地域独特的陶瓷工艺制造技术和较高的审美情趣，具有厚重的文化底蕴。

2014年8月9日，一场主题为"复兴同安窑"，由同安区陶瓷文化研究会主办，厦门千境文化艺术有限公司承办，同安区商会、集美大学诚毅学院协办的"陈文新珠光青瓷作品及同安本土画家瓷画联展"在同安区文化馆隆重展出。其间共有158件陶瓷作品展出并义卖，其中陈文新珠光青瓷作品78件，展出当天共义卖出珠光青瓷7件。陈文新出身陶瓷世家，是厦门同安陶瓷文化研究会副秘书长、集美大学诚毅学院副教授，同时也是庄岑瀚的夫人。自2012年起，庄岑瀚、陈文新夫妻二人就沉浸在复苏珠光青瓷技艺的伟业里，深入到汀溪镇同安古窑遗址收集古瓷片进行研究，翻阅了大量史献资料，对瓷土、釉水、纹样进行数千次的反复试验，最终采用最传统的制瓷工艺烧制出与宋元时期极为相似的同安窑珠光青瓷作品。

陈文新的外祖父蔡夏曲出生于1932年，18岁就开始学习陶艺，精于陶瓷彩绘技术，自主经营陶窑场生意，提高了陶瓷产量与制作工艺。经营窑厂的同时，蔡夏曲也在研究珠光青瓷传统陶瓷烧制技艺，于1956年设立门店"千境窑"。

蔡夏曲的精湛技艺传承给了女儿蔡梅英（1962年生），秉承家传后内招入德化第二瓷厂从事陶瓷生产工作，主要从事日用瓷（碗、碟等细瓷）工作。

在外公和母亲的熏陶之下，陈文新（1984年生）自小就对陶瓷技艺表现出了浓厚兴趣。她17岁师承母亲蔡梅英制瓷技艺，于2012年成立了文新陶瓷研究所，专门研究陶瓷技艺，并与爱人庄岑瀚潜心研究珠光青瓷传统陶瓷烧制技艺，力求复兴同安窑。庄岑瀚和陈文新在精研珠光青瓷技艺的同时，也根据自己的专业所长进行分工，陈文新在院校工作，更侧重于理论研究和创新实践，将珠光青瓷这种极具生活气息的创作思维融入到美术课堂，激发学生的创造力，真正促进非遗艺术的传承与发展。庄岑瀚更侧重市场开发、营销模式创新，结合汀溪褒美村的乡村旅游资源，打造文化旅游相结合的陶瓷研学、旅游、休闲空间。

2015年10月，第二届海内外名窑名瓷学术研讨会专家团应同安区委区政府之邀，前往同安汀溪镇实地参观、考察同安窑，为同安发展陶瓷产业把脉。专家团在厦门千境国际当代陶艺村的"曲水流觞"迎宾茶席处稍作歇息，喝一杯由珠光青瓷茶具冲泡的"迎宾茶"，欣赏闽南文化——茶道表演。珠光青瓷在庄岑瀚、陈文新的推广下，逐渐走进大众的视野，为人们所熟悉和喜爱。

2017年6月，金砖会晤赞助组公布金砖礼品赞助商家，厦门千境文化艺术有限公司的品牌"千境窑"珠光青瓷产品入选金砖礼品赞助商家名单。金砖会议是厦门的骄傲，作为专业生产非物质文化遗产珠光青瓷的同安特色企业，厦门千境文化艺术有限公司早早就开始准备赞助工作，要为金砖会晤尽一份力量。最终珠光青瓷"一壶二杯"被确定为赞助产品，代表厦门向参加金砖会议的各国领导，政界、商界代表展现了珠光青瓷非遗技艺的风采。

近年来，千境文化通过自主研发的"珠光青瓷"产品在线下吸引大量客商达成代理合作，并且在厦门开设直营店铺，与政府签订采购意向，与知名企业商谈产品定制。在线上运作天猫店铺、京东店铺，也通过微信平台、抖音直播等互联网模式进行销售，努力将珠光青瓷这项非遗技艺激活。

2023年，在陈文新撰写的论文《探索新时代非遗助力乡村振兴新路径——以"珠光青瓷+闽南古厝"联合振兴模式为例》中，陈文新为珠光青瓷的未来发展构想了让珠光青瓷"住"到古厝里的联合振兴模式。诚如其在文中所述："集陶瓷文化、商业和教育为一体的振兴新模式是以推广珠光青瓷非遗文化和带动莲花村产业转型升级为核心的振兴模式，有效改善珠光青瓷传承存续的严峻问题，并且柔性地消除莲花村经济掣肘的局面，由点及面燃起'非遗+乡村'的星星之火，汇聚文化星辉，共筑美丽的中国梦。"

庄岑瀚正带领千境文化团队朝着"珠光青瓷+闽南古厝"联合振兴的构想目标努力，并取得了一定的成效。由团队承建的项目，自成立以来得到高度重视和积极配合，坚持"资源共享，相互促进，共同发展"的思想理念，顺利完成各项工作和任务目标，赢得了各方认可。莲花村的文化振兴，以"珠光青瓷"为载体，以"珠光青瓷"非遗文化、红砖文化为内核，柔性地改造村庄建筑，纵向深挖资源价值，做到原居民的收益增加、原住房的结构优化、原街巷的风貌更整洁，使闽南古厝得到保护，文化得到延伸，产业升级转型，高校人才回流，村民获得实惠。

"珠光青瓷+闽南古厝"联合振兴模式，是传统工艺类非物质文化遗产传承保护与发展新路径的有效探索，是非遗传承人自觉的行动与责任意识所在。古老的珠光青瓷和红砖古厝在历史长河中大浪淘沙，洗去铅华，在新的时代洪流中大放异彩。

名老实业

穿梭两岸，船行海上串起一片情
——厦门轮渡有限公司

"鹭江80"号系列新型豪华客船　　厦门轮渡供图（下同）

　　厦门轮渡有限公司创建于 1937 年，隶属于财富世界 500 强象屿集团旗下厦门国际邮轮母港集团有限公司，拥有漳州海达航运有限公司、厦门海顺安海上旅游有限公司 2 家控股企业。目前公司大小常规客船、渡船、高速船等船舶 20 余艘，码头 7 座，延伸岛内外，主营厦门本岛至鼓浪屿、海沧、漳州、金门等 11 条海上客运航线，经营业务涉及船舶包租、文化旅游、资产出租、港口服务等多个领域。公司秉承安全即效益的理念，连续几十年零安全等级事故，圆满完成金砖会议等重大接待任务，先后接待了数百人次的国内外政要嘉宾。

　　厦门轮渡有限公司发扬创新、进取的企业精神，在信息及技术领域先行先试，客运及安防技术应用方面成为国内同行的"风向标"。主动适应市场和消费变化，不断提高海上旅游的内容和品质，满足消费者多元化消费升级需求，成为厦门港内的旅游客运龙头和标杆。轮渡公司践行"屿您同行，船递真情"的服务口号，以旅客满意为标准，精心打造厦门海上旅游客运优质服务品牌。先后获得国家级荣誉：两个"全国青年文明号"、一个"全国巾帼文明岗"、"全国五一劳动奖状"、军民共建社会主义精神文明先进单位、全国建设系统精神文明建设先进单位、全国公共交通文明线路、全国模范职工之家、全国青年安全生产示范岗等。省级荣誉：省级文明单位、省级青年文明号、省级巾帼文明岗、省级工人先锋号等。2019年，轮渡公司被厦门市商务局认定为"厦门老字号"。

经营之道

码头、客船、航线三要素，勾勒出厦门轮渡发展的轮廓。厦门轮渡有限公司现有码头7座，厦门岛上有轮渡码头、第一码头、厦鼓码头，鼓浪屿上有钢琴码头、三丘田码头、内厝澳码头，海沧区有嵩鼓码头等。

码头

轮渡码头

地址在福建省厦门市思明区鹭江道15号，与鼓浪屿只隔一条宽600米的鹭江，是进入鼓浪屿的主要渡口，轮渡10分钟可达。目前码头1号厅运营轮渡码头至鼓浪屿钢琴码头的居民航线，码头2号厅运营轮渡码头至鼓浪屿三丘田码头夜间旅游客运航线通道。2011年，轮渡码头站务班凭借优质的服务荣获福建省巾帼文明岗。

第一码头

地址在厦门市思明区西堤路599号，2021年7月10日启用。现主要经营第一码头至鼓浪屿内厝澳码头旅游客运航线、第一码头至海沧嵩鼓码头公共交通航线。2015年，第一码头站务班组凭借优质服务荣获福建省巾帼文明岗。

厦鼓码头

原邮轮中心厦鼓码头，在福建省厦门市湖里区东港路2号，现为日间游客客运航线的主要通道。主要航线有厦鼓码头至鼓浪屿三丘田码头及厦鼓码头至鼓浪屿内厝澳码头两条航线。2021年，厦鼓码头售票班组以优

厦鼓码头（原邮轮中心厦鼓码头）

质服务荣获福建省巾帼文明岗。

钢琴码头

在鼓浪屿东部鹿礁路6之2号，运营钢琴码头至轮渡码头居民专线。因其外形像是"张开的三角钢琴"，被视为琴岛的象征，因而被称为"钢琴码头"。现已成为鼓浪屿上的一座标志性建筑。钢琴码头站务班凭借温馨的服务于2003年荣获全国青年文明号、2005年荣获全国级巾帼文明岗。

三丘田码头

三丘田码头位于鼓浪屿东北部，延平路199号，现为游客进出鼓浪屿的重要码头之一。日间运营三丘田码头至厦鼓码头航线，夜间运营三丘田码头至轮渡码头航线。

内厝澳码头

位于鼓浪屿西部康泰路159号，于2012年完工并投入使用。现有航线为内厝澳码头至厦鼓码头航线，内厝澳码头至海沧嵩鼓码头航线及内厝澳码头至第一码头航线。

嵩鼓码头

地址在海沧区建港路2188号，现主要经营嵩鼓码头至内厝澳码头航线、嵩鼓码头至第一码头公共交通航线。

客船

在厦门轮渡的 85 年历程里，随着造船技术的进步，客船也经历了一次次的更新迭代，船型越来越时尚，设备越来越先进，体验越来越舒适。

闽厦门客 0010

"闽厦门客 0010"于 1987 年建成并投入使用，是一艘长 28 米，型宽 7.5 米，型深 2.3 米的钢质客渡船。身形小巧、灵活，荷载量为 640 个客位。2015 年，服役逾 28 年的"闽厦门客 0010"完成了历史使命，卸甲退役。

鹭江 6

"鹭江 6"在 2003 年 12 月建成并投入使用，是一艘长 32 米、型宽 6.5 米、型深 2.85 米的钢质客船，主要营运于厦门港内旅客包租船的航线。在服役的十余载时光里，接待了各国国家领导人及海内外游客。

鹭江 99

"鹭江 99"于 2014 年 5 月建成并投入使用，是一艘长 33.6 米、型宽 7 米、型深 3.2 米的钢质交通船。目前主要营运于厦门港内旅客包租船的航线。

工银财富

"工银财富"于 2012 年 7 月建成并投入使用，是一艘长 30.09 米、型宽 9 米、型深 2.5 米的钢质渡船。目前主要营运于厦鼓码头至鼓浪屿的游客航线。

鹭江 80

"鹭江 80"是厦门轮渡有限公司新一代高档客船。2017 年 9 月 5 日建造完工并投入使用，船长达 43 米，实现全座位，外观酷似游艇，颇具时尚感。相较于传统的海上客船，"鹭江 80"船型更大，马力更足，稳性更好，速度更快，配套设施设备更全，船舶整体舒适性有更大提高。目前主要营运于厦鼓码头至鼓浪屿的游客航线。

鹭江 66

"鹭江 66"是全国首艘采用柴油发电机组和能量型超级电容的混合动力推进海上客船，是海船领域里践行绿色发展理念的一大里程碑。2020 年 12 月 23 日建造交付，船长 33 米，宽 9 米，客位 335 个。外观设计更时尚，更注重旅游体验和细节设计，整体舒适性更高。目前主要营运于厦鼓码头至鼓浪屿的游客航线。

航线

鼓浪屿世界文化遗产海上游

全程 60 分钟，执行这段航程的"鹭江 80"系列是厦门轮渡有限公司新一代的高档客船。

航线从邮轮中心厦鼓码头出发，缓缓驶过美丽的鹭江，远眺海沧大桥，途经海湾公园、大屿岛、鼓浪石、英雄山、菽庄花园、皓月园、演武大桥、世贸双子塔、皓月园、八卦楼等二十余个景点，最后在鼓浪屿三丘田码头下船登上美丽的鼓浪屿岛。

船上全程介绍航程经过的鼓浪屿世界文化遗产核心要素及鹭江两岸的秀美风光，分享鼓浪屿申遗的点滴故事、厦门城市的发展及历史文脉。

鼓浪·畅心游

厦鼓码头往返鼓浪屿三丘田码头，全程约 20 分钟。执行这段航程的是"鹭江 12"和"鹭江 16"系列高端客船。全程管家服务，省时、省力、省心，设有专享 VIP 休息室与快捷通道，尊享贵宾礼遇，高档商务客船提供免费饮品、茶歇，舒适的候船环境和出行体验，畅享海上好时光。

包租船业务

依托公司码头、船舶资源，提供厦鼓过渡团体包船，支持私人聚会、会议座谈、商务接待、旅游观光等服务。公司圆满完成金砖会议等重大接待任务，先后接待数百人次的国内外重要嘉宾。

文化传承

"鼓浪屿四周海茫茫，海水鼓起波浪……"一曲《鼓浪屿之波》道出了思乡之情，也道出了鼓浪屿的地理特点。厦门岛与鼓浪屿之间隔着层层碧波，伴随着汽笛声响起，渡轮缓缓地开出了码头，在蓝天白云的映衬下，海鸥在船的顶部自由翱翔，海浪轻轻地拍打岸边的礁石……遥望对岸，鼓浪屿码头如同一架张开的三角钢琴，迎接着四方宾客的到来。

鼓浪屿钢琴码头自 1976 年设计、建造以来，就成为鼓浪屿旅游地标性建筑，是琴岛的象征，一踏上鼓浪屿就能感受到音乐之岛的气息！轮渡承载了多少乘客的憧憬、情感及回忆，已经成为鼓浪屿的文化符号，蕴含着人们对鼓浪屿的情，对厦门的爱。

厦门岛与鼓浪屿之间原来没有专用的轮渡码头，全靠舢板。1937年，厦门市政府在鹭江道原岛美路头修建了厦门轮渡码头，在鼓浪屿原德记洋行贩运劳工的旧址修建了鼓浪屿轮渡码头，并成立官办轮渡管理处。由于多方阻挠，新生的厦鼓轮渡几经磨难，码头船舶破旧不堪。这个阶段的厦鼓轮渡运营终究不尽如人意。

1949年10月17日，厦门解放。同年12月，人民政府接管轮渡公司，厦鼓轮渡的发展翻开了新的篇章。1950年成立"厦门市轮船公司"，1953年更名为"福建省航运管理局闽南分局"。1954年11月，新中国成立以来第一艘木质结构渡轮"轮渡11"下水使用，载客量为167人。

1957年1月，为加强公共事业管理，厦门市政府将轮渡划归厦门公共交通公司。轮渡公司先后建造"轮渡14""轮渡15""轮渡16""轮渡17"四艘渡轮，载客量均为200人。除经营厦

1930年停靠在鼓浪屿黄家渡码头的舢板船

20世纪50年代的厦门轮渡码头

1955年建造的"轮渡12"号客船

鼓航线外，1957年开辟了厦门至嵩屿航线、厦门至马銮航线，1959年开辟厦门至集美航线。

1976年，简陋的鼓浪屿码头经重新设计改建，以崭新的形象——钢琴码头惊艳世人。1977年，敞开式的钢制渡船"轮渡18号""轮渡19号"投用，拉开了厦门轮渡船舶升级换代的帷幕。封闭式的木质汽轮自此逐渐退出历史舞台。

1977年，厦鼓轮渡迁建至原海关码头，单引桥改为双引桥，古老沧桑的轮渡开始焕发青春！

1982年，轮渡公司成为一家经济独立核算的企业。轮渡把握历史机遇，通过建章立制、整肃纪律、深化企业改革、开展多种经营、开拓"海上乐园"线、新增环鼓游览业务等，一举甩掉了长期以来亏损的帽子，企业面貌发生深刻变化，取得了引人瞩目的成就。

1987年至1997年，轮渡公司继续推行"依托码头，以副养主，拓展多种经营"等决策，开拓轮渡"楼上雅座""环鼓小巴游""三丘田水族馆""轮渡趸船佳丽餐厅"等业务，取得了良好的经济效益。1994年，轮渡公司开辟通宵航线，结束厦鼓航线56年来无通宵航班的历史。同年实行了福利性月票政策。

凭借深化改革的东风，轮渡公司开辟"海上环鼓""鹭江夜游"等航线，积极开展市场化探索，并先后建造"鹭江6"号接待船等7艘船舶。

1998年在行业内率先引入ISO 9001国际质量体系认证，逐步实现公司管理的科学化、制度化、规范化。

1999年，厦门轮渡码头二次搬迁至现址。2004年，轮渡公司事权整体移交给鼓浪屿—万石山风景名胜区管理委员会。十年励精图治，经济效益大幅改善的同时，精神文明建设也取得了傲人的成绩。

高铁时代的降临，带

2003年，高档游船"鹭江6"号政府接待船正式投入使用

动了全民的旅游大潮。2012年，鼓浪屿客流量首次突破了千万。面对快速增长的客流，厦门轮渡加快了码头、船舶建造步伐。内厝澳码头2012年建成，带动了鼓浪屿西北部的发展。2013年，完成三丘田码头的扩建。与此同时，以"闽厦门客0088"号厦鼓渡轮为始，"轮渡20"号、"工银财富"号、"唐码博美"号等19艘各式船型的客船陆续建造投用。

2014年10月20日，厦鼓轮渡航线进行调整，将居民与游客"彻底"分流——本地居民凭证件从鹭江道轮渡码头、第一码头和海沧嵩鼓码头三个地点上岛，游客从东渡厦鼓码头和海沧嵩鼓码头乘坐渡轮前往鼓浪屿内厝澳码头或三丘田码头。航线调整后，轮渡公司紧跟互联网时代潮流，推出了官方网站、官方微信、自助售票、现场窗口相结合的售票方式，票务服务的网络化、便利化程度较航线调整前大幅提高，"提前购票"这种购票新规则被越来越多的游客所接受，大家的出行更有计划性。这一举措改变了轮渡公司几十年来的运营模式，网络订票、船票实行实名制等措施大大方便了游客和市民。

2015年12月，邮轮码头率先使用人脸识别系统

轮渡公司以更"准"的战略定位，更"新"的经营理念，更"严"的安全标准，更"优"的服务质量，顺利完成了鼓浪屿航线调整这一战略性任务，实行了企业公司制改革，并以更加开放的姿态，更加国际化的视野，不断提高服务品质和游客体验，迈出了市场化运营管理的战略转型步伐。同时更加注重发展的质量与内涵，加强码

邮轮码头内的鼓浪屿老别墅造景

头、船舶、设施设备等硬件提高改造，以更高品质的海上客运服务助力鼓浪屿成功申遗，圆满完成厦门金砖会晤过渡保障。在邮轮码头打造"鼓浪屿文化客厅"，守护城市记忆，传承城市文脉，厦门轮渡由此进入文化旅游新时代。

随着厦门市推动国有经济布局优化，厦门轮渡有限公司的隶属关系几经调整。轮渡公司于2019年划转至厦门国有资本运营有限责任公司，2022年3月划归至厦门象屿集团有限公司，同年4月并入象屿集团旗下新组建的厦门国际邮轮母港集团有限公司。面对改革重组新机遇与三年疫情冲击挑战，厦门轮渡主动识变、求变、应变，围绕主责主业，以几十年的海上运营经验与国企社会责任担当，为厦鼓两岸架起"安全、安心"的过渡防疫桥梁；立足资源禀赋与新使命、新定位，以敢想、敢试、敢拼精神，持续深化市场化改革，深耕海上客运服务品质的提高；顺利投用国内第一批混合动力的"鹭江66"系列客船，于2021年7月启用全新的第一码头；丰富海上产品供给，探索推出一系列更具文化蕴含和体验感的中高端产品；传承象屿章程与邮轮母港集团企业文化行动纲领，完善服务体系，以"整洁规范，温暖共情，准确高效"十二字服务标准，持续打造厦门海上客运服务新标杆，有力展现厦门城市魅力，全力为厦门"两高两化"建设贡献轮渡力量。

傲立潮头，见证百年沧桑巨变
——厦门和平码头有限公司

现代化的国际邮轮中心　　　　　　　和平公司供图（下同）

厦门和平码头有限公司（简称和平公司）隶属于世界500强厦门象屿集团有限公司，为厦门国际邮轮母港集团有限公司全资子公司。和平公司专注邮轮产业发展，担当"邮轮生活，畅享美好"的企业角色，致力以"打造国内领先的国际邮轮港"为远景，专注招商引轮、邮轮市场开拓、邮轮航站楼运营、邮轮靠泊接待、邮轮船票销售、邮轮物供、免税商品销售等邮轮产业链上下游业务。

"和平客运"自1958年起沿用至今，2019年被厦门市商务局授予厦门老字号。拥有近百年历史的和平码头，是厦门港历史的亲历者、见证者，更是和平公司的发源、发展之地，始终以改革进取之心，推动着厦门港口开放的历程，成为厦门城市的窗口。

经营之道

"白鹭展翅"造型的和平码头是厦门人留存的对这座城的记忆影像之一,这座百年码头曾经在风雨飘摇的年代承载了无数华侨离家越洋打拼、心系家园的寄托。中华人民共和国成立初期,随着鹰厦铁路建成通车,它串接起厦门境内铁路、公路和水路,发挥着海陆交通货运码头的枢纽功能。改革开放以来,它践行着先行先试的示范引领作用,厦香客运航线、国内旅游客运航线、厦金客运航线及早期的国际邮轮业务,先后都在此应运而生。

厦门港是交通部确定的全国首批邮轮运输试点示范港,是全国四大邮轮母港之一。厦门和平码头有限公司作为厦门港的最早客运码头运营服务主体,自 20 世纪 80 年代起,开始接待国际邮轮。2013 年至 2019 年,厦门港邮轮旅客年吞吐量从仅 2.5 万人次,迅速增加到接待国际邮轮 136 艘次,旅客吞吐量 41.37 万人次。疫情影响前的 2019 年,邮轮接待量位列全国常态化运营港口的第二名,旅客吞吐量位列第四名。2022 年,象屿集团推动邮轮母港集团重组换新,厦门邮轮产业在港口迎来"招商伊敦号",开启"厦门—深圳"航线,打破了厦门港多达 900 余天的邮轮航线运营"空窗期"。同时,厦门国际邮轮母港成为疫情常态化时期唯一"四轮靠港"(鼓浪屿号、憧憬号、招商伊敦号、中远之星)的国内邮轮母港。

母港邮轮航线

和平公司积极发挥对台优势,于 2010 年开始运营对台母港邮轮。主要有前往澎湖,以及环台湾岛航线,经停台中、高雄、花莲、基隆等港口,"厦门至澎湖"周末邮轮航线一度成为厦门旅游"爆款"。北上日本航线含本岛及离岛航线,本岛航线包括佐世保、熊本、鹿儿岛等,离岛航线包括冲绳等。同时,积极开辟"一带一路"沿线国家邮轮航线及妈祖文化主题邮轮航线,深入实践"邮轮+文化""邮轮+目的地",创新落地全国首个文旅融合邮轮航次"海丝路·闽南情"、全国首条串联六国"海丝"航线、全国首条环中国海邮轮航线、厦门港首个春节航次等,通过邮轮传播闽南文化,盘活区域旅游资源,打造具有引领作用的厦门国际邮轮母港。

访问港邮轮航线

近年来，和平公司接待了多艘经停厦门港的环球邮轮："海之梦""精钻探索""环球""维京猎户座""世鹏旅居者""银影""水晶交响乐""欧罗巴2号""欧罗巴""威斯特丹""七海航海家""娜蒂卡""奥斯特""因锡亚""汉萨蒂克""哥伦布2"等。

厦门国际邮轮中心

厦门国际邮轮中心于2008年6月启用，总建筑面积约8万平方米。邮轮码头岸线长1418米，含1个15万吨级邮轮泊位、2个8万吨级邮轮泊位及1个滚装泊位，可满足3艘大中型国际邮轮同时靠泊，具备接待22.5万吨级大型邮轮的硬件条件。投入至今，已接待过16.8万总吨的在亚洲运营的最大吨位邮轮"海洋量子号"及"海洋赞礼号"。

五轮轮番靠泊厦门国际邮轮中心作业

厦门国际邮轮母港二期航站楼总建筑面积6.8万平方米，承接邮轮航线运营，建筑地上六层、地下二层，其中一层主要为入境通关大厅和行李大厅，二层为出境通关大厅，通关区域满足了两套独立通道出入境完全可逆的功能需求，将通过智慧化建设，实现"两检合一""无感安检"，单位时间通关能力比旧航站楼提高50%。新航站楼在设计上突破单一交通建筑的设计理念，在一、二层满足实际通关需求的前提下，通过三层的滨海展销大厅以及高端餐饮，与航站楼以北的"厦门海上世界"滨海商业融为一体，打造厦门国际邮轮都会的窗口名片。

文化传承

厦门和平码头有限公司源于20世纪中叶的厦门港务局和平码头，是厦门港客运和货运的发源地。2002年，应市场化经营与专业化分工的需要，厦门港务集团和平旅游客运有限公司成立，侧重发展旅游客运，主要从事厦金"小三通"客运码头服务和国际邮轮码头服务业务。公司业务范围不断扩展和变化，还开展海上游船舶运营、厦金"小三通"船舶运营、"小三通"货运和资产租赁等业务。2013年厦门邮轮母港集团有限公司成立，和平旅游客运有限公司成为其全资子公司。2020年9月，和平旅游客运有限公司更名为厦门和平码头有限公司。2022年，根据厦门市新一轮的国资结构优化调整要求，和平公司划转至厦门象屿集团。

"和平码头"原名"太古码头"，是厦门港真正意义上第一座可停泊万吨级轮船的码头。曾经万商云集于此，世界联通于此。如今的和平码头，是厦门的海上旅游文化中心，在过去，它见证了厦、台两地的交流发展。

现在说起和平码头，厦门市民对它的最深印象，除了是"海上看金门"的始发地，以及休闲好去处外，更多的要数厦金航线最初开通的港口。实际上，在2008年之前，和平码头一直是厦台贸易交流与人员往来的最重要通道。沉沉的历史文化积淀，让它在厦台交流发展中依旧熠熠生辉。

随着厦门城市的不断发展，许多现代化码头在厦门岛的四周拔地而起，和平码头因吞吐量不足而进行的业务调整，让这个地处"老厦门"核心地段的码头逐渐黯然失色。为了让鹭江道及和平码头一带重现当年繁华的景象，2011年，厦门市对和平码头所在区域的城市规划和功能布局进行重新调整，引进一大批具有浓厚现代气息的文艺酒吧、餐厅。

百年回眸，这座一百多年的写满故事的老码头，华丽转型为集文化休闲、旅游观光、餐饮、娱乐为一体的码头商圈，已经成为"厦门外滩"新亮点，运营着"波赛东·鹭江夜游""浯屿·海上田园""海上看金门"等多条海上旅游航线。

1880年，英商太古洋行在海后滩原岛美路头修建的太古浮桥和趸船，紧邻厦门老城，是厦门港开发最早的港口码头。1927年夏，竣工不久的海后滩第二段堤岸发生塌方，太古公司的趸船码头也遭破坏。太古公司利用这一时机，于1931年与荷兰治港公司合作完成海后滩填湾筑堤，新建太古码头，使之成为厦门港最为先进的综合性码头。当时荷兰人设计的太古码头仓库为无梁楼盖建筑，共2层，立面呈两段式构成，长约115米，在中国近代建筑历史上占有一席之地，并带动了其他洋行于此大规模建设一系列码头。

这座太古码头，也就是日后的和平码头。1949年之前，太古码头承载了厦门对外海上贸易的大部分运输任务。那时候进出厦门口岸的旅客绝大多数都是乘坐英商太古洋行的轮船，英商太古洋行主导了厦门的航运，其余的如荷兰渣华、日本大阪等公司的客货轮，都只能停泊在厦门海面锚地，由本地民船或驳船帮助完成客、货的起卸转运工作。

20世纪30年代兴建中的太古码头

1958年，太古码头改名为"和平码头"。鹰厦铁路全线通车时，特意修建了一条支线，终点直达和平码头货场，使该码头成为厦门市铁路、公路、水路货物转运码头。

1979年，为了适应厦门—香港客运航线恢复通航，厦门港对和平码头2号趸船和二层仓库进行改建，加盖了第3层，码头二楼仓库则改成候船厅和联检大厅。1980年元旦起，航行香港的"鼓浪屿"号客轮在此停泊，遂建成"厦门港客运码头"。后经改、扩建，厦门至香港的客轮均靠泊于此。而这次改建，也为后来台湾同胞返厦打下了硬件基础。1990年，和平码头进行扩建，整体建筑长达165米，造型呈船型。

1987年，从轮船上拍摄的和平码头

1984年3月，和平码头正式开放为台湾商船避风锚地。1987年11月4日，厦门和平码头迎来了返乡探亲的第一批台胞。此后，一批批台胞陆续经由香港抵厦，与分别数十年的亲人会面。

2001年1月2日，厦金客运"小三通"航线开通。这是厦金两地隔绝半个多世纪后的首次正式直航，标志着海峡两岸进入交流交往的新时代。

2004年10月，福建"六桂宗亲会"恳亲团339人，分两批次搭乘"新集美"号客轮和"同安"号客轮，从厦门和平码头直航抵达金门，参加为期三天的

2001年，"太武号"首航，厦门—金门"小三通"客运航线开通

"世界六桂堂第八届恳亲大会"，进行恳亲、观光旅游。这是自2001年厦金实现历史性突破的直航以来，台湾当局开放大陆民众赴金门人数最多、规模最大的一次。

从此，在和平码头上，厦台两地往来人员越来越多，频率也越来越高。随后，"海上看金门"项目开通，大陆民众可通过该项目漫游到更广阔的厦金海域，近观一水之隔的金门列岛，徜徉醉美波光。

2008年，厦门国际邮轮中心正式启用，和平公司主营业务，包括厦金客运"小三通"、免税品销售业务等整体迁移到邮轮中心。厦台客流航线、厦鼓旅游客运航线、国际邮轮业务也相继在此落地生根，枝繁叶茂。2014年，厦金客运航线调整至五通客运码头。码头的变换，代表着厦台两地的交流愈加紧密。和平码头作为厦台海上交往的起始地，依旧深深烙印在厦台交流历史中。

2008年，和平公司经营场所搬迁至厦门国际邮轮中心

以信立业，承载几代厦门人的记忆
——厦门市同英百货有限公司

20世纪30年代的同英布店　　同英百货供图（下同）

　　拥有一百多年历史的老字号同英布店是南安人卓长福创立的。他先前在漳州自营店铺，名叫"同兴"杂货店。1903年，卓长福来厦门开店，改"同兴"为"同英"，经营杂货和绸布，店址在闹市中心"竹仔街"，即今大同路。地利人和，买卖发达。同英布店从零售杂货到专营布业，一帆风顺，该店在各个时期都掌握一些"王牌"流行货色，批零兼营。

2019年同英布店被认定为福建老字号

　　为了更好地延续百年老字号同英布店，2013年由厦门兴茂贸易有限公司进行筹备接手，于2014年注册"同英布店"商标，2015年成立并改名厦门市同英百货有限公司。公司以精工巧做、传承发扬的经营理念，推出服装定制及服装配饰专卖，包括销售丝巾、貂皮、手套、胸针、领带、手帕、雨伞、围巾、帽子等延伸产品。

经营之道

20世纪30年代，同英布店是厦门最大的绸布商行，也是厦门最有名的布店。它的绸缎是时髦的畅销品，当时还经营德国染料、日本染料、英国西药、英国羽纱还有鞋面布等，销量很大。接着，同英布店自己进口"老人牌""鹰牌"炼乳、"绍昌"肥皂、日本"线绢"，还有缝纫机的"车仔线"等。销售范围从绸布零售批发拓展到时尚的棉纺织工业产品，引领了当时厦门的消费风潮。

历史上，同英布店记载的传统纺织工艺技术生产流程如下：

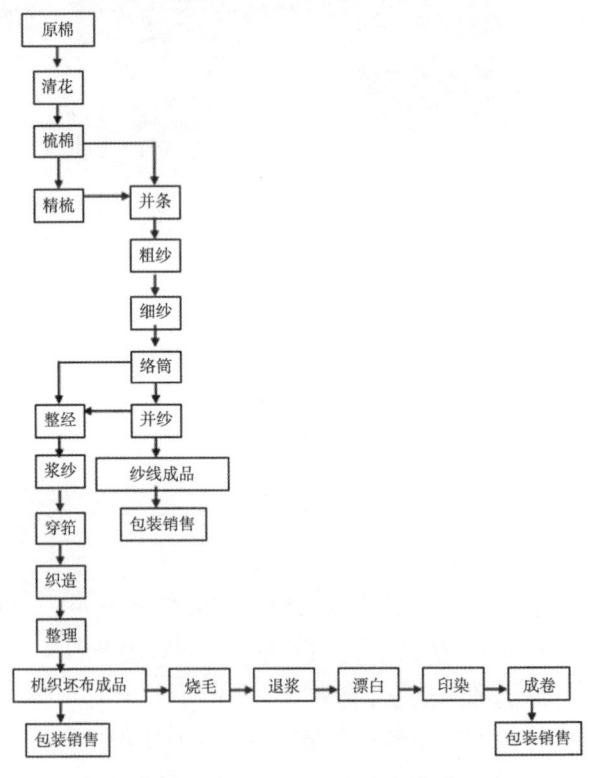

原棉 → 清花 → 梳棉 → 精梳 → 并条 → 粗纱 → 细纱 → 络筒 → 并纱 → 纱线成品 → 包装销售

整经 → 浆纱 → 穿筘 → 织造 → 整理 → 机织坯布成品 → 包装销售

机织坯布成品 → 烧毛 → 退浆 → 漂白 → 印染 → 成卷 → 包装销售

同英布店传统纺织工艺技术生产流程

1913年，卓全成（1894—1980年）接任同英布店经理。他坚持以信立业，同英布店挂着"真不二价"的招牌。同英零售业务蒸蒸日上，批发业务遍及闽南及福州、汕头等地。

卓全成注重企业的诚信，时常督导营业员要诚实守信，笑脸相迎，不以次充好。顾客要什么货就拿什么货，绝对不可卖假冒伪劣产品欺骗顾客。还必须做到尺码准确、公平交易，不能"缺斤短两"哄骗消费者。诚信的经营理念，让同英布店的声誉日升，得到了很多顾客的好评。

20世纪六七十年代，厦门还没有成衣出售，一般都要自己买布，再请人剪裁做成衣服。同英布店所销售的布料品种齐全、花色多，且服务好，成为厦门人买布的首选之地。

随着时代的发展，工业进步带来了经济繁荣，自己购买布料，由裁缝师傅量体裁衣的习惯逐渐被工厂化的成衣和时装取而代之。同英布店的主营产品也面临转型。在1993年到2013年的二十年间，同英的主营产品不断调整，向着百货经营的方向发展。

经过一段时间的沉寂，2015年之后，同英百货新的经营者，将主营产品定位在高级服装定制这个相对小众的赛道上。

如今的同英百货秉承"真不二价"的理念，从客户的需求出发，以诚待客，于2022年被厦门市市场监督管理局评为"守合同重信用企业"。

文化传承

卓长福原籍福建南安，早年在漳州商店当学徒，后创办同兴杂货店，并与人合营布店。清光绪二十九年（1903年）在厦门竹仔街创办同英布店，因地处中心地带，加上信誉良好，赊货经营，故买卖发达，逐渐站稳脚跟。1913年，卓长福萌发退志，将店务交由三子卓全成接掌。而早在光绪三十二年（1906年），卓全成就已在同英布店当学徒，经过一定的历练，对店务已相当熟悉，顺利接棒，也就此开启了同英布店的鼎盛时期。

当时，同英布店凭资金多、布料全，还兼营西欧棉布、哗叽呢绒等布料，又有加工场为顾客剪裁缝制服装，因此生意兴隆，获利甚多。在20世纪20年代，福州、漳州、泉州和闽北、闽西等地，甚至广东汕头等地，都与同英布店有业务关系。20世纪30年代，同业竞争激烈，"同英"采取措施，扩充绸缎部，从而使营业总额不受影响。

1930年以后，同英布店又兼营棉纱，主要是日本、英国、美国和中国上海的产品。同英布店从经营零售杂货到专营布业一帆风顺，主要是店主精通经商之道，适应市场变化，注重灵活经营，广开购销渠道，每个时期都掌握一些可称"王牌"的市场流行货色，并实行批零兼营。

1938年厦门沦陷，同英布店迁往鼓浪屿龙头路。除了绸布，还出租结婚礼服，并特聘上海名师裁制西服、外衣、童装。抗日战争胜利后，同英布店迁回厦门岛内大同路旧址。

中华人民共和国成立后，卓全成带头在同英布店建立劳资协商会议，主动收缩批发业务，与国营企业签订合同，为厦门市落实纱布批发商改造政策起了积极作用。卓全成历任厦门市工商业联合会第一届监事会副监事长、厦门市纱布行业董事会董事长、厦门市民主建国会首届市委员会委员。

1957年，同英布店与相邻的建成布店合并为人民百货。

1981年，为了适应改革开放的新形势，同英布店重新独立出来，恢复原店名，成为厦门针织品批发公司唯一经营纺织品的专业店。经装修改造，店面由原来的3间增至7间，面貌焕然一新，呈现出勃勃生机。同时，同英布店弘扬老字号的优良店风，实行批零兼营，掌握市场动态，及时供应适销商品，大力开拓商业服务。

1993年，同英布店与港商共同投资1000万元，把原有的4层楼房改成档次更高的百货、针纺织商场，定名为"同英商业城"。

1999年，同英布店荣获国内贸易部颁发的"中华老字号"称号。

2013年，厦门兴茂贸易有限公司接办同英布店。厦门兴茂贸易有限公司在安海路35号三楼之二单元，重新启动了"同英布店"品牌。面对新的时代发展趋势，同英布店对主营业务进行了调整，推出了高级服装定制及服装配饰专卖等服务。同英布店潜心提升高级定制的设计品位、工艺水平，在2017年首届"紫禁城"杯中华老字号文化创意大赛中，同英布店选送的"烟雨江南""国色天香"产品获得优秀奖。

2017年，同英布店加入厦门市婚庆行业协会，成为第二届理事团体成员，与同业积极交流互动。其后，同英布店积极对外开拓业务，在福州东百开设高级服装定制专柜，承接高级服装定制和专卖业务。

| 名老实业 |

关注健康，舒适睡眠畅享好梦
——厦门玉鹭控股有限公司

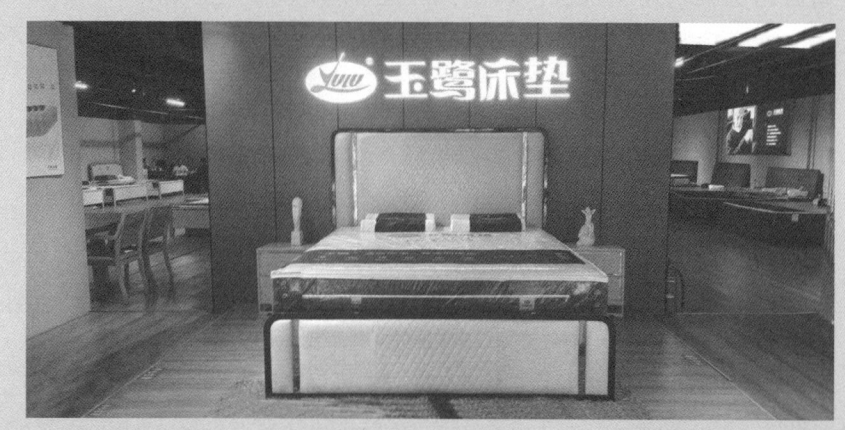

创业三十年，玉鹭床垫陪伴了许多家庭　　　　玉鹭供图（下同）

厦门玉鹭控股有限公司创立于1993年，是一家专业从事中高档床垫、软床、沙发、家纺等集设计、制造、销售、服务于一体的大型综合性企业。创业30年来，玉鹭控股坚持以质量求生存，以创新求发展，加大科技投入力度，积极引进国外先进的生产线，采用数控工艺技术，实现产品研发、生产、品质监控的科技化，先后通过了ISO 9001：2015质量管理体系认证，ISO 14001：2004国际环境管理体系认证，CEP中国绿色环保认证和工业标志认证，并注册了玉鹭、梦翔、诗涟、曼肯、玉翔等23种品牌商标。其中"玉鹭"品牌连续多年被评为福建省著名商标、中国驰名商标，2019年被厦门市商务局核定为"厦门老字号"。

近年来，玉鹭不断拓宽销售渠道，面向全国各地，开设2000多家家居直营店、专卖店，入驻大型家居、建材卖场，积极开拓海外市场，产品出口东南亚、欧美等各国和地区，享誉中外。

主要产品

双喜临门

该产品采用高档白色针织面料，触感细腻，亲肤自然，造型饱满透气。舒适层为天然乳胶、黄麻纤维棕，透气除湿、耐磨、防细菌滋生。乳胶面适合喜欢柔软睡感人群，黄麻棕面适合喜欢硬睡感人群。承托层为静音五区，独立袋装弹簧，贴合人体曲线，缓解人体压力。弹簧之间互不干扰，无摩擦，起到静音的效果，给予消费者安静的睡眠体验。

恭喜发财

该产品采用高档白色针织面料，触感细腻，亲肤自然，造型饱满透气。舒适层为环保棕，支撑力强，防止床垫塌陷，环保又健康，适合喜欢硬睡感人群。承托层为高碳钢整网弹簧，弹簧之间互相紧扣，经久耐用。

柏尼特

该产品采用高档冰丝面料，透气柔软，亲肤光滑凉爽。舒适层为凝胶记忆绵，触感柔软绵密。先进的开孔结构，帮助调节体温，散热更透气。承托层为静音五区，独立袋装弹簧，贴合人体曲线，缓解人体压力。

经营之道

玉鹭开通全国客户免费服务投诉热线，成立售后服务中心，培育专业的售后服务团队，建立一整套行之有效的售后服务管理体系及作业流程，形成《与顾客沟通和服务控制程序》《顾客满意度测量控制程序》《售后服务管理控制程序》等体系文件。服务贯穿售前、售中、售后全流程，全面保障顾客的权益，提高客户满意度。同时，指定专门工作组不定期向顾客印发《产品质量征询单》，对回单进行及时汇总和整理，并及时将信息汇总在《顾客反馈登记表》上，报质量管理部分析，属产品质量管理部门问题的按《持续改进控制程序》实施。建立《顾客档案》，详细记录其名称、地址、联系人、顾客评审等。近年来为了加强售后服务和顾客沟通，导入 CRM 客户管理系统，将电话沟通改进为文字体现、网络沟通，做到有数据、有依据。并且在原有的服务基础上进行不断延伸，扩展服务范围。

文化传承

20 世纪 90 年代，尽管大部分的家庭都依旧使用着硬板床，但人们对生活有了品质消费的初级意识，弹簧床垫开始在商场显现身影，能采购一张弹簧床，已然算是迈入品质生活的行列。此时国内弹簧床垫制造还处在起步摸索阶段，并没有成熟的品牌，而舶来品"席梦思"又因价格高，令普通消费者望而却步。1993 年，玉鹭控股的前身厦门新龙兴商贸有限公司瞄准弹簧床垫市场的发展机遇，投身床垫制造行业，从一座注册资本 5 万元、年产 1000 多套床垫的小厂，发展到现在拥有总资产数亿元、年产各类优质床垫 30 万床的现代化企业。

从创立之初，玉鹭就将产品品质放在首位，强调科技是第一生产力，引进具有研发能力的高科技人才，这也从根本上奠定了玉鹭的品质基础。因为在研发创新上不遗余力，玉鹭床垫也成为引领行业发展的风向标。2010 年前后，玉鹭控股重金投资开发科技器材，成立科技研发的 QC 小组，对床垫的新材料、新技术进行专门研发。同时，玉鹭根据人体的工学原理，严格选用高端环保原材料乳胶，将现代工业化生产和传统手工巧妙结合，配合先进的制造设备，开发出一系列适合不同年龄段的人健康睡眠的高端床垫，如适合中老年人的 3D 乳胶环保棕床垫、适合时尚个性年轻一族的高科技 3D 床垫以及满足儿童和失眠群体的个性化产品。玉鹭床垫先后有 6 项技术申请了国家专利，并经过多次实验检测，将成熟的技术融入产品中，生产出更多、更适应现

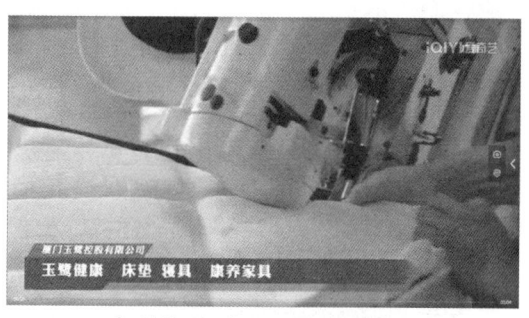

高科技的引入助力玉鹭腾飞

代需求、健康舒适的床垫产品。

在原材料的选用上,玉鹭精挑细选,选用高级环保热熔棉、杀菌防螨高档布料与高弹性的优质弹簧作为玉鹭产品的原材料。结合专利技术生产出来的产品,经专业工程技术人员严格检测,层层把关后投放市场,通过自营店、加盟商、代理商等销售模式并借助各地经销商的营销渠道,迅速在全国各地铺开。

2013年,在德国科隆家具展上,玉鹭控股总裁黄植民与国外客商洽谈交流

在国内发力的同时,玉鹭也注重国外市场的拓展,意大利米兰家具展、德国科隆家具展等国际性展会也常常可见到玉鹭的身影。对外交流,参展学习,既开拓了玉鹭的视野,与国际接轨,也向世界展示了中国品牌的魅力。

打造发展核心竞争力的玉鹭,也意识到品牌的附加价值,在2011年,邀请专业的品牌规划团队,对品牌形象进行梳理,导入C1S系统,统一标识,从理念到视觉,到行销,在床垫市场上展现出新的面貌。经过梳理,赋予"玉鹭"更加精准到位的诠释:"玉鹭"商标视角元素由椭圆形与经艺术化设计的拉丁文"YULU"(即"玉鹭"的拼音字母)组合而成。椭圆形代表地球、环境、家园,字母"YULU"居于椭圆形中,当中取"玉鹭"二字的开头字Y和L连接,概括设计为下方带折回线条,具有飞鹭形态的Y,柔顺的折回线条承托起后续的三个字ULU。在飞鹭形态的"Y"字中,其鹭的颈首昂扬于椭圆形之上,寓意积极向上、锐意进取、不断创新的企业精神。中文字体在笔画设计上具有羽翼特征,显著和贴切地体现了鹭的含义。全新的形象给消费者带来耳目一新的感受,统一的形象也便于消费者从很多纷繁的同类产品中识别购买。

从技术发力,从品质入手,以品牌立市,玉鹭经过数十年的发展,形成一整套行之有效的运作模式,而其多年积累的口碑逐渐沉淀,成为许多人心目中的首选。在灌口,一家家具城就曾因为没有代理玉鹭的产品而错失三万多元的订单。后来这家家具城老板与玉鹭取得联系,成为玉鹭的代理商,生意越做越红火,这样的故事在玉鹭还有很多。这只起飞于鹭岛,翱翔于世界的"玉鹭",孜孜不倦地打磨着自己的技艺,以更加符合现代人多元需求的产品制造供给市场。这也是中国很多制造行业的缩影。

全国首家，评估行业的领头羊
——厦门均和房地产土地评估咨询有限公司

厦门均和房地产土地评估咨询有限公司办公场所

均和供图（下同）

厦门均和房地产土地评估咨询有限公司（以下简称均和），由王崎、乔珩创建于1997年初（即"厦门均和房地产价格评估事务所"），系全国首家获准设立的民营专业评估机构，承接房地产买卖、交换、租赁、司法仲裁、经济纠纷、可行性研究等多方向业务。

均和现有员工110多名，其中90%以上人员具有学士、硕士学位，70%以上人员具有中高级专业技术职称；拥有70多名高素质的专业执业人员，其中国家注册房地产估价师39人，注册土地估价师28人，土地登记代理人5人，注册资产评估师15人，造价工程师5人，价格鉴证师3人。此外，公司还拥有由多名土建工程类、机械设备类、财务会计类、金融法律类专业资深人士组成的专家顾问委员会，有一支经验丰富、业务能力强的工作团队。公司拥有一套完善的房地产价格信息收集及更新系统，为政府、企业及个人提供各类专业、规范、高效的服务，经营业绩位居前列。

作为评估行业的领头羊，均和以优质的专业服务与厦门市政府机关、金融机构、司法等部门，以及各大企业建立了长期合作关系。同时，开展相关课题研究，为有关部门提供行业数据，为政府部门的决策提供参考，多次受到有关部门的表彰，获得"厦门市房地产价格评估机构优秀奖""A级资信土地评估机构""守合同重信用企业""纳税大户""诚信经营先进单位""先进基层党组织"等荣誉称号。

经营之道

2001年9月，经厦门市国土资源与房产管理局批准，均和作为首选机构，接受厦门市房地产交易权籍登记中心的委托，承担厦门市房地产课税评估。

2003年2月，均和与厦门大学管理学院共同受厦门市国土资源与房产管理局委托，对"厦门市房地产价格指数编制方法研究"的课题进行研究。

2006年10月，均和公司受厦门市国土资源与房产管理局、厦门市房地产中介行业协会委托，草拟《厦门市房地产（土地）评估行业制止不正当竞争及反商业贿赂行为自律公约》、《估价合同统一文本》，在业界获得好评。该自律公约自2007年1月1日起开始实施，并向全省、全国推广。

2011年3月，均和公司接受厦门税务局委托，对厦门市存量房交易计税评估系统提供房地产交易价格评估技术服务。厦门市税务局的存量房交易计税评估系统自2011年开始历经多次更新，涵盖住宅、写字楼、商业、车位、工业房地产等各类不动产，该计税评估系统走在全国的前列。

2015年1月以来，均和受厦门市国土资源与房产管理局委托，对厦门市直管公房进行批量租金评估和厦门市基准地价评估，是厦门市2015年、2017年、2020年、2022年连续四轮城镇基准地价作业单位。

2018年9月，均和受厦门市中级人民法院委托，对厦门中盛粮油集团有限公司的资产重整项目进行评估。参与并见证了新的盛洲品牌甩掉原厦门中盛粮油集团有限公司及厦门盛洲植物油有限公司的沉重历史包袱，轻装上阵，使盛洲品牌凤凰涅槃，浴火重生。

2019—2021年，均和独家承担厦门市土地使用权补出让地价评估工作，并入围厦门市土地一级出让地价评估机构库（厦门仅3家）。

2000年6月，经福建省建设管理委员会推荐，均和作为福建省房地产中介机构代表到北京人民大会堂参加全国"百家中介机构向社会承诺提供'放心中介'联合宣言活动"，郑重签署了"放心中介"联合宣言，在业界树立了良好的社会信誉和行业榜样。

2016年12月，均和荣获厦门市国土资源与房产管理局颁发的"国家级城市（厦门）地价监测项目技术协助单位"。

2021年1月，均和作为福建省仅2家，厦门唯一代表，入围中央军委机关事务管理总局房地产评估机构备选库（全国评选50家）。

2022年1月，均和作为福建省唯一一家荣获中国土地估价师与土地登记代理人协会颁发的"土地评估机构A级资信等级证书"机构（已累计12年获此殊荣）。

2000年6月29日，均和评估股东王崎（右一）、乔珩（左一）及清华大学季如进教授（中）一同参加在人民大会堂举办的"百家房地产中介机构承诺提供'放心中介'联合宣言"活动

均和开创以来所获得的部分荣誉

文化传承

专业评估是随着国家经济发展、产业结构调整而诞生的新兴行业。1993年，借鉴美国等市场经济发达国家和地区的经验，人事部、建设部共同建立了房地产估价师执业资格制度，经严格考核，认定了首批140名房地产估价师，均和股东王崎、乔珩、傅文琪名列其中。这是中国最早建立的专业技术人员执业资格制度之一。

1994年7月5日颁布的《城市房地产管理法》第33条规定"国家实行房地产价格评估制度"，第58条规定"国家实行房地产价格评估人员资格认证制度"。这两条规定明确赋予房地产估价的法律地位，使房地产估价成为国家法定制度。

1997年4月，厦门均和房地产价格评估事务所经福建省建设委员会批准成立，是全省首家非官办的评估机构。此前，厦门乃至全国的房地产评估机构均隶属于行政部门，作为全省第一家独立、不隶属于行政部门的评估机构，均和公司的成立，标志着厦门市房地产评估行业开始与国际惯例接轨，并正式走向市场。

均和创办初期的媒体报道

均和创办初期的团队

1999年6月，公司更名为厦门均和评估咨询有限公司；2000年通过ISO 9002国际质量体系认证，成为全国率先全面通过资产评估、房地产估价、土地估价国际认证的综合型国家级评估咨询机构。

2008年7月，依据国家相关部门的文件规定，公司名称变更为"厦门均和房地产土地评估咨询有限公司"。同时分立新设"厦门均和资产评估咨询有限公司"，新设立的厦门均和资产评估咨询有限公司继承厦门均和评估咨询有限公司的资产评估资格和经营业绩。

2021年6月，均和经中国证券监督管理委员会批准，获得从事证券服务业务资产评估机构资质，可在全国范围内开展证券评估业务。

作为均和创始人，王崎是国家首批认定的房地产估价师。他创办了全省首家非官方的评估机构，这源于其深厚的学术背景和在专业领域的造诣。王崎（1964年生）先后毕业于南京工程学院、东南大学，工学硕士、高级工程师、高级经济师。1997年创办厦门均和房地产土地评估咨询有限公司，任董事长/总经理；英国皇家（特许）测量师学会会员（福建省首位RICS会员）、中国房地产估价师与房地产经纪人学会首批资深会员；已取得首批注册房地产估价师、注册土地估价师、注册造价工程师、注册房地产经纪人（认定），首批企业法律顾问、价格鉴证师、注册拍卖师等执业资格。中国土地估价师与土地登记代理人协会常务理事兼估价方向专家、福建省土地估价师与不动产登记代理行业协会副会长、福建省房地产业协会常务理事、厦门市房地产中介行业协会副会长兼专家委员会主任委员、福建省房地产评估专家委员会委员、厦门市国土资源与房产管理局聘请的房地产市场专家分析小组组长。著有一部40万字的实务专著，先后发表工程、经济类文章近百篇。多次承担厦门大学、厦门市土地资源与房产管理局、福建省土地估价师协会、厦门市房地产中介协会等单位主办的房地产课程授课业务讲座、继续教育培训等工作。长期从事房地产开发、投资决策分析、营销企划、不动产估价等工作，具有房地产及其相关领域的理论造诣、实践经验和市场洞察力。通过在行业内多年不懈努力，于2010年3月被授予"厦门市优秀中国特色社会主义事业建设者"荣誉称号。

乔珩（1964年生）是清华大学硕士，中国最早房地产经济的硕士之一，高级经济师、工程师。现任厦门均和房地产土地评估咨询有限公司副总经理，是中国房地产估价师与房地产经纪人学会资深会员，取得首批注册房地产估价师、资产评估师、注册土地估价师、注册房地产经纪人（认定）等执业资格。同时还是福建省房地产估价报告评审专家、福建省国资委国有资产评估评审专家、厦门市房地产价格评估专家、厦门市国资委资产评估评审专家。具有丰富的房地产、土地估价实务经验，在资产评估、项目评审、投资评价等多专业跨行业领域有卓越的理论造诣和丰富的实践经验。

立足创新　开启"芯"篇章
——厦门三圈电池有限公司

厦门三圈电池有限公司　　　　　　　　　三圈电池供图（下同）

  作为厦门轻工集团旗下的子公司——厦门三圈电池有限公司（以下简称三圈电池）是一个具有近百年电池生产历史和经验的国有企业，工厂占地面积 17 万平方米，主要研发和生产一次电池（碱性、碳性电池）、二次电池（高倍率锂离子电池和储能电池），是中国主要电池制造商之一。三圈电池除了拥有先进的无汞无镉碱性电池、无汞无镉无铅碳性电池生产技术外，还于 2011 年组建了专业的锂离子电池研发团队，投资建设高倍率锂离子生产线，进军锂离子电池市场。三圈电池自主研发的高倍率模型动力锂电池能满足不同比赛和场地在动力方面的需求，助力各国模型运动选手在国际赛场上不断创造佳绩；打破了欧美电池品牌垄断国际车辆模型赛事领奖台的历史，为中国自主品牌电池争得荣誉。

  2022 年，三圈电池增加投资，建设方形铝壳磷酸铁锂电池生产线，兼容目前市面主流储能电芯型号,智能化程度高。产品主要用于 5G 网络基站、家庭/工业和商用等分布式储能以及小型动力锂离子电池等细分市场。助力加快推动公司在储能系统集成领域的布局,形成从电芯到储能系统的完整产品技术链,从而基本覆盖储能产业链中游业务环节,具备行业竞争力的产业链优势。

三圈电池获得电池产品首张"出口免验"证书,以及"中国名牌""中国驰名商标""福建著名商标""福建老字号""厦门老字号"等殊荣。三圈电池立足创新,以"举德商旗,走品质路,做百年企业"为理念,以节能环保的锂离子电池为发展方向,致力于成为绿色能源供应商。

主要产品

三圈碳性电池

三圈碳性电池是公司的老产品,自 1964 年品牌正式注册以来,被广大用户所认可。采用聚丁烯类密封涂料,以及国际先进水平的无汞、无镉、无铅技术生产,产品符合欧美等发达国家的环保要求的同时还拥有高容量的性能。

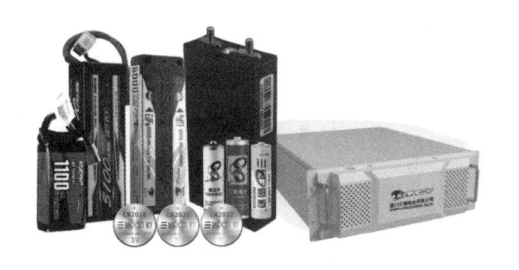

随着技术发展,三圈产品不断迭代

三圈·霸道碱性电池

2004 年,三圈·霸道碱性电池隆重上市。采用超薄的钢壳创新结构,高能量密度新材料以及高性能新配方,不仅使电池的容量和功率提高了 15%,同时还符合中国和欧盟最新环保法规的要求,实现了电池全面无汞化。

三圈 Sunpadow 高倍率模型锂电池

三圈 Sunpadow 高倍率模型锂电池采用自动化设备、先进的生产管理理念和 MES 系统管理,以及高能 4.350 V 钴酸锂材料,贴近用户的动力需求，定制化开发产品。三圈 Sunpadow 高倍率模型锂电池产品符合 CE、UN、ROHS 认证要求，具有高能量密度、倍率放电性能优，高安全、循环寿命长等显著特点。

三圈动力储能锂电池

三圈动力储能锂电池采用先进的自动化生产设备，不仅具有高一致性、高安全性能，同时具备电池内阻低，放电倍率高，放电平台稳定，循环寿命长，绿色环保等特点。主要用于 5G 网络基站、家庭/工业和商用等分布式储能以及小型动力锂离子电池等。

传统技艺

碳性电池生产核心技术

（1）三圈碳性电池采用国际先进水平的无汞（≤ 1 ppm）、无镉（≤ 10 ppm）、无铅（≤ 40 ppm）技术，并且产品达到欧美等发达国家的环保要求。

（2）采用聚丁烯类密封涂料，密封圈外戴式工艺结构，使其正极填充空间较传统的密封圈内嵌式结构提高约 10%；再配合铁壳束口工艺，较传统卷口工艺电池过放电防漏性能有明显提高，电池的保质期达到三年以上。

（3）生产线在线自动检测技术大量应用于实时质量控制（包括影像检测控制系统和各类光/电/气技术的应用），使产品质量得到有效保证。

（4）国际领先的 900 只/分超高速和 600 只/分高速自动化生产线。

碱性电池生产核心技术

（1）采用超薄的钢壳设计技术，电池的容量和功率提高约 15%。

（2）采用尼龙材料的安全阀，确保了电池的防爆安全性能。

（3）生产线在线自动检测技术大量应用于实时质量控制（包括影像检测控制系统和各类光/电/气技术的应用），产品质量得到有效保证。

（4）符合中国和欧盟最新环保法规的要求，汞含量低于 1 ppm，镉含量低于 10 ppm，铅含量低于 40 ppm。

碱性电池的工艺技术流程图如下：

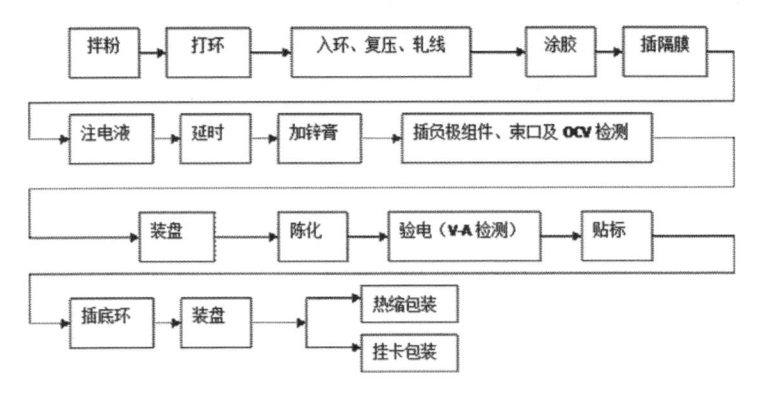

```
拌粉 → 打环 → 入环、复压、轧线 → 涂胶 → 插隔膜
  ↓
注电液 → 延时 → 加锌膏 → 插负极组件、束口及 OCV 检测
  ↓
装盘 → 陈化 → 验电（V-A 检测）→ 贴标
  ↓
插底环 → 装盘 → 热缩包装
                挂卡包装
```

碱性电池工艺技术流程图

高压锂电池生产工艺

（1）高压高倍率锂离子动力电池：采用 4.350 V 高压钴酸锂材料，制作出高容量、高倍率车模锂离子电池，已形成批量化生产。产品能量密度提高 10%，产品电压高，输出功率提高 20%。

（2）硅基负极高压高倍率锂离子动力电池：负极采用硅负极，正极采用高压钴酸锂材料，制作出更高容量和倍率的锂离子电池。该体系将在原有高压电池基础上，能量密度继续提高 10% 以上，目前正在开发实验中。

（3）加快产品结构转型，拓展二次锂离子电池产品类别和应用领域，除高倍率软包航模锂电池外，增加磷酸铁锂储能产品，切入锂代铅酸、户外、家庭及军用储能锂电供应链。

经营之道

创立之初——厦门电池厂

1925 年，台湾青年叶英九怀着实业报国的梦想从台湾来到厦门，创办了厦门首家电池厂——月星电池厂。1954 年 7 月，由月星电池厂等 5 家私营电池厂进行合并，正式更名为厦门电池厂。同年 12 月，厦门电池

厦门电池厂大门　　　　　　　　　厦门三圈电池公司产品

厂正式接受国家对私改造，成立公私合营厦门电池厂。1958年，厦门电池厂生产的"建设"牌R20电池首次出口。

1964年，"三圈"开启品牌之路。厦门电池的奠基者秉持追求天、地、人和的理念，创立了"三圈"品牌。同年，"三圈"品牌正式注册，自此三圈电池开始走出国门。

扩建厂房，"三圈·霸道"开启品牌之路

2002年，三圈公司注册"三圈·霸道"品牌。2004年，三圈公司在集美灌口建造新厂竣工投产，改造新厂区投产生产。同年引进韩国碱性电池生产线——"三圈·霸道"碱性电池上市，达到了国内先进水平。三圈公司突破一次性电池的传统工艺，实现电池全面无汞化，废弃电池无须集中

集美灌口三圈电池有限公司新厂房

处理，可随生活垃圾丢弃。先进的自动化生产线，确保产品品质，实现环保节能。三圈·霸道碱性电池以其强劲持久的性能，深受消费者的喜爱。

开启新篇章——"锂"想之路

面对未来新能源领域的挑战，2011年，在轻工集团的战略部署下，三圈电池积极调整产业结构方向，由传统电池向新能源电池转型，果断进军锂电池行业，投资建成一条国内先进的新能源锂离子电池生产线，开始研发模型动力锂电池。

1. 助力模型追梦者，实现冠军梦

高倍率锂离子电池生产线

2009年，三圈电池为支持公益事业，承担起国有企业应有的社会责任，开始与国家体育总局航管中心进行战略合作，支持和冠名国家体育总局航管中心举办的"驾驭未来""我爱祖国海疆""飞向北京—飞向太空"三大全国青少年模型教育竞赛活动；2014—2015年，助力中国航空模型之队、中国航海仿真航行代表队勇夺个人、团体冠军。三圈锂电池以其高倍率、高容量、重量轻等技术特点，力助模型追梦者实现冠军梦想，扬威海内外。

2. 创"模型动力锂电池世界第一品牌"

三圈公司围绕"以赛事为平台，以冠军为引领"的经营思路进行品牌提高，2018年，正式推出三圈"Sunpadow"高倍率模型锂电池这一全新的锂电池自有品牌，开启了全球品牌推广的新篇章。2018年至2023年初，三圈模型锂电池包揽了16个世界冠军、13个洲

2018年8月，两位模型赛车选手使用三圈产品在世界车辆模型锦标赛上分别获得冠军

级冠军和 32 个各国国家级冠军，助力各国模型运动选手在国际赛场上不断创造佳绩。三圈电池打破了欧美电池品牌垄断国际车辆模型赛事领奖台的历史，为中国自主品牌电池争得荣誉。

3. 品牌传播与科技体验融合——建设三圈模型科技体验基地

2015 年，为了推广品牌，总占地面积 5 万多平方米的三圈模型科技体验基地建成并投入使用，它是国内首家将模型运动与科技体育相结合、致力于推广与发展青少年科技体育的大型体验、培训、交流、竞技平台。三圈模型科技体验基地建成以来，已成功举办和承办了多场国家级及国际级赛事，在科技体育产业领域具有较高的知名度和影响力，是获得多项国家级荣誉的专业模型运动基地。

三圈模型科技体验基地

重新定位三圈发展方向，积极推进转型升级

三圈电池积极加快转型步伐，向新能源、储能锂电方向发展，运营好高倍率模型锂电和方形铝壳储能锂电池生产制造，做好新材料、新技术的技术储备，寻求机会，切入正极、负极材料市场。力争到 2025 年，企业的综合性实力大幅跃升，成为以二次电池产业为支柱产业，集电池、电池材料、电池类电源为一体的综合性制造企业。

同时，企业利用园区内自有的闲置空地建设厂房，围绕新能源方向"筑巢引凤"。其中二期厂房及技术中心（含办公）项目，总投资约 15950 万元，新建建筑面积约 42700 m^2，占地面积约 7000 m^2。

三圈园区鸟瞰图

光耀千里,做绿色健康照明专家
——厦门通士达有限公司

通士达照明专卖店　　　　　　　　通士达供图(下同)

厦门通士达有限公司(原厦门灯泡厂)是厦门轻工集团有限公司所属的一级控股企业,同时也是中国照明行业的标杆企业。2019年,通士达被厦门市商务局认定为"厦门老字号"。

通士达以生产绿色健康照明产品为主导,是集研发、生产、销售为一体的制造型企业,拥有"通士达""TOPSTAR"等自主品牌产品,是美国"GE"品牌照明产品的主要生产基地。通士达具有雄厚的研发技术实力,拥有国家认定企业技术中心。其实验室是国家认可的实验室(CNAS),具备产品光学性能、安全性能等检测资质。该实验室还获得美国国家认可的实验室资质(NVLAP),并通过美国UL、瑞士SGS、英国Intertek、德国TÜV等检测机构的认可。

主要产品包含家居照明、商业照明、教育照明、轨道交通照明、道路桥隧照明、夜景亮化照明、特种照明、电工电器八大系列，通过欧盟、美国等国家和地区的权威机构认证，远销北美、欧洲等 60 多个国家和地区，销售网点遍布全球。

通士达先后荣获国家认定的"高新技术企业""国家创新型企业""国家知识产权示范企业""全国企事业知识产权试点单位""中国照明电器行业品牌效益型企业""轻工业科技百强企业"等 200 多项殊荣。

主要产品

博睿升级款近视防控台灯

该产品通过"儿童青少年学习用品近视防控卫生要求"认证，无可视频闪，无蓝光危害，显色指数 Ra ≥ 95。面板采用微晶透镜专利，深度防眩更护眼。

净棠系列空气净化器

接入米家 App，可实现远程操控，双侧多效滤网强效除醛，带有 UVC 灯可通过负离子杀菌，并通过颗粒物传感器实时显示室内空气情况。

家居照明——智能产品

通士达智能围绕智能照明、智能电工、智能感应、智能电器四个方向，基于 Wi-Fi、蓝牙、Zigbee 等无线控制协议和云端数据，提供产品、场景和整体解决方案。

家居照明系列——智能产品

多功能智慧灯杆

通士达多功能智慧灯杆包含照明系统、充电桩、视频监控、通信服务、信息发布屏、气象监测、一键报警等功能，形成了"多杆合一、多箱合一、多管合一"功能。其采用互联网和云计算技术来实现对路灯的远程集中管理与控制，可以有效控制能源消耗，大幅度节省电力资源，提高公共照明管理水平，降低维护和管理成本，让管理和运营更加便捷。可以说它是"互联网+"在城市中的深度应用。

相较于传统路灯，智慧灯杆不仅可以作为重要的信息传递渠道，还可以承载城市文化、消费信息等大数据。发展以多功能智慧灯杆为代表的新基建，对智慧城市的建设起着至关重要的作用。

经营之道

夜景亮化项目：厦门山海健康步道南北段

厦门山海健康步道南北段，从五缘湾至东坪山，全长约 10 公里。健康步道串联起厦门岛中北部重要生态节点，形成贯穿本岛东西方向的山海步行走廊。

通士达照明以功能性照明为主，兼顾步行舒适性，为厦门山海健康步道打造休闲放松、适合市民群众身心健康的光环境。亮度能满足夜间在步道漫步的市民、游客的安全需求，且内嵌在护栏扶手上的 LED 护栏灯，秉承生态、环保、节能的设计原则，间隔布置且直接照射桥面，防眩光的同时还勾勒出步道线形在林中若隐若现的身姿。

厦门山海健康步道夜景

地铁照明项目：成都轨道交通 6 号、17 号线

在实施成都地铁 6 号、17 号线整条路线照明的过程中，通士达照明凭借优质的技术、设计、服务以及高性能产品，除了保证每一站轨道交通所需照明灯光外，最大限度为旅客、作业者提供便利的同时，还做到了建筑照明一体化、照明设计科学化、室内外照明统一化，充分让外来朋友感

受到成都人民的热情。

教育照明项目：湖南省学校教室护眼照明

作为《学校教室 LED 照明技术规范》的主要起草单位，通士达是国内最早一批致力于学校教室照明健康光源与护眼灯具产品的研发与生产者。通士达照明基于教育场景和学生们的健康需求，以全护眼智慧教室照明为解决方案，为湖南省长沙市、衡阳市、常德市、益阳市等 300 多所学校教室、多功能教室提供 LED 全护眼黑板灯、教室灯等教育照明产品，在呵护学生及教师用眼健康、提高教学管理质量的同时，实现节约能耗。

文化传承

通士达照明前身为厦门灯泡厂，其诞生源于一只为党的生日献礼的灯泡。1958 年 5 月，厦门玻璃厂派出一支研发队伍到上海学习"白炽灯"制造工艺，并在同年 7 月 1 日制造出了福建省的白炽灯泡。

成立于 1958 年的通士达前身——厦门灯泡厂

1963 年，通士达的前身——厦门灯泡厂在素有钢琴之岛美称的厦门鼓浪屿成立，成为厦门较早的一批工厂。当年的老厂门至今仍矗立在鼓浪屿康泰路 109 号，见证着通士达的发展腾飞。

20 世纪 70—80 年代，厦门灯泡厂的"红旗"牌灯泡成为华东地区的名优产品，"白鹭"牌灯泡远销美国、东南亚、中东、非洲及我国香港地区等地，成为照明行业的一颗新星。1997 年 5 月 18 日，厦门通士达有限公司由厦门灯泡厂、厦门玻璃厂、厦门电子研究所、厦门玻纤厂等 5 家

国有老企业组建而成。

在白炽灯还很畅销的年代，厦门灯泡厂就进行当时世界上尚处于发展阶段的紧凑型荧光灯研究试制，果断地向节能灯转型。通士达由生产白炽灯转向生产节能灯，成为全球较早生产节能灯的生产厂家。

2000年，通士达与美国通用电气（GE）公司合资，成立厦门通士达照明有限公司。而后十几年，各种系列节能灯不断推出，到2012年，产品已连续6年获得国家高效照明推广财政补贴项目。以品质赢得口碑，通士达产品远销世界各地，成为照明行业的一颗明星。

2007年，通士达技术中心被国家五部委（国家发展和改革委员会、科学技术部、财政部、海关总署、税务总局）联合认定为国家认定企业技术中心。该荣誉的获得表明通士达的技术研发实力已达中国照明行业的较高水平，具备国际竞争实力。同年，通士达与美国通用电气（GE）公司再次携手，合资成立通士达新科技有限公司，生产出世界较长寿命的直管荧光灯。

2009年1月，通士达搬迁扩产，从海沧搬迁到同安的厦门轻工集团照明工业园，全力打造节能照明产品生产基地。2013年，通士达由生产节能灯转向生产LED灯。

2022年，通士达围绕轻工集团"1+4"的发展定位与方向，推进特色"工业+"产业集群化、平台化的发展，进入新业务板块，并深化制造与服务融合。

厦门灯泡厂老门头

"红旗"牌灯泡曾经是厦门人家家户户的必备品

2005年，通士达厦门轮渡的巨型节能灯模型广告成为那个时代的风景

"三度"承诺，守护心灵之窗
——厦门华视眼镜有限公司

2023年，华视眼镜（SM一期店）　　华视眼镜供图（下同）

厦门华视眼镜由黄文煌（1964年生）创办。1988年，其从"三尺柜台"走上创业之路，1995年成立厦门华视眼镜有限公司，以代理、销售各大品牌光学框架、太阳镜、老花镜为主，并提供验光、配镜等服务。华视品牌眼镜凭着过硬的专业技术和优质的服务，深受广大消费者认可和好评，逐步在厦门巩固确立了市场地位。30多年来，华视眼镜规模不断扩大，在福建省已拥有近60家连锁店，是厦门市乃至福建地区最具规模的眼镜连锁零售企业之一。2019年，华视眼镜被厦门市商务局核定为"厦门老字号"。

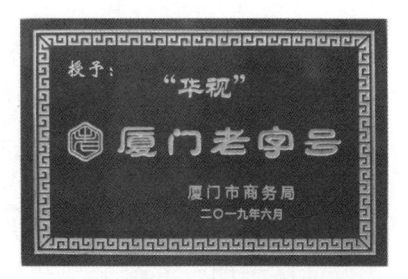

2019年，华视眼镜被核定为"厦门老字号"

现如今华视眼镜经营网络覆盖全国各省市，各连锁店均配有国际领先水平的电脑综合验光设备和全自动电脑磨片制镜等高精密仪器及设备，并拥有一大批持有国家资格证书的高级验光师、制镜师和强有力的营销队伍。华视眼镜以精湛的技术、可靠的质量、忠实的服务、创新的管理、优秀的企业文化和精诚团结的团队，赢得了社会大众的信任与认可。

主要产品

精工纯钛眼镜架

精工纯钛眼镜架 100% 的超薄设计，保持坚硬强度的同时又极大地减轻了重量；消除无用烦琐，精简线条——完美呈现。镜腿脚套设计，采用中长脚套，选用进口板材，结实耐用。中长脚套保持与皮肤接触点为板材胶套，防止汗液的强烈腐蚀。

DIOR 迪奥镜框

DIOR CD3278 镜框外观时尚，椭圆形镜框特别适合椭圆形和方形脸。

琳琅满目的各大品牌镜架

GUCCI 古驰镜框

古驰镜框永恒而经典，深受明星们的青睐，品牌灵感源自演员、公主和名媛等杰出女性。这款镜架，用树脂全框设计，板材产自意大利。

COACH 蔻驰镜框

蔻驰镜框质料耐用，佩戴舒适，分外体贴面型。镜腿经严格扭曲测试，确保镜框的坚韧度及稳定性。末端齐角设计，佩戴舒适，造型美观。按照人体工程学设计的简洁型脚套,做工精细,适合户外、运动、娱乐时佩戴。

海俪恩太阳镜

海俪恩太阳镜利用 3D 镶嵌式镜片、镜框,独有的 3D 镶嵌结构,以全新的美学思维,借由一体式镜架,实现"片套片"技术,营造出强烈的精致感、轻量化的佩戴舒适感。

CK 男士太阳镜

CK 男士太阳镜采用优质的树脂镜片,富有质感的金属镜框加工而成;超轻,抗摔又耐磨,有效防 UVA、UVB;优雅又简洁大方,不夸张,不挑人,适合各种脸型佩戴。

雷朋太阳镜

雷朋太阳镜是美国品牌,英文叫 Ray-Ban,其中 Ray 为眩光,Ban 即阻挡,阻挡眩目之光芒是太阳镜的本质。雷朋为美国空军生产出有倾斜反光镜面的太阳镜,为使用者提供了最大的视力保护。

经营之道

华视眼镜从消费者需求出发,向消费者做出三度承诺,即验光准确度、制作精确度、校正正确度,并针对每一种指标细化工作流程,校验复核机制。为了确保验光的准确度,华视眼镜独创了关于验配流程的"八轮三十步法",将配镜的服务流程标准化,以便于消费者在任何分店配镜都能享受到专业满意的服务。华视眼镜制定了严格的规章制度来规范眼镜制作的相关工艺流程,以督促员工严格按照国家标准执行,确保制作眼睛的精确度和校正的正确度;同时以"一副眼镜一份档案"的检验方法,从根源上杜绝因工作失误而产生的不合格产品出店,确保配装眼镜合格率 100%,使配装眼镜的检验工作正常化、程序化、标准化、制度化。

1988 年,南方蓬勃发展的经济势头吸引着在辽宁经商的黄文煌,他毅然决定从东北转战南下,来到厦门经济特区。在创业初期,他凭借坚忍不拔的创业精神,集各种角色于一身,既当老板又当员工,既是技术员又是采购员，从厦门中山路新华书店租赁柜台零售眼镜起步，一步一个脚印地创造出属于自己的辉煌。

由于从一线做起，黄文煌深知一副适合的眼镜对使用者是多么的重要，清晰、舒适、耐用是佩戴眼镜者的刚需，也是眼镜销售服务行业发展的核心竞争力。顾客需求至上的理念在黄文煌内心扎根，其后他创办华视眼镜，更是全面推进"以顾客为关注焦点"的经营思想，并在公司管理工作的各个环节中得到体现。好的口碑是靠专业的技术、优良的品质、诚信的服务，以及辛勤的汗水赢得的，是时时刻刻为消费者着想而做出来的。黄文煌不断提高自己的专业技能，1989年，到中国职协轻工分会眼镜行业培训学校学习现代化的验配技术。之后，他又多次深入到眼镜厂学习眼镜生产、加工等整套工艺。黄文煌高薪聘请高级管理人员和专业技术人才到公司管理和指导，华视眼镜团队逐渐壮大。企业具有大量研究开发、技术创新和成果应用的人才，从而增强企业自主创新能力，扎实推进品牌战略，使华视眼镜在同行业的激烈竞争中脱颖而出，逐步发展成为厦门眼镜行业的龙头企业。

2001年华视眼镜莲花店

眼镜销售配制行业说到底是服务行业，顾客的满意度是企业的立身之本。因此，华视眼镜按照ISO 9001标准，辩证地引进各种先进的管理工具来进行辅助管理，确保全员认识满足顾客要求的重要性，并将顾客需求和期望转化为公司的质量方针和目标，策划、组织建立质量管理体系，不断改进质量管理体系，充分发挥全员在质量管理体系中的作用。组织实施管理评审，确保质量工作所需的资源配置，保证各部门完成公司制定的经

2022年华视眼镜莲花店

营目标。凡是进入华视眼镜的员工均须进行长期的专业培训，包括行为培训、仪表培训、技能培训、团队培训等理论学习，再进行实际操作的学习，并进行严格考核，通过后方可正式上岗。在岗期间，再进行定期的考核。同时公司每年均请专业的眼镜专家或派送员工前往视光专业较驰名的学校进行培训，参加劳动局举办的"验光员职业资格""定配工职业资格"的考试，以此来提高员工的专业技能。

管理规范化、制度化、标准化是华视眼镜健康发展的另一秘诀。独创"八轮三十步法"将配镜的服务流程标准化，编写《处方定配眼镜配装工艺作业指导书》《塑料镜架装片作业指导书》《全框、半框及无框金属镜架装片作业指导书》来规范眼镜制作相关的工艺流程，制定《眼镜加工过程检验规范》和《验配眼镜质量检验规范》，强化对配装后眼镜的检验规范，避免复检核查流于形式。在制度文件的规范下，各个岗位分工明确、责权明晰，加工师对不同的眼镜制作严格按服务流程、作业指导书进行操作，一个环节都不可少，更不可以出错。公司定期对加工师进行考核与抽查，对于不规范的地方提出批评指正，严重的情况则进行重新培训，直至考核合格为止。质检人员按照检验规范对每一副加工好的眼镜进行十几项的检查，其中一项不合格，则视为眼镜不合格，重新返工制作。建立顾客回访制度，跟踪回访顾客对产品服务的评价。

通过对售前、售中、售后全流程服务的规范、复核、回访，华视眼镜形成了行之有效的管理体系，先后荣获"中国眼镜协会理事单位""中国质量万里行认证单位""中国计量检测检验标准单位""中国质量万里行零售企业诚信单位""中国打假、维权保护单位""福建省著名商标""省购物放心示范单位"等荣誉称号。2006年、2007年、2008年连续三年荣登国家质检总局红榜表彰全国质量七强之一，福建省唯一一家眼镜质量100%合格企业。2009—2010年，连续两年顺利通过ISO 9001：2008版质量管理体系认证。

2006年，华视眼镜名列著名商标展示榜

中国优秀发型师的"黄埔军校"
——厦门市名姿企业管理有限公司

位于厦门的名姿美发学校,这里是许多美发人梦开始的地方
名姿供图(下同)

厦门市名姿企业管理有限公司,由蔡艺卓创办于1993年,在中国美发教育及管理领域里是一流的教育研究专业学校。凭借着"技术与艺术,创意、商业相结合"的教育理念,吸引了无数来自全国各地的美发美容名店专业人士进修深造,被业界美誉为中国优秀发型师的"黄埔军校",中国美发美容协会授予其"中国美发美容名校"。

名姿美发学校在全国拥有44所学校,遍及北京、天津、河北、江苏、浙江、上海、安徽、江西、广东、广西、福建、河南、陕西、重庆、湖南、湖北、四川、云南、新疆等地,且每所学校都拥有800~2000平方米的教育空间,时尚美发美容模拟沙龙等配套设施。名姿培养出一批又一批集技术功底与艺术创新能力于一身的国际美发大师,成为中国美业的中流砥柱。

经营之道

名姿在发展过程中,时刻保持着开阔的视野和开放包容的心,以发展的心态来看未来,经历了三个阶段。

第一阶段,开门店,作为一门手艺养活手艺人自己。

第二阶段,扩大经营范围,通过提供工作、合作交流,带动更多身边人的发展。

第三阶段,努力为行业发展树立标杆,通过培养更多的人才,推动行业发展。

正是这样的眼界和胸怀成就了名姿这艘美业教育航母。名姿培养的众多人才都成为行业中的翘楚,进一步反哺行业,带来整个行业的兴盛。

名姿美发学校厦门校区

名姿美发学校厦门校区始创于1993年,地址在厦门市集美区北站商务运营中心珩山街961-963号,老师和员工共16人。自创立以来,先后获得海峡两岸美丽产业突出贡献奖、厦门市美发美容化妆品行业协会传帮带、世界美发大会金冠钻石奖等。

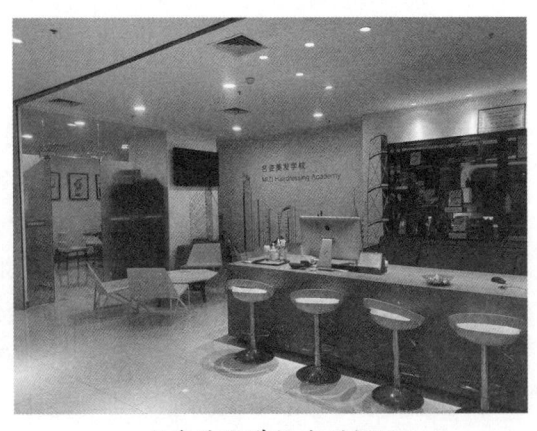

名姿美发学校厦门校区

名姿美发学校广州校区

名姿美发学校广州校区始创于2006年,地址在广州市中山大道西路8号天河商贸大厦6楼,老师和员工共12人。自创立以来,先后获得中国国际沙龙节ICD中国20周年时尚盛典最

名姿美发学校广州校区

佳表演团队奖、第二届中国美业职业技能大赛专家评委、广东省美容美发化妆品行业协会／中国美发行业大会行业贡献奖等。

名姿美发学校成都校区

名姿美发学校成都校区始创于2006年，地址在成都市二环路九里堤中路41号9栋2楼，老师和员工共11人。自创立以来，先后获得"荣乐杯"中国西部发型化妆（技能）邀请赛（成都）第十九届全国发型化妆大赛选拔赛杰出贡献奖、成都美发美容协会常务理事单位等。

名姿美发学校成都校区

文化传承

20世纪90年代起，人们对美的意识与追求日渐提高，大城市街上的潮流男女在头发上擦起摩斯，一个全民时尚的时代在悄悄到来。悬挂着三色旋转灯的美发店成了俊男靓女驻足或出入的场所。

人们对美的追求，给美发这个新兴的行业带来了商机，也对从业者的技能提出了更高的要求。蔡艺卓看到了行业发展的潜力，萌生了为行业培养专业人才的想法。

1992年，名姿第一家升平店在轮渡附近开业，这也是厦门最早的一家专业美发店。从1986年入行，到开了自己的第一家门店，蔡艺卓走过了6年。这也是他从趴在窗户上"偷师"的懵懂青年，到拥有一手绝活的专业手艺人的蜕变。1993年，名姿美发美容职业培训学校应运而生。

1999年，名姿研发出头发肥料专业产品，开创了国内首项专业洗、护发分开的美发产品，一举颠覆沙龙界的护发理念……

蔡艺卓积极推动品牌走出厦门，将产品和服务带到全国甚至全世界。2004年研发欧芭（oba）一代系列产品，在西班牙马德里注册，全球80

多个国家及地区通用。

2006年5月,名姿被厦门市著名商标认定委员会授予"厦门市著名商标"。2012年,名姿第五所杭州校区与第六所重庆校区隆重开业,标志着国际欧芭集团实现了将学校办在厦门、成都、广州、杭州、重庆等6个城市。

2013年,被评为福建省蔡艺卓技能大师工作室。

2015年,名姿第13家建发店与第14家中华城店开业。

2019年6月,名姿企业管理有限公司被厦门市商务局核定为"厦门

1993年,名姿升平店

1998年,名姿举办五周年建校庆典活动

2001年,名姿国际美容学校全体师生合影留念

欧芭系列产品（产品组图）

老字号"。在国际欧芭集团董事长蔡艺卓看来，名姿能从一家美发门店发展成为集门店、学校、产品"三位一体"的集团企业，做"老字号"就得"走出去"。

2021年，第18届中国中华老字号百年品牌高峰论坛暨中华老字号掌门人大会公布厦门市名姿企业管理有限公司董事长蔡艺卓荣获中华老字号"华夏工匠奖"。

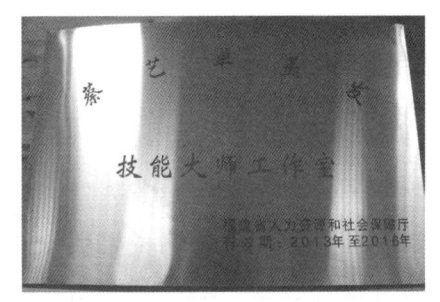

福建省蔡艺卓技能大师工作室

欧芭几乎每年都有新产品面世，每个月企业都会有1~2次在全国各地举办大型展会、论坛、发布会、课程等，通过丰富多样的形式推动企业在行业合作与交流中提高发展。蔡艺卓希望通过开设一家美发博物馆，记录属于厦门人的"美丽足迹"，让更多人认识和了解美发这门传统技艺，并更好地传承发扬下去。

2022年7月27日在鼓浪屿黄家花园举办新品发布会

名姿美发美容职业培训学校，是无数美发人梦开始的地方。

学会一门手艺，成就更好的自己，成为当时许多年轻人的选择。在名姿美发职业培训学校，不论是初入门的小白，还是想提高技能的美发师，或者陷入经营瓶颈的美业经营者，都能在名姿学校得到专业的培训和辅导。有些优秀学员毕业后加入名姿导师团队，拓宽职业赛道，实现人生价值。饶邦飞就是其中之一，他从一名乡村小伙成长为名姿美发学院广州校区校长。从默默无闻到熠熠生辉，这期间他的艰苦付出终有回报。

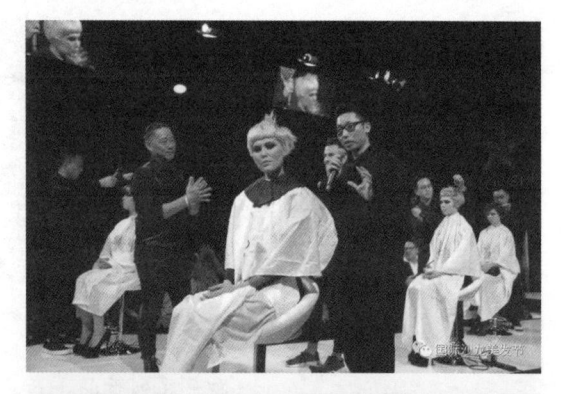

2017年，饶邦飞在英国伦敦国际沙龙美发节展示技艺

2017年10月，在蔡艺卓的带领下，饶邦飞以行业顶尖教育者的姿态登上世界最高美发舞台——英国伦敦国际沙龙美发节，向来自全球的美业精英展示中国美发的实力。代表中国，走向世界舞台，他不仅是美发教育行业的骄傲，更是中国美发行业的骄傲。

美发的路从来不是易事，每一个日夜不分的练习，每一滴流淌而下的汗水，都帮助饶邦飞在美发技术上打下坚实的基础。这一练就是20年，这一练成就了饶邦飞走上国际美发最高水准的舞台。

学而优则师，在看到许多入行美发的同学，由于没有好的老师带领，连基础的美发技术都掌握不好时，饶邦飞深感美发系统培训的意义重大，专业教育是推动美发行业前进的重要力量，为了中国美发行业的未来，他一头扎进了美发教育的队伍中，深耕细作，不懈付出，最终成就了福建省优秀美容美发学校校长的称号。

身处美发教育一线的饶邦飞，在实践中深深地感受到教育的本质在于促进学生能力的全面发展，让学生成为真正能撑得住行业门面的人才。教育存在的意义不仅使受教育者有机会获得全面的技术成长，更能通过学习，提高在行业的地位，乃至改变自身的命运。

　　作为美发教育的驱动者，名姿这所中国优秀发型师的"黄埔军校"的优秀校长，创造行业的广度，扩大行业的深度，是饶邦飞的使命，也是所有行业教育者坚守的使命。除了教导前来学习的学生，饶邦飞也非常注重内部人才梯队的建立，他根据每个人的特质，量身为其策划职业生涯发展规划，帮助他们找到每一步的发展方向，最终成就了无数能独当一面的行业人才。

后 记

柴米油盐酱醋茶，开门七件事，谁也离不开。需求催生了供给，于是有了专业领域的字号。随着岁月的沉淀，其中的佼佼者便成了今日的"老字号"。老字号和我们的日常生活相伴相随，而专门记录厦门老字号发展史的书籍却是一片空白。

2021年，厦门市政协文化文史和学习委员会与厦门市百年老字号研究院商议，由厦门市百年老字号研究院组织编写一本反映厦门老字号发展历史、技艺传承的书，记录厦门老字号群体的发展轨迹。通过对单个经济体的描摹，勾勒出厦门商业文明发展史，为后世留存可供佐证参考的史料。这项任务虽艰巨却有意义，研究院虽力有不逮，亦义不容辞。

本书主要从厦门市获得市级以上老字号认定的企业中筛选出体现闽南文化、具有一定代表性和示范性的老字号企业，加以梳理、求证和还原老字号企业的历史文化风貌。厦门老字号企业所涉行业繁多，经营形态各有不同，历史资料保存也存在差异。我们翻阅从各种途径搜集而来的资料，并对老字号企业发展过程中的重要史实进行对比，尽量真实、客观地呈现老字号的发展历程。

本书在编写过程中，得到了厦门市政协、厦门市商务局等有关部门以及厦门工学院、厦门城市职业学院、福州大学厦门工艺美术学院、厦门市图书馆、厦门各老字号企业等单位的大力支持，在此一并致以谢意。

限于时间和水平，本书不免挂一漏万，存在遗漏和谬误，恳请读者不吝指正。

编　者

2024年5月